综合财务指数

——大数据时代的会计新能量

王保平　陈满娜　著

中国财政经济出版社

图书在版编目（CIP）数据

综合财务指数：大数据时代的会计新能量/王保平，陈满娜著．—北京：中国财政经济出版社，2013.9

ISBN 978-7-5095-4669-7

Ⅰ.①综…　Ⅱ.①王…②陈…　Ⅲ.①企业管理-财务会计　Ⅳ.①F275.2

中国版本图书馆 CIP 数据核字（2013）第 164902 号

责任编辑：宋学军　　　　责任校对：杨瑞琦
封面设计：耕　者　　　　版式设计：董生平

中国财政经济出版社 出版

URL：http：//ckfz.cfeph.cn

E-mail：ckfz@cfeph.cn

社址：北京市海淀区阜成路甲 28 号　邮政编码：100142

营销中心电话：88190406　北京财经书店电话：64033436　84041336

北京富生印刷厂印刷　各地新华书店经销

787×960 毫米　16 开　17.75 印张　255 000 字

2013 年 9 月第 1 版　2013 年 9 月北京第 1 次印刷

定价：40.00 元

ISBN 978-7-5095-4669-7/F·3785

（图书出现印装问题，本社负责调换）

质量投诉电话：88190744

反盗版举报热线：88190492　88190446

如果说，着眼于企业微观个体的财务分析是财务管控与会计分析专业化、精细化发展的至高境界，那么，基于企业群体宏观范畴数据整合与资源共享的综合财务指数（CFI）自然就应该是鬼斧神工的企业经营“晴雨表”。大数据时代的商业与经济决策，将日益基于数据和分析，而不再基于经验和直觉。对于海量财会数据的价值挖掘和功能再造，将预示着会计新能量的涌现。从个体到群体、从静态到动态，构建集成化、指针化、简约化的CFI，财会数据的价值管理功能被演绎得淋漓尽致，微观经济与宏观经济互动的壮丽画卷也被写进企业管理实践，财会领域则可借此在海量数据与指数思维框架下实现又一次华丽的转身。

序

经济越发展，管理越进步，会计也就越重要。自从会计活动诞生以来，人们对会计核算与财务管理的认识也经历了一个不断演变、不断进化的漫长过程，从服务于内部管理人员的技术方法到服务于相关利益者的专业信息系统，再到直接参与企业管理控制与价值增值的决策支持系统。如今，大数据（big data）时代已经到来，在商业、经济及其他领域中，决策将日益基于数据和分析而作出，而并非基于经验和直觉。最早提出“大数据”时代到来的全球知名咨询公司麦肯锡认为，大数据带来的信息风暴正在变革我们的生活、工作和思维，它开启了一次重大的时代转型，包括大数据时代的思维变革、商业变革和管理变革。着眼于此，财务管理与会计核算在动态的商业环境中，肩负起价值管理与价值增值的特殊使命，这也是其始终显现出深受相关方面关注的生命力所在。进一步看，过往的岁月，人们关注更多的是会计对企业微观个体的信息支撑系统，而本书的主题则有所区别，是试图走出企业微观个体、走向中观或宏观的企业群体的会计视角，探索针对企业群体的财会数据如何更加简约地面对更多受众、走向更高平台、辐射更宽视野，提供一种更加集成化、指针化、简约化的动态信息。宏观、中观、微观，彼此之间碰撞才能擦出火花，沟通方可促进成长。

与常见财会专业图书不同，作者致力于与精细化财务指标的常规思维逆向而行，力主构建一个集成化的中国企业综合财务指数，将以往众多局限于企业个体范围的封闭式财会数据统一到中国企业的综合财务指数这一总体信息系统之中，呈现给更多的受众群体。这种从微观到宏观、从个体到群体、从封闭到开放的财会数据宏观化破冰之路，自然是一种有益的尝试。

基于大数据时代的思维变革，数据更多，因为不是随机样本，而是所有数据；数据更杂，因为不是精确性，而是混杂性；数据更好，不是因果关系，而是相关关系。我们务必从海量财会数据中提取会计能量，这就是价值。因此，面对“取之不尽，用之不竭”的财会数据创新，必须确定新的角色定位，即数据、技术与思维的三足鼎立。“只见树木，不见森林”，这在以前的财会数据领域中是一种极为常见的现象。人们时常津津乐道于单个企业范围内的财务分析，然而，那些来自于一线的价值连城的财会数据却没有在宏观层面找到应有的位置，来源于一批批企业个体信息的价值没能被积极地提升其应有效能。没有一个由点集成线、由线集成面的提升过程，其财会数据的价值是不可能被积极开发的。要知道，“春江水暖鸭先知”，宏观经济的跌宕起伏一定是天然地植根于微观企业的筹资、投资和经营活动中。纵观国内外会计学界，财务分析大多针对单个企业而没有从企业群体进行综合评价，采用单个财务指标而没有采用集成性的综合财务指数。这必然在时间和空间上制约了财务分析效能的拓展运用。其实，我们不仅对“星星点点”的单体财会数据抱有兴趣，而且早已期待着能够直接目睹宏观管理里“众星捧月”的“月”是如何演绎其阴晴圆缺景象的。有鉴于此，几位年轻的会计学者将这种微观的财务分析拓展到宏观经济领域，期待实现财务分析的转型升级，将“个体研究”转变为“系统研究”，将“时点研究”转化为“时期研究”，完成研究视点“点→线→面”的逻辑思维转移，这无疑是一次具有学术价值和应用价值的探索之旅。

简单地看，通过来自于一个个企业主体的财会数据，整合并转化为集成性的企业综合财务指数，可能进一步增强宏观经济分析的可靠性。因为，财会数据源于企业会计准则的支配且多为专业审阅或审计的，其客观性和可靠性自然相比其他任何渠道产生的信息具有更加殷实可信的依赖基础。财务指数有助于拓宽财会数据的应用范畴，因为在微观企业基础上的集成数据可以反映某一行业、整体企业乃至宏观经济的运行状况，为相关部门分析、决策提供增量信息和参考依据。当然，凭借财务指数来分析宏观经济运行情况、预测前景走势，可以进一步在更大范围、更高层面来提升会计的决策支持作用和地位，从而增强财会数据的社会影响力。总之，如果说对单个企业的财务分析，已经是我们能够驾轻就熟地掌握微观经济行为的“体温计”，从而引导企业主体在市场运行中的投资、筹资、经营更加科学和稳健的话，那么，我们同样可以满怀信心地说，由一大批企业的个体财务指标集合而成的中国企业综合财务指数，就是微观经济集结而成的中国宏观经济的运行“晴雨表”，众多企业构成一个行业、众多行业构成一个中国企业群体的财务指数自然构成了整体经济活动着力推进的“指南针”，能够促使相关方面采取更加合适的决策与管理行为。

《综合财务指数：大数据时代的会计新能量》一书，在理论上突破了现行财务与会计的观念框架，作者在系统研究的基础上，认为财务管理既可以具有微观属性，也可以具有宏观属性，两种属性是财务层次性在空间范畴上的一种差异化体现。该书认为，研究和开发中国企业的综合财务指数具有全面的指导意义，可以通过某一时期的综合或分类财务指数及时了解中国企业的综合性或分行业、分地区的经济运行态势，为制定宏观经济政策、监测财务运行提供整体的、可靠的依据；同时，企业的经营者和投资者也可以借助某一时期综合和分类财务指数，通过横向比较确定企业所处的群体地位，通过纵向比较发现企业发展势头的不足，及时调整企业发展战略，解决企业财务管理活动中存在的问题，而其他利益相关者亦可以据此作出相应决策。

诚然，测量一定范围内企业群体的运行变化态势尚不是一门精确的科学。因为不可能也无法测量出一个国家每个季度、每个地方、每家企业、每项财务指标的每一个细微变化。所以，科学的态度应该将追寻目标定位于用一个经过仔细设计且容量较大的样本来提供企业群体运行态势变化的近似值。因此，在全面数据与样本数据、固有时滞与及时筛选等矛盾的冲突中如何找准定位，无疑是本书作者反复权衡的结果。作者广开思路，从会计学、统计学以及财务管理等学科知识中，筛选和配置了与综合财务指数有关的众多知识点，作为预备知识加以阐述，进一步地，在提出财务指数编制基本模型的前提下，基于中国企业的综合财务指数的实际构建流程出发，探讨了基础指标选择、权重设计、数据预处理和样本设计等核心问题，确立了基础指标必须能够通过公开途径搜集和重复获取，具备系统性、全面性、灵敏性、超前性和稳定性等特征，选取过程也必须遵循非多余性和最小性原则的技术要求。对主观赋权法和客观赋权法的优劣进行了比较，采用层次分析法以降低主观赋权法的人为因素对基础指标进行赋权。此外，在数据预处理方面，本书对业界常用的几种方法进行了归纳，力图消除指标间“大数吃小数”的现象，并对行业因素进行控制，将行业影响进行相应的规范化处理，从而净化了指数形成的环境。

经济领域正在发生着巨大的变化，信息时代对财会数据提出了多元化的要求。本书在财会数据的综合开发与利用理论上，也是一种创新性的探索。当然，也期待有更多的有识之士主动参与到这样的开拓创新之中，共同为中国企业界财会数据研发与利用的百花齐放作出新的贡献。

财政部财政科学研究所所长 

2013 年 6 月

目　录

导 论

企业财务分析经常是从一个企业或一个行业等单个主体或局部范围进行的。从财务比率的静态分析到动态研究，从绩效评价的单一指标到综合指标体系，从偏重事后数据分析到风险预警体系创建，纵横交错的分析体系看起来都已经比较成熟了。但是，这些研究视点仍然被禁锢在传统的、封闭的微观经济个体范围内，在时间和空间上存在一些缺陷，始终没有能够站在更高层面、更长历史、更多受众的诉求来分析企业运行整体的财务态势。记得美国威斯康星大学麦迪逊分校会计学教授约翰 J. 怀尔德（John j. Wild）在其《财务会计——为决策提供的信息》一书中明确提出："我们要避免狭隘地理解会计"。是啊！俗话说："一朵鲜花不是春，万紫千红春满园"，放眼一批又一批的企业群体所构成的永不消失的市场运行彩虹线，对企业的关注才能更加艳而不俗。记得时任财政部副部长王军同志曾经指出："应该利用企业财会数据，充分借鉴国内外先进模型和方法，吸收相关指数的编制经验，研究出一个或者一套权威的会计指数，以综合反映一个企业、一个行业乃至一个国家的经济实力和景气程度，使之成为指导微观经济的'指南针'和反映宏观经济的'晴雨表'，提升会计工作在宏观经济决策中的地位与影响。"因此，跳出单一企业的封闭圈子、展示企业群体的整体态势、绘制多年变化的系列墨迹，将复杂化的财会数据集中再造为具有宏观、历史和公众价值的综合性指数系列，看来是一个必须面对的课题了。

将关注点从原来单一的“点”转变为“线”、提升到“面”，由当期或近期的“时点”向长期发展的“时期”转移，由“个体研究”向“系统研究”转移，将微观经济的财务比率分析扩展到宏观经济研究领域，将若干财务指标综合为一个指数，以微观财会数据反映我国宏观和各行业经济运行态势。这就是本书的使命。如果想直观、形象、简单地理解本书的使命，则可以结合图1来阐释，水平方向的实线表示企业自身的财务分析体系，这个层面的知识我们已经相当成熟了，本书旨在将众多企业作为一个企业群体来研究，建立起统一、集中的中国企业的综合财务指数（Comprehensive Financial Index，简写为CFI），即体现纵向的企业群体财务指数，并在每一个规定会计期间结束后编制发布综合财务指数，从而形成不同由财务期间所组成的连续的指数系列。这就是“点”、“线”、“面”的飞跃和财会数据的时空发展。

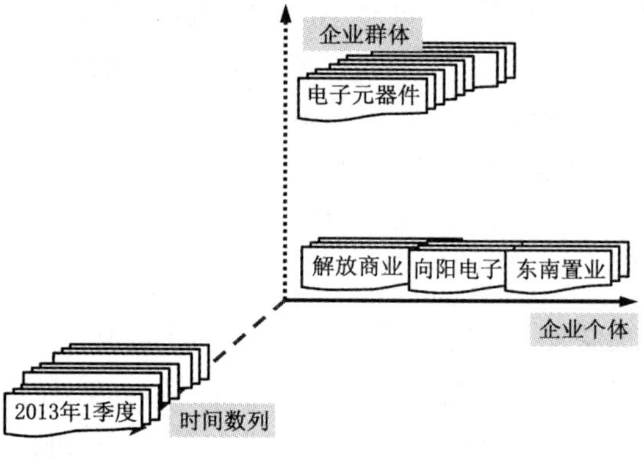

图1 财务分析的时空对比图

温斯顿·丘吉尔曾经说过：“你能看到多远的过去，就能看到多远的未来”。对“过去”的“看”，其实就是总结过去，即对一个人、一个企业在过去岁月里所经历的成与败、欢与泪、爱与恨的重新审视与总结。“多远”则表明你对过去审视的程度，程度越深，那么你所面对未来作出的决策就越有影响力。只有当我们的视野扎根于许许多多的企业个体而升华于企业群体、来自于企业个体而滋润于企业群体时，只有当我们胸怀大局而更加由点到面地深刻剖析和判断一个行业或一个地区的企业群体趋势时，我们的思路才会更加开放、我们的策略也才会更加适应。因此，从繁冗复杂的个体指标中解放出来，集成于统一、简约的指数体系，必将得到更加广阔的企业市场。

总之，通过长期、连续的企业财务指标系列，从专注于单个企业的多指标分析，到关注企业群体的综合性指数化分析，可以提升财务分析在时间和空间上的拓展应用价值。当然，必须看到从微观个体到宏观整体的尝试，是对现存财务理念和会计理念的一次重大冲击，也是应用相关学科知识的一次借鉴与应用。

“万丈高楼平地起”。在浓厚的传统财务管理与会计核算海洋里搭建一个通向中国企业综合财务指数的通途，我们需要薪火传承的精神，继承和演绎既有的相关知识、开拓和创新未知的知识领地。比如，如何尊重和利用现有的企业个体财务运行指标，面对指数编制的需求与可能，科学地设置和优化能够体现企业整体运行态势的相关数据；如何面向数据采集和数据分析的整体构架，激发出相关使用者对财务指数的内在兴趣，生成质量更趋综合、使用更加简便，适合于进行相关决策的数据信息，定期提供给投资者、监管者和其他利益相关者，等等。

从现有的企业个体化财务指标，走向企业群体化、集成化、指针化、简约化的中国企业综合财务指数，是一个渐进式演变过程，数据的处理也需要相应的技术方法。这里，群体化是指多个拥有共同目标的企业主体所构成的一批批群体，彼此之间产生着相同的认同感和归属感；集成化就是将多种功能集合于一体，集中起来进行统一反映；指针化则是通过赋值使得沿标尺刻度方向相对运动从而直接显示动态进程；简约化是在系统思想指导下，利用科学方法，扬弃主要特征以外的枝节因素，使复杂问题简单化，使简单问题条理化，使条理问题线性化。因此，在作者的眼里，综合财务指数就是一把拥有规范刻度的用于丈量企业生存与发展态势的直接标尺。

还必须明确一个十分重要的问题，那就是综合财务指数具有什么现实的功能呢？

从管理导向与政策设计的角度看，我们分析认为，综合财务指数指标大致可以发挥以下三种政策功能：

首先是监测诊断功能。与 GDP 指标不同，综合财务指数发挥更多的是对一定范围内的企业群体在一定会计期间运行情况的诊断功能。综合财务指数的着眼点不在于指示特定企业已经达到了多么健康的水平，而是要诊断在企业生存与发展的进程中，有哪些因素可能会偏离企业的正常运行，削弱企业健康运行的基础。我们可以通过综合财务指数对企业运行目标实现的程度进行有效监测，诊断在推进企业健康发展中可能存在的各种问题、风险以及潜伏着的危机，并为相应的宏观政策调整提供科学的依据。

其次是考核评价功能。对一个企业、一个行业甚至整个行业企业群体的运行态势进行必要的测评，是管理与决策工作所不可缺少的重要工具。在我国经济领域，GDP 成为众多方面共同关注的一个综合性考核标杆。尽管近年来 GDP 作为政绩考评工具遭到了普遍的质疑，但综合财务指数也根本不可能取代 GDP 等指标，而应当将其与 GDP 等指标相互补充使用。在用作政绩考评工具时，必须对 GDP 与综合财务指数的功能与作用加以区分。一般而言，综合财务指数可以辅助性地体现一个行业或一个地区企业运行的态势。特别是某些适应性指标更适宜用作约束性指标，而且不能简单地进行“一票否决”。在经济管理与经济政策应对方面，应当警惕各种成长中的“烦恼”与高速发展所潜伏的“陷阱”之类的风险，从而更加理性地完成考核与评价工作。

第三是目标导向功能。作为一种宏观分析工具，综合财务指数可以体现企业生存与发展终极目标的实现程度，彰显了科学发展观的根本要求。特别是指标设计具有一定的超前性和目的性，为更高水平的企业可持续发展提供目标导向。在发挥目标导向功能作用时，应当特别注意主观指标与客观指标可能存在相背离的情况，找到改善企业生存发展条件和提升相关利益者幸福感的最佳结合点。

需要说明的是，综合财务指数是面向实际工作中应用方法的探索主题，但是，也首先要经得起理论的推敲，这就要求能够从政治经济学、企业管理学、财务管理学、公司理财学、应用统计学等学科领域引申出相应的知识支撑和理论要点，本书也必须在相关理论支撑方面进行相对系统的阐述，出发点便是在现有企业财务分析基础上构建中国企业的综合财务指数的专著。

在构建整部专著的结构上，我们力图始终沿着由现已相当普及的企业财务分析指标转型升级为综合财务指数的主线，并借助于必要的管理与统计知识储备，通过八个相对独立的篇章来共同完成本书。其中，导论部分主要是聚焦主题并简要阐述构筑综合财务指数体系的潜在功能与本书的内容结构，其余七章的具体安排和主要内容如下：第一章是定量评价的概念嬗变，着重从现代管理科学与经济分析哲学出发，阐述对企业运行态势定量评价的价值定位，并重点引出在系统化定量评价中的技术关键与常用方法。第二章是指数编制的理论演化，从财务指数视角来解读指数形成的相关基础理论，在既有常规财务分析的指标体系基础上，重点阐述如何由指标构建指数的基础和相关指数知识，以便于后文在财务指数化的创新与运用上展开。第三章是财务指数的学理阐释，即统计指数与财务分析的初步融合。第四章是财务指数的基本框架结构，包括财务指数的总体方案设计、计算的技术原则、代表企业目录及其代表性、指数分组等。第五章，是财务指数中的权数设置。重点阐述财务指数内容结构的权重配置。第六章是财务指数编制的实战推动，即如何开启和实施中国企业的综合财务指数编制这一系统工程。第七章，是基于前述理论探索的指数编制实例。在前述中国企业综合财务指数的理论指导下，进行数据收集与整理、指标选择与框架设置、权数计算与确定、指数转化与编制的全面流程，基本实践了本书关于财务指数编制理论的现实应用。

第一章 定量评价：测度经济态势的“试金石”

我们知道，定性分析常常是通过选择相应的经济术语并明确术语之间的逻辑关系，来明确事物的内在理解与外在认知之间的对应框架，从而确定他们之间的目的与方向；而定量分析则是通过设计、收集和处理相关的信息数据，达成与关键术语的匹配，并且强化和丰富定性分析的逻辑关系。定性分析与定量分析，彼此之间相得益彰，没有定量，定性就是空中楼阁，而没有定性，定量分析就是一盘散沙。一个现代评价、判断与掌控的技术工具，势必应该在定性分析的基础上进行定量化测度。

第一节 观察视角的转型升级

一、信息改变世界，我们如何应对

不论是会计实务工作者，还是会计理论工作者，总是在经济学与管理学两个领域里奔跑着、探索着。尽管在学科源流的追溯者眼里，管理学的诞生比经济学要晚一个多世纪，但管理学在发展过程中显示出年轻学科的生机和活力。目前，经济学、管理学都已成为经邦济世的显学。从可观察的现象看，经济学与管理学的交叉越来越大，显示出融合趋势，这将在相当大的程度上影响着有理想的企业财务管理者的深刻思考与现实选择。经济学理论的先哲们从来都没有停止在经济领域里对宏观、中观与微观信息的分析与挖掘。在会计学术界，一个经常被人们提及的关于信息的信条就是英国著名经济学家哈耶克的名言[①]：资源的任何配置都是特定决策的结果，而人们作出任何决策都是基于给定的信息。因此，经济生活中所面临的根本问题不是资源的最佳配置问题，而是如何最好地利用分散在整个社会中的不同信息，因为资源配置的优劣取决于决策者所掌握信息的完全性与准确性。哈耶克关于信息、资源配置与决策效率的论述显然也成为企业财会数据在企业决策层、投资群体等诸多主体对企业财会数据定位的权威论调。而就在我们的身边，一个最为大众熟悉也最有感染力的事实，就是已经成为全球市值最大、赢利最多的全球金融业第一品牌——中国工商银行在过去这些年间的信息化提升所引起的发展变化[②]。作为中国企业的翘楚，中国工商银行的发展举世瞩目，在过去20年间，中国工商银行实现了信息大集中、运营集约化、管理现代化和服务电子化。而在20多年前，银行业还处于手工时代。很多人都还记得，过去储蓄所里放着很多纸张，那就是数据库，里面记载着客户的存款数额。随着社会经济的迅速发展，这样的管理肯定是不适应的，因此就出现了大量的风险，包括信用风险、市场风险，也包括道德风险。那时候包括工商银行在内的所有银行都在发放贷款，但都是自我决策。一个银行就是无数小银行的集合体，而不是一个大银行。近20年来，银行业不断地从局部一个个机构、一项项业务发展到一整条业务线，最后变成一个高度信息化的商业银行。信息大集中是

---

① 转引自：黄世忠主编：《财务报表分析——理论、框架、方法与案例》，中国财政经济出版社2007年版，第1~3页。

② 参阅中国工商银行董事长姜建清论文：“中国银行业信息化问题探讨”，发表于《中国流通经济》2012第8期。

工商银行的历史性进步，过去是几万个手工银行，后来慢慢变成几千个微机，再后来变成几百台小型机，再变成与各个省份相对应的三十多台大型机，十多年前把它归并为一个计算机（器），真正变成一个银行。这样，把一个无数小银行的集合体变成了一家真正意义上的银行，促使它的不良贷款出现了剧变，信息集中是管理思想的一个重大改变。伴随着数据大集中的进步，也出现了运营集约化、管理现代化。随着人们对财会数据化管理价值的深刻认知，通过整个企业群体范畴内财会数据的集中、整合、共享、挖掘，我们势必会转变为规模化、标准化的作业模式，实现业务集中处理，最终达到经营管理的全面集中、集约，使银行在业务量快速增长、业务复杂性大幅度提高的情况下，依然保证业务运营的高质量、高效率，有效降低生产运营成本，控制经营风险；我们势必会按照统一的信息技术架构，将银行内部各管理系统全部整合到一个系统管理平台上，实现各系统的互联互通，我们势必将得到信息共享的利益，从而带来了大量的业务机会和收益，凭借财会数据对客户的行为特点进行挖掘，从而开发针对性强的产品和服务，制定更加切合实际的价格体系，达到事半功倍的效果。

二、做足信息大文章，从风光走向辉煌

如何面对市场化的开放环境的洗礼或熏陶，听腻了“一企一策”之类的话，越来越多的企业开始逐渐意识到，曾经在封闭环境下的辉煌不再。企业，乃至整个区域的产业需要一个新的里程碑，需要再上路，曾经的那些创造过无数财富的、耳熟能详的品牌都不是企业止步不前的理由和借口，反而是企业再铸辉煌的动力，“中国制造”不是低价的代名词，更不是低质的代名词，“中国企业”也不是不注重协调发展、可持续发展的市场怪物。当人们意识到路在前方、在脚下的时候，这条路该如何走？如何让纷繁的国内企业在聚焦发展、关注风险、寻找商机的同时也关注危机，是每个财务与会计人孜孜不倦为之努力的目标。

曾经的成功、同行者的辉煌，足以能够给我们相当的启示，从国内会计学术界的关注点来看，既有的指数研究成果分为两类，即相近主题类和

同一主题类。

对于相近主题的研究，内部控制指数等研究开发已经引起关注，如：由南开大学中国公司治理研究中心李维安教授领衔的项目组，凭借国家自然科学基金项目、国家社科基金项目而研究开发的中国公司治理评价指数（南开治理指数 CCGINK），从股东权益、董事会、监事会、经理层、信息披露、利益相关者等六个纬度，来全面评价上市公司治理状况，其等级设置为 CCGINKⅠ（治理指数 > 90%）、CCGINKⅡ（治理指数 80% ~ 90%）、CCGINKⅢ（治理指数 70% ~ 80%）、CCGINKⅣ（治理指数 60% ~ 70%）、CCGINKⅤ（治理指数 50% ~ 60%）、CCGINKⅥ（治理指数 < 50%）。通过治理指数，在反映中国上市公司总体治理状况的基础上，又描述出不同股权结构性质的上市公司的治理水平。由王宏、蒋占华、胡为民等国内会计学者凭借国家自然科学基金组成的中国上市公司内部控制指数研究课题组，以企业内部控制基本框架体系为制度基础，基于内部控制战略、经营、报告、合规和资产安全五大目标的实现程度设计内部控制基本指数，并将内部控制重大缺陷作为修正指标，对内部控制基本指数进行补充与修正。他们研发推出的内部控制指数分为两个层次：第一层为内部控制五大目标指数；第二层为各目标指数下的分类变量。除了内部控制指数之外，另一个比较受到关注的指数研究项目则是北京师范大学高明华教授主持完成的中国上市公司高管薪酬指数。这一薪酬指数为体现薪酬与绩效匹配理念，采用薪酬与营业收入额的比值，在基准法框架下，首先分行业找出基准值，然后将各行业基准值平均得出上市公司整体基准值，然后将各公司薪酬指标与基准值相比就得到各上市公司薪酬指数。在获得薪酬指数后，按照数值大小进行排名，便得到基于经营效绩的上市公司高管薪酬排行榜，从而对号入座激励过度、激励不足和激励适度的不同效率区间。

对于相同主题的研究，更加成为近年来会计学者们的努力方向，一些辛劳而睿智的探索者已经走在前列。中国人民大学王化成教授联合中石油集团组成的课题研究组，经过数年的探讨，已经对来自于单个企业的财会数据有了长足的专业转化。他们研究认为：会计报表数字是对单个企业在特定时点或时期的财务状况与经营成果的客观反映，基于报表数字编制的企业效能会计指数，不仅能对企业本身的经营效率及各项财务能力作出客观评价，而且还能对相应期间内整个国家（地区）的宏观经济运行状况作出合理判断，进而为政府制定宏观经济政策提供支持。王化成（2012）会计指数的基本体系包括三个层面的分类会计指数：价值创造会计指数、行业评价会计指数、企业投资价值指数，分别服务于宏观、中观和微观的三级指数分析。而国内有关专家一致认为，王化成教授的指数编制体系可以很好地体现我国企业的效能状况及其利益相关者的分配格局，可以从一个新的角度来重新认识财会数据的宏观决策价值。与此同时，西南财经大学赵德武教授领衔主持的项目组，从中国上市公司的企业群体出发，针对性地研究开发了上市公司财务指数编制，这是一个更加现实、更加可行的指数也具有自身的特点。

同样的基础数据，不一样的感召效果。这就是专业分析的价值所在。这也就是苹果量与装苹果的桶之间的关系。是苹果烂了，还是装苹果的桶烂了？某些企业的财务管理失当也许只是几个烂苹果的问题，而装苹果的桶，即被很多企业顶礼膜拜的财务管理与决策从微观、到中观、再到宏观的转升级机制并没有出现根本性问题。但是，我们应该理性地看到：建设财务指数的课题归根结底是建设一个可信的财务分析转型升级的问题，这不仅仅是着眼于几个苹果，而是一个关于整个苹果桶的机制问题。这应该在学术界、商界及政界都引起震动，并受到社会的广泛关注。这也可能就是我们所期待的利用财会数据作一篇大文章，使财务分析能够从风光走向辉煌的美好愿望。

指数是一个标尺，能够直观地观察一个锁定目标的动态变化，它是一种特定的指向性数据，是能够体现人们主观所设定的对其所关注的特定事物在一定时期内所获得的发展变化之动态过程的一种定量化描述。企业会计核算系统由来已久，在核算系统所生成的财会数据基础上，基于企业投资人、债权人等相关利益者视角而进行管理与控制视角的评价，也已经进行了一定的探索。不过，从总体上看，对企业个体运行态势的评价、对经营层绩效考核的评价，虽然揭开了定量评价的序幕，但是，这种评价的思维与模型仍然需要持续探求进步与优化。

第二节 财务评价的进化趋势

我们经常讲“今天”比“昨天”如何如何，或者基本稳定，或者日新月异，此类话题常常能使听众或读者等受众群体产生一种内心的激动与反应，或满意，或失望；或增添动力，或产生压力。不过，深究下去，一个简单的道理是，相同的情况，由于对比基础不同、分析角度不同，经常会得出完全不同的结论。也就是说，人们已经不再满足于“不好”与“好”、“基本可以”、“合格”、“优秀”等形容词所构成的定性分析了，“差不多”时代一去不复返了。进一步看，从专业的视角讲，在对经济和社会发展动态的分析与研究中，人们常常会面临着多种研究视野与研究方法的选择问题。简单地看，研究视野的选择，主要考虑你是站在宏观角度？还是站在微观角度？或者站在中观角度？因为着眼点不同，感触效果也别样精彩；而研究方法的考虑，则是定性与定量的区别，定性是方向性的判断，是与非？上升与下降？进步与倒退？而定量则是标杆性的评判，是一模一样？还是千变万化？这需要一种更加精准的刻度表达。可见，分析、评价是一门科学，对企业态势的分析评价也同样需要转型升级。一个更加科学、更加精准的评价机制必然要求我们更加从全局的高度、广度和宽度来审视我们的企业财务评价模式。在此，我们不得不从一般评价的发展趋势来探讨新时代企业群体财务评价的得与失。

一、定性评价与定量评价的权衡

定性评价与定量评价的关系，其实质上就是质量与数量的关系。质量是指一定数量的事物所含有的特征、特性和效用，任何事物或现象都具有一定质的规定性，而数量则是指具有一定质的事物有多少、大小等等。同样，任何事物或现象也都有量的规定性。数量与性质的关系，是一种相互依存、相互推动的互动关系，并不是一种虚无缥缈的粗糙判断，很显然，随着我们对分析研究工作日益精细化的要求，我们的理性选择应该是定性分析基础上的定量评价主导模式。

（一）基本概念的厘定

定量评价，自然是与数字打交道，以数字化符号为基础去测量，通过对评价对象的特征按某种标准测定出“量”的比较来测定、评判对象特征数值，或求出某些因素间的“量”的变化规律，以便从对象的数量特征上分析其变化的态势。我们都知道“量变引起质变”的道理，定量评价是经济和社会领域的一种基本研究范式，也是科学研究的重要步骤和方法之一，侧重于将问题与现象用数量来表示进而去分析、考验、解释以便获取其意义和价值的研究方法和过程。以最简单的资产负债率指标为例，如何利用其标杆效应是值得权衡的问题，“过高”可能会导致经营风险趋于高度集中，在对企业产生高额息后利润的同时，也可能将企业引向偿债能力严重低下的危机地带，“过低”可能会在降低经营风险的同时，也大大降低了获取风险性收益的概率，从而导致企业在商业机会面前裹足不前，丧失了发展与壮大机会。因此，核心的关键点在于掌握好这个“度”的取舍。这便是定量分析的商业价值与要害所在。

而定性评价则明显区别于定量评价，它是指通过发掘问题、理解事件现象、分析主体行为与观点以及回答提问来获取敏锐的洞察力。如果说定量评价解决“是什么”的问题，那么定性评价解决的就是“为什么”的问题。简单地看，定性评价通过分析无序信息探寻某个主题的“为什么”，而不是“怎么办”。与定量评价不同，它并不仅仅依靠统计数据或财务数字来得出结论。定性评价是针对一群小规模、精心挑选的样本所作的分析，该研究不要求具有推而广之的统计样本意义，通常可以凭借经验、敏感以及有关技术，能有效地洞察对象的情况。

（二）两者差异的表现

定量与定性，虽然都是评估分析所需要的方法，但是，本质差异也相当明显。A公司与B公司同属于一个行业，其资产质量、经营规模相差无几，如何评价两个企业的发展势头与两个团队的经营业绩呢？显然需要通过基本判断与量化分析才能作出让人信服的评判。所以，掌握好定性分析与定量分析之间的关系相当重要。定性分析与定量分析，虽然达不到“井水不犯河水”的境域之差，但是，客观上也存在着明确的各自疆界之异。简单地看，两者观察的侧重点是有差异的，其所遵循的技术分析方法也是不一样的：

1. 研究方法不同

定量评价主要用观察、实验、调查、统计等方法研究客观对象，对评价的严密性、客观性、价值中立性都提出了严格的要求，以求得到客观的事实与结论。让“数据”说话成为定量评价的“不二法宝”。通过演绎方法来预见理论，然后通过收集资料和证据来评价或验证在研究之前预想的模型、假设或理论。这是定量评价的精髓所在。会计研究中的实证研究就是一种大样本群体特征的定量研究，直接揭示相关会计领域的运动特征。

而定性评价大多采用参与观察和深度访谈而获得第一手资料。其中，现场观察是经常应用到的方法，其优势在于能观察到对象变化与行为的原因、态度、努力程度、行动决策依据。这种研究通过观察和访谈等所获得的资料，采用归纳法，使其逐步由具体向抽象转化以至形成理论。

2. 研究目的不同

定量评价是通过对经济和社会事实的测度，从中发现对象变化规律，旨在确定它们之间的关系以及解释变化的原因，以指导经济社会的实践活动。定性评价偏爱于参与者的观点，旨在理解经济和社会现象，关注不同人群如何理解各自的价值行为，以揭示各种经济情境的内部动力。定量评价中，搜集资料必须是合法的，可以重复得到，还要以观察、实验方法为手段去搜集数据，并依据数据分析、总结、概括，建立假设，让假设接受严格检验，最后得出的结论要能合理地解释当初提出的问题。而定性评价对于研究对象的关注比较偏向于人的主观性所引发出的意义，强调获取那些从被研究者自己眼光去看世界所展现的内容。对研究成果的获得，强调以自然的观察为手段，注重对研究对象的过程和整体进行具有丰富性、生动性的描述。

可以这么说，定性与定量不仅仅是研究方法和研究手段上的不同，它们在思想渊源和基本原则上也存在着区别。定量的思维起源于实证主义，整体遵循着客观性驱动，即从资料来源、数据搜集、筛选整理、检验方法等都要显现出明显的客观性。而定性评价则相反，其主导思维是主观主义，强调人们赋予某种价值判断给对象。总之，定性与定量之间并不应该被夸大为不可逾越的鸿沟，也不能存在简单的孰优孰劣，两者各有长处，互相补充，两者之间是统一的，不可分割。一般认定，定性评价是定量评价的基本前提，定量评价是定性评价的进一步深化。尽管这两种研究方法没有孰优孰劣之分，不能把两者截然分开，但是，其说服力确实存在着一定的差异：定量评价因为采用规范甚至专业的数学知识，所以显得比较科学，而定性评价因其建立于主观对客观的感性判断基础上的分析，通常较为粗糙，但是这种方法应用面比较广，适合于一般投资者和经济工作者，因为它在数据资料不充分或者研究者数学知识比较薄弱的情况下更加具有实用性和可操作性。

进一步对比分析，对于我们企业管理领域而言，定性评价经常用来考察事物之间的相互作用或相关关系，回答“是”、“否”、“趋势”、“方向”和“可能”等类似问题；定量分析对问题和对象的认识更加准确、更能得到规律、把握问题本质、厘清各种相关关系，从而预测事物的发展方向，着重回答“大小”、“多少”、“速度”和“程度”等需要用数据来回答的类似问题。面对定性与定量，我们应该偏爱谁？又偏离谁呢？可以说，对社会和经济运行现象的观察与分析，尽管需要放在一定的社会、文化价值背景中，即它不是单纯描述性的量化研究可独立完成的，但定量评价依然是主要手段。因为，经济运行既不是“亦此亦彼”的模糊现象、亦不是“非此即彼”的泾渭分明，应该依靠具体而精确的数量关系来表达其程度，以进一步明确其外延范围，才是一种科学而合理的选择。对于同属于一个行业，其资产质量、经营规模相差无几的A公司与B公司来说，一种情况是A公司盈利1000万元而B公司亏损8万元，另一种情况是A公司盈利10万元而B公司亏损8万元，你自然不会就两种情况都是A公司盈利而B公司亏损作出相同的定性评价意见，你肯定会依据盈亏量的具体变化而觉得两种情形的差异其实是明显的，换句话说，仅仅只有定性判断是不能得出令人信服的分析结论的。因此，结合经济运行评价，可以这么说，定量评价应该处于基础与主体的地位，而定性评价是在对定量评价的反思与批判中成长起来的，定性评价既利于从整体上把握经济态势，也利于对经济现象作比较全面和正确的认识，但其局限性也是显而易见的。

二、微观视角与宏观视角的取舍

微观视角与宏观视角，是眼界与胸怀的抉择关系。如果你在思考如何构建大气、和谐、精致、开放的企业群体财务指标体系，那么，就不得不考虑如何突破微观、走向宏观。

（一）基本概念的厘定

人们常常这样比喻，家庭是社会的细胞。其实，生物学的细胞概念是具有完整生命力的细微物质，是构成生命体的最基本单位。一滴水可以映及太阳，一个细胞可以透视鲜活的生命体。我们可以这样说，城市就如同一个复杂的生命体，具备生命的结构和灵魂，它就是由千万个形态不一、作用不一的家庭细胞组成的。而经济活动更加如此，整体经济因为有不同的投资主体、生产主体和消费主体的存在而充满活力，而不同投资、生产和消费群体所组成的丰富多彩的经济生态构成一幅或向上迸发、或平稳进行或向下紧缩的图画。也就是说，在经济活动中，由相互独立、相互竞争的千百万单个企业构成的微观经济是一个层面，而由这些千百万单个企业之间的相互依赖关系所形成的各种总量则构成了一个宏观经济层面。

微观经济研究各个生产者和消费者的经济活动，以单个经济单位主体作为考察对象，研究个人、家庭和企业的经济活动在资源稀缺条件下如何实现成本最小化和利益最大化。通常，微观经济主要是指企业经济，包括企业的生产、经营、研发等各种提高企业竞争力、调动员工积极性和取得良好经济效益的问题。而宏观经济与微观经济相对应，以整个社会活动作为考察对象，研究国民经济生产、分配、交换和消费的总量、结构、运行及其变化。

表面上看，微观经济学跟“小”打交道，宏观经济学跟“大”打交道，其实，“大”与“小”并不是相互割裂的。具体来说，微观经济学研究消费者及企业个体应该如何作决定，宏观经济学主要关注的是整个经济体。在阅读那些卷帙浩繁的企业案卷时，一份又一份有关企业个体的档案浮出水面，企业这个微观世界的秘密在我们的脑海里一幕一幕地展开，经历着高潮与低谷的转变、创新与淘汰的变迁之时。当然，研究微观经济的意义在于为理解经济运行中的普遍规律提供了“个案”，深化了我们对经济现象的认识。不过，我们需要把对企业的认识上升到一个更广义的层次，以增强对具有全局意义的重大事件的考察，微观企业中那些津津乐道的看起来可能微不足道的细节或“小历史”，立意深远一点看，便能够据此揭示我们面对的大千世界了。这也是财务分析由小及大的所谓“高视阔步”，高远的立意，可以产生高足阔步之态、英特超迈之姿，不再囿于自我的狭小天地，从而提升到大气和谐的整体视野。

宏观经济与微观经济之间存在着辩证统一的关系。一方面，宏观经济和微观经济是相互依存的。没有微观经济就无所谓宏观经济，没有宏观经济也谈不上微观经济；微观经济是宏观经济的基础，宏观经济是微观经济的背景。另一方面，宏观经济并非是微观经济的简单加总，对微观经济有利的东西，对宏观经济未必有利，它们之间时不时存在着对立的一面。因此，必须用辩证的观点来认识和处理宏观经济与微观经济的关系。发展宏观经济必须搞活微观经济，而要使微观经济充满活力和保持正确的方向，必须对宏观经济进行适时适度的调控。

（二）两者差异的表现

简单地看，宏观分析是以国民经济总体发展为对象，从社会再生产全过程来分析研究国民经济的发展水平、发展速度、各部门之间的结构以及国民经济中的一些重大比例关系，其所关注的经济增长与经济发展最终必然在微观经济得以落地与扎根。微观经济分析则是以微观经济运行的全过程为标的进行分析研究，其目的是提示微观经济的运行规律，为微观经济的经营决策提供依据。还需要注意，有的时候，在宏观与微观之间，可以进行某一个地区或一个行业的总体分析，对该地区或该行业的经济发展情况进行全面的分析研究；或以国民经济各部门为分析总体，探寻部门经济的发展规律。这就是介于宏观与微观之间的中观分析。

在学术界，宏观经济分析一般是以总量研究方法来分析整个国民经济活动。当然，随着宏观经济分析研究的进一步延伸，在宏观经济分析中适当应用微观化分析方法也成为一种值得注意的专业趋势，比如，一些经济学家以博弈论为主要分析工具，研究微观经济中的个体行为方式及其约束条件，并用个体行为直接去解释宏观经济和宏观经济政策问题。所以，二者的差异并不意味着彼此之间风牛马不相及。

三、基于宏观视角下的财会数据

可以说，以前，财务管理所承载的职能是一个微观经济世界，它参与对经济的管理也基本上囿于微观经济范围，宏观层面是通过统计渠道来转化和移植产生于微观经济领域的财务活动的某些信息。不过，进入20世纪后，财务环境的巨变促使它走向宏观经济控制领域，在宏观财务建设方面开创了新的视野。如果站在超越单个众多企业的角度看，企业群体的信息总汇能够反映出一种新的规律。从某种意义上讲，宏观经济管理是为微观经济服务的，又是以微观经济为基础的。宏观通过中观而施加影响给微观主体。

（一）研究视角的必要转换

通常，不同层级的管理者具有差异化的具体职责，不过也拥有相近或相同的基本使命，一个着眼于行业、全局的政府和社会管理者，应该在构建一个科学、严谨的财务管理与控制体系，适时地将面对的视角进行相应的延伸和拓宽，必须考虑如何推向宏观经济控制领域。如果能够将微观主体的传统财务指标体系与宏观范畴的财务指数构造体系实现完整的对接，那无疑将是一个革命性的成功。

综观企业层面的会计核算与财务管理领域，各种财务指标分析体系已经繁花似锦，尤其是近年来的绩效评价理论和财务预警理论，使得财务分析体系更上一层楼。其中，分析方法已经让人耳目一新，企业个体所开展的财务比率分析与评价，已经完全突破了原有的简单分析，经历了从单变量分析到多变量分析、从静态研究到动态研究的发展历程，研究成果从深度和广度来看都已非常成熟。毫无疑问，财务评价体系不但对企业财务状况进行了有效的分析评价，并且表明了用单一指标综合反映企业财务状况和财会数据的可行性；财务预警理论表明了财务指标对企业财务状况具有监测和预警功能。但是，所有这些分析，包括层次分析法、主成分分析法等，都可以被用于对相关指标进行多个企业的依次排队。

美国杜邦公司创造的杜邦分析法，将净资产收益率这一核心指标依据其内在逻辑关系，逐层分解为销售利润率、资产周转率和权益乘数等模块性外层指标，分别反映企业的盈利状况、资本结构和偿债实力。

美国斯特斯图公司首创的经济增加值（EVA）分析方法，将资本成本概念引入财务分析体系。诸如此类的国际先进分析方法都先后赋予了国内财务分析不少的专业启示。

我国财政部1992年首次提出，1995年、1997、1999年数次修正与完善，后与多个部门联合发布的企业绩效评价指标体系，通过基本指标、修正指标和评议指标等三个层次的32项指标，从企业财务效益、资产运营、偿债实力和发展潜力等方面完善了国有资本金绩效考核与监管制度。

国内学术界也陆续应用主成分分析等定量分析方法对企业财务指标进

行综合性的分析与评价，构建了上市公司财务评价指标体系，得到复合财务系数和动态复合财务系数，客观综合地反映了企业财务状况、经营成果的现状和发展趋势，为投资者提供了客观、合理的决策依据。所有这些分析技术的更新换代，都很好地发展和完善了财务分析理论。

但是，置身于21世纪的第二个10年之初，我们也感受到既有的分析方法都局限于针对企业个体的分析，距离采用集成化数据有效反映众多企业群体的多侧面财会数据的指数化时代目标还有一定的差异。总之，以前的研究视点仍然禁锢在传统的微观经济个体范围内，在时间和空间上存在缺陷：从纵向分析，都是基于“时点”思路展开的，着眼于对某一会计年度财务状况的综合评价和危机预警，始终未能将多个时点联系起来，建立起长期、动态的观测和分析视野，显然，放眼几期、几十期甚至更长时期的数据相比，才更加富有趋势性的判断价值；从横向分析，都属于微观经济层面的分析框架，虽然有将经济景气、经济周期波动等宏观经济预警理论引入微观经济世界，从而形成企业景气理论，运用于企业财务危机预警分析系统，但仍只是将景气分析控制在微观经济个体内部，经验数据和样本规模的使用也只是为了确定各指标权重，进而分析微观个体是否存在财务危机，没有进一步在整体经济或宏观经济中予以运用。

因此，未来的财务评估价值，需要将基于一期、数期直到多期的研究分析系列化，组成数列化的“时期研究”。同时，对微观经济个体的“个体研究”进行综合化和系统化，力争从宏观整体的角度形成综合财务指数。为应对这种需求，从“点”到“线”再到“面”的转型升级势在必行。因此，如果能够创立一个既能从全国层面的高度对众多企业个体所组成的宏观经济整体运营态势的变化情况进行监测和预警，又不忽视微观经济单位的财务分析评价的监测和预警系统，也许应该是一场富有价值的创新。为此，建立中国企业的综合财务指数，通过一系列微观财务经济指标，根据一定的数理统计方法，将若干财务比率综合反映在某一数据中，并运用于宏观经济领域，分析我国企业整体或分类的综合财务动态，监测企业财务运行态势并进行财务态势预警，力图成为微观经济单位进行自身财务评价的参照系，以便为企业财务评价提供有力的理论和实务依据。

（二）研究视角的理念创新

建立和实施中国企业综合财务指数，首先是一种评价理念的创新，这种突破，起码实现了对现存会计与财务理念的升级换代。

1. 实现对现存会计理念的转型

中国企业综合财务指数是在微观财务分析的基础上编制的，也应属于财会数据分析利用范畴，其建立必然对“重信息生成，轻信息利用”的现存财务与会计理念提出挑战。长期以来，我们将会计系统狭义地理解为记账、算账、对账、报账，停留于财会数据的生成系统，把本来属于财务管理与控制系统重要组成部分的财会数据利用系统排斥在外，其结果，会计理论研究注重研究财会数据的生成系统，忽视财会数据综合价值利用的研究；会计实务注重单纯地提供财会数据，忽视财会数据的再加工及其分析利用。事实上，财会数据利用系统是财会数据生成系统的逻辑扩展，财会数据生成系统所生成的财会数据客观上要求作进一步的再加工和分析利用，以便进一步增强这些财会数据在公司理财、财务管理与控制、相关决策领域的有用性。因此，从现代会计发展的战略高度看，有必要重新审视会计系统的本质，确立“会计系统是财会数据生成系统和财会数据利用系统有机统一”的观点，在会计理论研究中加强财会数据分析利用的理论研究，包括财会数据分析利用的视角选择，财会数据再加工的主体、目的、对象、原则和方法，以及财会数据再加工及其分析利用的行为规范，从而保障会计系统对经济监测和预警系统所需要的信息供给。

2. 实现对现存财务理念的升级

财务指数是微观分析方法与宏观分析对象和宏观分析环境的有机结合，是微观财务理论冲破微观经济框架、进入宏观分析领域的第一次尝试，是对现存财务理念和会计理念的一次重大冲击，也是财务管理制度创新的必然选择。传统认识下，财务被看成是一个纯粹的微观范畴，现有财务理论研究仅注重研究微观财务问题，而忽视了宏观财务问题的存在。事实上，财务具有明显的层次性，微观财务和宏观财务是财务层次性在范围上的一种体现。虽然我们对宏观财务存在着不同的理解——有的将其理解为国家对财务的宏观调控与管理，有的将其理解为宏观财务主体的财务问题，但无论如何，宏观财务作为一种经济现象是客观存在着的。因此，从财务发展的战略高度出发，有必要重新审视财务的范围问题，确立“财务不仅具有微观属性，而且具有宏观属性”的观点，冲破传统财务微观范畴，拓展财务学研究领域，促进财务理论和实务的宏观发展。因此，财务指数的基础——企业理财信息对经济监测和预警系统是微观财务向宏观财务拓展的具体体现，是对现存财务理念的第一次挑战。

四、从指标走向指数的思维提升

厘清指标与指数之间的关系，自然是十分重要的先导工作，有助于逐渐理解和掌握指数的基本规定，并对比传统指标进一步掌握好其应用技术。

（一）指标与指数的关系分析

从“指标”到“指数”，虽然只是一字之差，其内涵差异相当悬殊。对比而言，指标是衡量目标的单位或方法，它能够直接说明总体数量某一特征的概念。例如，企业总数、职工总数、工资总额、平均工资、固定资产总值、利润总额等就是指标，它们都从不同的方面反映总体的数量特征。指标一般由指标名称和指标数值两部分组成，它体现了事物质的规定性和量的规定性两个方面的特点。比如，根据企业财务报告之资产负债表某企业固定资产原值为91000万元人民币，这就是指标，是说明总体综合数量特征的，它包括指标名称即固定资产原值、指标数值即91000万元人民币两个方面。而指数则是在对一系列相关的基本指标进行加工所形成的相对指标，供进一步的比较和分析研究使用。指数一般是将总体中各个不能直接相加的同类现象（指标），采取一定方法综合为一个集成化、一体化的数值，用来更加集中、更加简单、更加形象地反映事物动态变化或对水平差异进行比较，以及通过总体内部组成部分的变化分析结构的变化及揭示该事物总体布局变化的原因。

指标与指数，尽管都是人们从主观考量经济发展与企业运行中某种态势的测度体系。但是，会计界过去经常使用指标，统计界则对指标与指数都兼收并蓄。当然，随着会计管理科学的日益普及化，一个能够熟稔财务指标的人，同样也不应该对“统计”熟视无睹。统计与财会早期并不陌生，但是随着学科的细化，财务渐渐地远离了统计。在大多数人心目中，“统计”两个字往往意味着诸如最近一次人口普查结果、制造业工人平均收入等一堆枯燥乏味的数字、一个个复杂的数学符号和公式，令人望而生畏。其实，统计所提供的方法也让我们更加透彻地分析和把握着宏观经济与企业群体的运行态势。比如，统计学对企业发展速度的解释就更加精准科学。例如，统计学认为，如果直接使用不同时期的产值增长或销售金额对比计算发展速度，则该速度中既有生产与销售数量的变化，也有商品出厂价和原料进货价格的变化，这个发展速度就不是实际的工业发展速度，而称之为名义发展速度。类似的例子，是名义工资和实际工资，名义工资是工人付出劳动力时所得到的以货币表现出来的工资，也就是未经过价格修正的货币工资。名义工资不能确切反映出工资的实际水平，因为名义工资不变，实际工资可以因为物价的涨跌而降低或上升。而实际工资是指工人用货币工资实际买到的各类生活资料和服务的数量。名义工资和实际工资有密切的联系，在其他条件不变的情况下，两者变动是一致的，即名义工资越高，实际工资也就越高，反之亦然。但两者的变动也经常不一致，即名义工资不变甚至提高，而实际工资却可能降低，这是因为，实际工资的水平不仅取决于货币工资的高低，还取决于物价的高低。如果名义工资不变，物价上涨，或者名义工资的提高赶不上物价上涨的速度，实际工资就会下降。在我们置身的这个通货膨胀时代，稍为增长的工资与持续飞涨的物价之间的明显反差已经让我们深刻领略了分析工作的实质要件了。建设综合财务指数体系，就必须有这样一个信念，即关注可比标杆下（如可比价格）某种指标的态势，这才是问题的实质，而不能停留在表面层次，否则，分析便不能说明和解释真正的经济问题。

进一步地，我们可以放开思路来看看指数的五味。指数作为统计分析的一项重要内容，严格意义上看，迄今为止，指数尚无一个统一的科学概念，国内外统计著作对指数概念的定义各有不同，归纳起来的观点主要包括这么几种：指数主要反映商品、工资或其他经济变量在不同时期的价格变动；指数是一种动态相对数；指数是一种相对数，可用于经济现象在时间、空间上的对比；指数是一种反映不能直接相加、不能直接对比的现象综合变动的相对数；指数的最简单形式仅仅是若干组相互关联数据的加权平均数；指数也有广义与狭义之分，广义指数就是各种相对数，而狭义指数则是指总指数，即以相对数形式综合反映多种事物在数量上变动的统计方法。

基于上述基本概念的剖析，我们对综合财务指数是这样界定的：首先选择若干代表性企业，依据其报告期和基期的财务指标分别计算每种财务指标的个体指数（每种指标的发展速度），然后，基于各种指标在企业运转中的机理所决定的指标内涵权重进行有机集成，同时，由于各种指标在行业或整体经济中的地位和作用不同，必须使用外延权数作出界定，用相对数的大小区别该指标在指数中重要性和作用的不同。依据各种代表性企业财务指标的发展速度使用合适的权数加权平均计算中国企业的综合财务指数。

与此相关，面对相当复杂的信息海洋，如何更加科学、准确地收集和处理信息呢，借助于统计学所形成的编制指数这门学科赖以存在的专业方法，其核心的要点可以概括为：统计样本要有代表性（Representative）、统计样本要足够大（Large scale）、研究方法要尽量明确（Transparency）。这也正是本书探索问题的重要出发点所在。正是基于这样的视角，本书所涉及的内容已经远远超出了一般会计核算、财务管理的范畴，是基于宏观整体分析思维下的特定管理数据产生与应用过程。

基于会计领域看，从发展势头比较强劲的管理会计而论，所有的组织都有目标，当组织管理者去努力实现这些目标时他们就需要信息。决策、计划、指挥运营和控制等管理职能都需要信息。观察我们的现实，集成化、统一化的综合财务指数，对于这种决策参谋作用的发挥，可以解决多种管理决策和业务问题。当然，立体交叉、多维思考，更加符合日益受到关注的系统管理目标。我们也注意到，在现代管理科学视野中，多指标综合评价是近年来发展较快的一种指数编制方法，该方法可综合考察某一目标的整体实现程度，也可以考察某一类评价对象的整体水平。许多国际组织、政府机构利用多指标综合评价方法编制了许多复合指数，从国内目前的情况看，由于指数能够反映国民经济综合或单项领域的动态变化，在官方统计和经济分析中占据着相当重要的地位。从涉及范围上考察，指数包括经济指标以及有关人口、健康、住房、环境、社会安全、人民生活及福利等相关方面的指数；从编制方法上考察，指数包括实物指标、价值指标、指标体系及多指标定量评价。所有这些，都直接参与或间接地为我们梳理现代管理科学的思路、借鉴统计指数的编制方法，为形成综合财务指数的编制体系奠定了相应的基础。

（二）主要指数的基本态势

放眼今日之经济与社会，一些指数已经远远超出专业领域，渗透到公众视野，深入到社会公众的日常活动中。经常见诸媒体的指数，如国内生产总值（GDP）、消费价格指数（CPI）、企业景气指数、沪深 300 指数、中国房地产指数等，甚至日常生活中的天气指数与洗车指数，已经俨然构成了一个庞大的指数丛林，尽管涉及领域千差万别，但都具体指数的一些直观特征，比如，生活指数是指能够通过衣食住行等相关数据来显示居民生活水平的指数，包括城市生活指数和农村生活指数、发达地区生活指数和欠发达地区生活指数及贫困地区生活指数。而经济类指数又总是对经济领域的某一特定现象进行全面、连续、系统、简单、直观的量化描绘与追踪反映。这些指数，大多数都能够左右公众神经，定期发布指数成为向社会公众提供与其生活直接或间接相关的信息的一种社会管理或社会服务活动。这些指数，都已经成为整个经济和社会发展态势的全局性或局部性的"晴雨表"。这里，经过对指数群体的基本分析，按照公众的普及性基础、指数的权威性标杆、分析的相关性联动情况，初步整理出目前部分常见指数的基本情况如表 1 - 1 所示，供读者参考。

请注意，尽管表 1 - 1 中列出了许多的常见指数，但是，财务指数毕竟应该有自己的个性化特征。在这里，我们可以从如下两个方面简单分析

表 1－1　　部分专业指数的基本构成情况表

指数名称	编制机构	编制原理	经济含义	编制频率	计算公式	调查范围	调查方法	取数范围
居民消费价格指数	国家统计局	一组固定商品的当期价格与其基期价格之比	反映商品及服务的变动，测试通胀程度	月后 13 日，季、年后 20 日	权数千分制，大类各中类、中类各小类、小类各基本分类权数之和均为 1000	550 个市县、3 万个采价点、11 万户居民的、居住	抽样调查，加权平均每五年对目录及权数更新，每年按居民消费支出变动修正权数	八大类，251 个基本分类，约 700 个品种
企业景气指数	国家统计局	对部分企业负责人定期问卷调查，依照其对企业经营状况及宏观经济环境的判断和预期来编制景气指数	反映宏观经济和企业生产经营景气状况及未来发展趋势	季度	问卷调查，以定性为主、定量为辅，定性与定量相结合	工业、建筑、交通仓储和邮政业、批零、房地产、社会服务、信息和软件、住宿和餐饮等企业 2 万家	全面调查与抽样调查相结合。大企业全面调查、中企业概率抽样、小企业等距抽样。“大”按上年销售收入加权	在 0～200 之间。先算处于“好转”或“恶化”企业占比，再用“上升”减去“下降”企业的所占比重
采购经理人指数	国家统计局、物采联合会	由五个扩散指数构成：新订单指数、生产指数、从业人员指数、供应商配送时间指数、主要原材料库存指数	快速及时反映市场动态的先行指标	月度	订单×30%＋生产×25%＋雇员×20%＋配送×15%＋存货×10%	全国制造业 20 个大行业 727 家企业的采购经理	定向调查	50% 以上是总体扩张，50% 以下造业经济总体衰退
股票指数	证交所	股票价格加权平均。包括算术平均法、几何平均法、加权平均法	描述股票市场总的价格水平变化的指标	天	$\frac{\sum P_1Q_1}{\sum P_0Q_1}$	纳入指数计算范围的股票样本群	以“点”为单位，基期确定“点数”，报告期计算推定	样本股票

一下综合财务指数的基本构思。

（三）构造综合财务指数的思路

综合财务指数是建立在现有财务分析指标基础之上的借以评价多个企业财务运行机制态势的综合数据。之所以说综合财务指数是一般财务指标的升级换代产品，是因为它的两个显著特点：一是更加强烈的综合性，即以多个反映企业经营的实绩指标和发展指标为计算基础，将不同性质、方向的指标融为一体，克服了每一单个指标只能反映企业经营管理某一侧面的缺陷，全方位地反映着企业经营和发展能力；二是更加鲜明的简易性。通过一个单一指标综合反映企业的经营和发展状况，任何需要了解企业的单位或个人，无论有无专门的财务会计知识，都可以根据这一指数对企业的经营状况和发展前景作出判断。

如果从综合财务指数的作用来分析，至少可以对这种综合易用的特殊功能从三个层面具体分析，即国家宏观调控的工具、市场监管机构的参照、企业强化管理的标杆。

构造综合财务指数的基本模型源于：

$$f(x) = a_1X_1 + a_2X_2 + a_3X_3 + \cdots\cdots + a_nX_n$$

其中：X_1、X_2、X_3、……X_n，分别是被选中的财务指标；a_1、a_2、a_3……a_n，分别是财务指标的权重系数，且（$a_1 + a_2 + a_3 + \cdots\cdots + a_n = 1$）。

其实，编制综合财务指数，实质上是一个以选择基础指标为自变量，以这些指标对企业经营和发展的影响程度为系数的线性函数。所以，构建综合财务指数模型的过程就是基础指标的选择和权数的确定过程。

关于基础指标的选择。因为我们不可能把反映企业经营和发展状况的指标全部拿来进行综合计算，而是从中选择出与我们讨论目的相关性较高的指标，因此基础指标选择的好坏直接关系到综合财务指数的使用效果，所以，基础指标的选择是建立模型中关键的一步。

关于基础指标的调整。基础财务指标中，各种指标的导向不一定相同，为避免两个相反方向的指标在综合指数计算效力上的对冲性，务必将原始指标都调整为同一方向来使用。

关于基础指标权数的确定。基础指标权数表明各基础指标在综合财务指数中的比重，它要依据所选指标与综合财务指数的相关程度来确定，同时注意各指标间的平衡。因此，权数的确定也是构建综合财务指数模型中最关键的一环，需要经过大量统计、归纳、推理和验证。

综上所述，科学而合理地解决了这些问题，便得到了一个相对完整、系统的综合财务指数。

（四）综合财务指数的价值

宏观经济以微观经济为基础，而企业运行态势则是整个经济运行的根本性“细胞因子”，来源于企业群体的财会数据是整个微观经济与宏观经济体系中居于重要地位的“原材料”，财会数据所体现的经济“冷暖”，关系到经济运行的基本进程，关系到未来预期态势的全局战略。编制中国企业的综合财务指数，其信息来源来自于企业一线。这些时刻诞生于微观经济活动一线的活生生的信息自然始终直接表达着企业投资与筹资、销售与周转、生存与发展等方面的行情与变化，感知到微观、中观和宏观经济活动的跳动脉搏，从而自然是形成企业确定自身发展战略、增强市场竞争力、优化竞争优势的重要参考，也是与企业相关机构制订联动的回应策略的有效依据。

财会数据是企业财务状况、经营成果和现金流量等核心指标的最为直接、最为真实、最为准确、最为及时、最为完整的写照，在原始财会数据基础上经过科学的提炼与移植，必然能够生成全面描述微观经济基础、把握宏观经济运行、搞好管制与调控政策的重要决策依据。但是，现实中，财会数据的运用局限于企业自身的内部使用，或者对企业运转状况与经营成果的分析，没有更好地立足于行业与宏观分析。所以，将财会数据综合利用水平提升到一个高度，则肯定会体现出新的管理价值。世界上没有无因之果，也没有无果之因。分析多年来经济运行中的一些机会与挑战，常常是通过一些先导性指标率先暴露或反映出来的。预感是需要把握的。指数的神奇作用并非空谈。

编制中国企业的综合财务指数，在目前，无疑具有一定的学术价值与应用价值。其所具有的重要现实意义，概括而言，可以归纳如下：

1. 对于市场相关参与者而言，编制 CFI 可为公众与市场提供经济态势“风向标”，可以指导市场配置资源。

坚持科学发展观理念，需要在宏观与微观两个层面都做到准确把握经济运行的态势，准确把握商业机遇与市场风险，有效开展经营、投资、筹资活动，坚持不懈地走稳健经营、科学运营的可持续发展之路。这就需要对全局的把握、对未来的研判，建立在科学基础之上。任何一个指数，其本质的功能就是用平均数的变化来综合反映其描述对象的内在运行质量的动态演变，CFI 也不例外，它将用指数值对中国企业运行变化提供一个总体测度。CFI 的编制和发布能给经济参与者提供其市场财务态势变动的信号，投资者可以通过对财务指数波动的综合对比以及预测，决定其资金在各种资产间的配置比例，避免盲目投资，注重理性投资和投资的科学性。这对于企业经营的科学化、精细化战略有很强的导向作用。

2. 对于相关政府管理层而言，CFI 的编制有助于增强宏观经济态势掌控的可靠性。

CFI 以客观数据为基础，对报告期的发展状态和未来预期进行动态监测，力图客观公正，评价结果可以供有关决策部门参考。编制 CFI，可为监管层掌握实情提供数据支撑。科学、完善的 CFI 使得政府可以通过指数来评价和判断市场的运行状况，实时掌握交易的异常波动，制定相应的监管政策和措施。财会数据是最实在的原汁原味的情况写照，由一线的企业财会数据而作出的分析、评价与判断，无疑是许多外围、间接数据中最有说服力的数据。CFI 的创设与完善，必将功在当前，意在深远。与不少完全基于某一职业群体主观调查所出的指数相比（如经理人采购指数、经济景气指数），直接产生于财务基础信息的指数更加可靠，因为产出这些数据的原始财务指标都是依据会计准则编制得到的，评价的数据基础更加客观，增强了相关各方对宏观经济运行态势掌控的可靠性。

3. 对于企业财务管理而言，建立联运机制，综合财务指数的编制有助于提升财务与市场的互动性。

CFI 的编制有助于提升财务的社会地位，增强财务活动的社会影响力。通过实绩的评价与未来预期的融合，进一步提升经济管理界尤其是财务管理部门对财会数据所饱含的广度、深度、高度的认识，可以增强对财务界与市场的整体融合与对接，有效转变目前多数财会数据局限于分析单个企业的财务状况和经营成果，较少与行业定量评价乃至宏观经济分析相结合的局限状况，从而增强社会与市场对财会数据价值的认同度，确保财会数据能够发挥应有的基础性与宏观性价值，拓宽财会数据的应用范畴，即利用企业财会数据来分析宏观经济运行情况、预测宏观经济前景、支持宏观经济决策，有助于提升财务的决策支持作用，提升财务工作的地位，增强财务的社会影响力。

第三节 定量评价的整体要点

第一节已经对企业运行态势的定量评价进行了基本的梳理，在定性与定量的辨析中本书侧重于定量分析，在微观与宏观的衔接中本书追求由“微观的个体”向“宏观的群体”的自然演绎。这样，本节便转入定量评价如何进一步推进的问题了。企业运行态势的定量评价，不仅能够从总体上对企业生产经营活动作出明确的评价，而且能够解决企业生产经营状况的纵向对比和横向对比，解决多个企业生产经营状况的考核和排序问题，促使企业寻找差距，采取措施，迅速提高自己的经营实力和竞争能力，同时为宏观管理部门及行业管理部门考核、评价、比较、掌握企业全面生产经营状况提供科学的依据。

企业定量评价是指根据评价的目的，采用适当的方法，把反映企业生产经营活动各环节或某个环节诸方面的指标综合起来，从总体上对企业生产经营状况进行的全面评价。

一、定量评价的价值解读

评价，从字面上理解，也与价值脱不了干系。在汉语中，“评价”二字意味着“评判”、“价值”之意，这就是说，评价就是判断价值。价值判断是关于价值客体对价值主体有无价值、有何价值、价值大小的判断。定量评价问题的广泛性已经深深地扎根于我们的经济和社会生活中，从平日里茶余饭后谈论一个学生成绩的好与差、职员收入的多与少，到定期评价一个企业经营业绩的好与坏，甚至于争论一个国家或民族的综合国力强与弱，无不涉及定量评价。定量评价，必须是多方面考量、立体性思维。比如，评价一个国家的经济发展水平，不仅表现为人均国内生产总值的高低，还表现为产业结构、居民福利、资源利用等多方面；评价一个城市的生态环境状况，不仅表现为空气污染指数的高低，还表现为水域污染、噪音污染、城市绿化水平、三废治理和生活垃圾处理、清洁能源利用等。而评价一个企业的经济效益，不仅表现为投资回报率好坏、劳动生产率的高低，还表现在产品销售率、资金利税率、成本利税率、资金周转速度等方面。换句话说，就是财务方面与非财务方面的统筹兼顾。甚至于，我们注意到在中央电视台定期举办歌手大赛中的评分体系中，也要将演唱得分和综合素质打分统一起来，才能计算出每一个选手的最后得分结果，从而一决高低。可见，评价属于一种多维价值判断过程。

（一）评价的科学内涵

什么是评价？简单地讲，评价是按照一定的标准（Standard）或标杆（Benchmarking）对特定事物、行为、认识、态度等等评价客体的价值大小或优劣状况进行评判比较的一种认知过程，同时也是一种决策过程。在评价过程中，所设定的这一个标准或标杆，可能是客观的，也可能是主观的；可能是明确的、也可能是模糊的；可能是定性的，也可能是定量的。

日常评价工作中，还时不时听到有人将评价与描述、分析联系在一起。的确，描述、评价、分析，三者既有相同之处，也有不同之处，可以这样来理解：描述，只是如实地反映某一些客观实际情况；评价，则涉及对事物价值取向的判断或选择，要求说明所研究事物“是好是坏”；而分析呢？更加要求从影响因素角度来考察分析，说明“为什么”。三者当中，描述是前提、基础；分析是评价的细致化和进一步发展，对于同一对象，评价和分析的结论也必然一致。当然，一定意义上说，评价就是分析。

经常听到有人感叹：什么样的评价才能使每一个被评价对象满意或者心服口服，即，如何依据评价指标的实际水平对相关的社会活动或经济状况进行恰如其分的评价。这种评价活动，有时很简单，有时则比较复杂。这里面就存在如何确定评价是单项的或者是全面的问题。单项评价，就是只依据一项指标，通过适当对比就可以从某一侧面作出判断；而综合评价，则常常根据多项指标，从多个不同侧面对有关现象进行全面的综合判断。一个科学的评价机制肯定需要综合的评价技术，即通过对特定现象（主要是经济和社会现象）的多个方面的数量表现进行高度抽象的综合，进而以定量形式确定现象综合优劣水平与次序的一种分析方法。

（二）定量评价的关注点

定量评价的使命，就是对被评价对象的功与过、是与非、成与败、兴与衰等发表综合的而非片面的、理性的而非感性的评价意见。在一些规范化的定量评价活动中，经常会关注到这样几类问题：

一是分类。分类就是对所研究对象的全部个体进行分类，但不同于复合分组（重叠分组）。分类是做好进一步分析工作的基础，这也是整理原始数据使其具备可比性的初始化工作。不同的人群具有不同的差异化特征，企业也这样，公众上市公司的财务特征与非上市公司的财务特征明显不同，大型企业与小企业的财务运行特征也完全不同。所以，增强评价指标的针对性、说服力，自然要分类为先。

二是比较与排序。通常直接对全部评价单位排序，或在分类基础上对各小类按优劣排序。拥有了比较的基础，比较就变得现实和可行。比较之后即可按照某一种标杆进行排队，从而简单扼要地区分出优与劣、高与低、好与差。

三是考察某一综合目标的整体实现程度，便于对某一事物作出整体评价。如一个地方的小康目标实现程度、一个企业的年度预算执行情况。

作为定量评价的极佳代表，多指标综合评价是近年来发展较快的一种评价机制，而作为多指标集合而成的指数评价机制，可以综合考察某一目标的整体实现程度，也可以考察某一类评价对象的整体水平。

二、定量评价的一般步骤

定量评价工作要取信于公众，必须理性选择若干个指标，建立一个科学的指标体系，并根据评价指标体系的内在要求，做好基础资料和基础数据的收集、核实和整理工作。之后，对不同计量单位的指标数值进行同度量处理，同时，确定指标体系中各指标的权数，以保证评价的科学性。因此，坚守一个科学、严谨的评价推进秩序，是确保定量评价工作能够取得成功的基本条件。通常，定量评价工作，可以分为以下五个步骤：

第一步，确定定量评价的目的。整体而言，定量评价的目的，集中于反映某一方面或某些方面的市场走势，以便相关机构全面把握市场运行状况，实施由评价导向所诱导的匹配性决策行为。

第二步，确定评价指标和评价指标体系。评价指标的选择是由评价目标与实际情况共同决定的，具体选择时应注意其与评价目的和目标密切相关性；评价指标应当构成一个完整的体系，即全面地反映所需要评价对象的各个方面；当然，在能够立体描述的同时，评价指标总数应尽可能地少，以降低评价负担。此外，当评价对象较为复杂时，还应该厘清评价指标间的逻辑结构关系。

第三步，确定评价指标的同向化和同度量方法。这一环节的技术含量在于，如何实施评价指标的同向化和同度量化处理。因为，在定量评价时，必须做到两点：一是使所有指标都从同一角度说明总体，这就提出了如何使指标同向化的问题；二是所有指标可以相加，这就提出了如何消除指标之间不同计量单位（不同度量）对指标数值大小的影响和不能加总（综合）的问题，即对指标进行无量纲化处理——计算单项评价值。

第四步，确定各个评价指标的权重。通过多指标综合评价方法编制复合指数的关键问题在于指标间权重的设定，目前的系数设置方法采取"双轨制"，同时吸收主观意见与客观观点，主观赋权法是评价主体根据自身知识、经验、信息和价值观而直接对各指标赋予权重，如德尔菲法、专家打分法；客观赋权法通过主成分分析法、熵权法等客观方法来确定指标权数。

第五步，推算定量评价值——将单项评价值综合而成。将单项评价值进行综合处理后，就可以提出分析意见。提出评价结论和建议是综合性定量评价最为重要的一个环节，根据基于定量分析的数据基础进行综合分析，抓住主要方面，统筹兼顾，提出结论性意见，根据系统性存在的问题，提出建设性建议，供相关部门作为决策的参考。

当然，上面阐述的是系统评价的一般过程，在实际评价问题中，根据对具体评价对象的把握，有时也不是完全照搬这些过程，应具体问题具体分析。

三、定量评价的客观局限

尽管定量分析是一种先进的技术方法，但是，这也是"两害相权取其轻"的考虑，自身并不是十全十美的。定量评价方法很多，各种方法得出的结果不可能完全相同，并且都带有一定的相对性和局限性。具体分析如下：

1. 在将多个分项指标综合集成一个指标的过程中，势必省略和损失了原有指标所固有的大量内涵与外延极为丰富的信息，使得一体化的指标结果增加了抽象性，而难以具体解释其经济意义。

2. 从多样性走向统一性的过程，其实是一个主观性很强的筛选过程，选择什么指标、选择多少指标、权数的分配都很主观，这样，可能淡化了原始意义，增强了主观设计色彩。

3. 评价的结果不具有唯一性。选择不同的方法，可能有不同的结果，即使采用同样的方法，由于各指标的赋值不同、权重不同等，也有可能使评价结果不同。

简而言之，定量评价的上述局限性，可能就引发出“公说公有理、婆说婆有理”的情况，这势必会给定量评价工作提出更加严峻的挑战。当然，定量评价的上述局限依然“瑕不掩瑜”，只是需要我们的定量评价在每一个环节都更加精细、更加科学罢了。

第四节 定量评价的关键技术

定量评价企业一线财务分析中纷繁复杂、性质各异的原始财务指标，不得不面临一些技术处理问题。

核心的问题是如何建立一个可比的环境。《企业会计准则》明确告诉我们，企业提供的财会数据应当相互可比。这种可比性包括两个方面：一是同一企业不同时期发生的相同或相似的交易或事项，应当采用一致的会计政策；二是不同企业发生的相同或相似的交易或事项，应当采用规定的会计政策，确保财会数据口径一致，相互可比。在定量评价中，即使纵向而言的同一指标在不同时期具有可比性，但是，横向而言的同一时期不同指标的不可比性则是普遍而正常的。许多指标都必然存在着并不相同的内涵与外延。比如，对于一个企业而言，资产负债率、销售利润率，显然是各为其主的指标，怎么可能合二为一呢。但是，评价工作就是要面对这些差异指标找寻其内在的相同点。因此，面对纷繁复杂的定量指标，必须进行必要的技术处理，才能进入同一个标尺的评比范畴。也就是说，在编制指数面前，我们面对的是一堆内涵各异、形式不同的指标群体，如何进行处理，使得这些原本不具备可比性的指标之间能够具有相同的性质，从而进行指数系列下的分析与比较。概括起来，所有这些指标的技术障碍，都可以通过两个技术处理措施加以转换，即指标同向化转换和无量纲化。

如何使得所有指标都能够从同一角度说明总体，这就提出了如何使得指标同向化的问题。所有指标都需要相加计算，这就提出了如何消除指标之间的不同计量单位（不同度量）对指标数值大小的影响和不能加总（综合）的问题，即对指标进行无纲量化处理，计算单项评价值。在指标经过同向化处理和无量纲化处理从而实现统一后，相互之间如何定位？如何走到一起？这些也都是必须处理的问题。

一、原始财务指标的同向处理方法

理所当然，事物的可比性是我们认识与分析事物、辨析优劣的基础。所谓可比性，就是在对比时一定要注意两个对比事物的同质性。因此，必须首先对财务指标的方向性进行分析与判断。

（一）原始财务指标的导向分类

基于财务管理与控制下的财务指标导向性关系，即按照财务指标数值大小与其经济内涵的积极效应关系进行比对，现对常用的主要财务指标进行初步的归类分析：

1. 正向财务指标

这类指标具有指标值越大，越有利于企业运营绩效的特征。这是比较普遍的财务指标，如营业利润率、资本收益率、总资产报酬率、盈利现金比率、利息保障倍数、应收账款周转率、流动资产周转率、主营业务收入现金比率、资本累积率、净利润增长率、总资产增长率、销售增长率等指标。这一类财务指标的共同特点是，大部分反映内容主要集中于经济收益或经济效率，是一种积极导向型指标，具有指标值越大越好的特点。有时候可以将这种经济产出型指标称之为极大型指标。

2. 负向财务指标

因为企业的目的总是追求利润导向的。与利润目标直接相反的方向显然不是主观追求的。所以，这类指标具有指标值越小，越有利于企业运营绩效提升的特征。这是比较普遍的财务指标，如产品成本率、管理费用率、成本费用率、有形净值债务率等，其内容集中于反映一种资源消耗与经济付出，而且具有指标值越小越好的特点。有时候可以将这种资源投入型指标称之为极小型指标。

3. 适度范围财务指标

这类指标在一定的高低范围内就属于比较合理的存在，指标越高并超过一定标志线，就可能陷入不正常的状态，或者指标过低也会陷入另一种不良境界。如资产负债率指标，过高就势必不是一个安全的选择，过低又显得没有充分利用经营标杆，通常将资产负债率控制在50% ~65% 被认为是合理的；再比如，流动比率维持在2：1是比较合理的。对这类既不期望其值越大越好、也不期望其值越小越好，而是期望居中为好的财务指标，有时候可以称之为区间型指标。

总之，企业经营活动中所体现的财务指标，绝大多数，或者归入正向财务指标，或者归入负向财务指标，总是具有差异化的经济价值。可见，企业财务指标的导向性是不同的，财务指标对同一事物的敏感性也是不同的。对于熟悉传统财务分析的读者来说，经常会听到“有保、有压、并力争完成”之类的话语，其导向性追求一目了然。当然，第三种指标则另有其理。

需要说明的是，由于行业性质不同，任何一个指标都不可能是僵化的硬性规定，所以，在分析这些分类财务指标时，应当观察其合适范围的警戒线，与同行业平均比率、目标企业水平，以及本企业历史情况进行比较，才能得出合理的结论。尽管如此，这并不妨碍我们从经验数据出发，整理出一个可以在通常情况下参考的财务指标标杆，但愿我们的这种努力并不完全是“不靠谱”的行动。我们从三个国有集团旗下的公司中选择了51家在过去5个会计年度中处于持续经营状态的公司，并对其历史数据进行了简单算术平均测试，得出了这样一些参考性的指标，即：流动比率为2、速动比率为1、存货周转率为3、应收账款周转率3、营业周期为200天、流动资产周转率1、总资产周转率为0.8、资产负债率为60% ~70%、产权比率为1.2、有形净值债务率为1.5、已获利息倍数的标准值为2.5、销售净利率0.1、销售毛利率为0.15、净资产收益率为0.08、现金到期债务比为1.5、现金流动负债比为0.5、现金债务总额比为0.25、销售现金比率为0.2、全部资产现金回收率为0.06、现金满足投资比率为0.8、现金股利保障倍数为2。

不仅如此，全国工商联经济部联合中华财务咨询有限公司，近年来每年共同发布中华工商上市公司财务指标的相关指数，公开上市公司群体中财务运行态势，反映企业经营状况，预警企业潜在风险。诸如此类，这些经验数据，将在我们的综合财务指数编制过程中，发挥出相应的参照性纽带作用。当然，这并不意味着这些指标都应该不论具体条件地僵化在一个固定不变的水平上。总之，多种特征的指标势必要求分门别类地分析，否则，“眉毛胡子一把”，肯定无从谈起比较与分析了。①

（二）原始财务指标的同向转换

定量评价的基础是必须对方向各异的财务指标进行基础性技术处理，即调整成方向一致的指标进行专业考核。实践中，我们经常将负向财务指标、适度范围财务指标都转换成为正向财务指标，从而在统一为正向财务指标的同一体系内进行简单的比较判断。经常可能采用的同向化转换方法有如下几种：

1. 赋负值法

赋负值法，是指将负指标转换为对应的正指标，即对负指标作同趋化处理。如分析产出指标时，可以将投入指标直接转化为负值，即X转化为-X法，如中间消耗率转化为-增加值率。在面对财务指标评价时，可能会出现本期亏损、资本保值增值率为负、经济增加值为负值等情况，需要采用赋负值法处理。

2. 倒数转换法

这也是一种数学处理方式，将算式倒数后，就可直接运用运算定律计

---

① 其实，在会计领域并不缺乏类似的变通处理技术，比如，工业会计对资产负债表日在产品成本核算中，对直接材料和加工作业等在产品的成本核算，就经常采用约当产量法来进行。其道理是异曲同工的。

算，所得商的倒数就是原式的结果。

当 X 大于 0 时，其转换公式：X = 1/X

当 M 为其上限时，其转换公式：X = M - X

对于适度指标，通常根据实际值与适度值（K）的差距的倒数确定。

$x' = \frac{1}{1 + (x - q)}$，其中，q 为该指标的合适值。

此外，对于区间型如资产负债率这样的区间型指标，其转换公式：

其中，［Q_1、Q_2］为最佳区间，M、m 为允许的上下限。

$$x' = \begin{cases} 1 - \frac{q_1 - x}{\max\{q_1 - m, M - q_2\}}, x < q_1 \\ 1, x \in [q_{1,} q_2] \\ 1 - \frac{x - q_2}{\max\{q_1 - m, M - q_2\}}, x > q_2 \end{cases}$$

现在以资产负债率的转换为例，进一步加以说明。国际上，一般公认的资产负债率标准是 50% 左右，这是一个相对理想线。而我国企业资产负债率一般都比较高，业内公认安全地带为 60% 左右。在实际经济生活中，当全部资产的收益大于借款利息时，资产负债率可以高些，但并不是越高越好；当企业亏损或利润率小于利息率时，负债率越高，企业经营风险越大，当大到资不抵债时，企业将面临破产风险。但资产负债率也不是越低越好，当企业盈利率大于利息率时，企业负债率低，会使企业失去负债杠杆作用，说明企业经营保守，不利于企业提高资本收益率。因此，当企业资产负债率大于 70%，小于 50% 时，可利用下面的计算式调整权数，以降低资产负债率个体指标指数对综合经济效益指数的影响。基于的假定条件是：资产负债率的不允许值为 100% 和 0，即资产负债率在 0 ~ 100% 之间变动。这样，其转换计算过程如下：

企业资产负债率大于 70% 时，权数 $= \frac{70\% - 100\%}{60\% - 100\%} \div 12\% = 6.25$

企业资产负债率小于 50% 时，权数 $= \frac{50\% - 0}{60\% - 0} \div 12\% = 6.94$

二、原始财务指标的无量纲化转换

一杯水和一颗钻石，哪个更有价值？这个问题对处于正常生活状态的一般人而言，可能会有相同的选择，但是，在不同的背景下，却必然会有不同的答案。对于一个在沙漠里徒步跋涉的干渴者来说，一杯水就意味着生命，就意味着希望。所以说，由于评价者所处的环境不同，其答案就会截然不同。再推而广之，评价对象的价值并不是系统本身所固有的，而是评价对象及其所处环境的相互关系规定的属性，不应该有价值的绝对尺度。在系统评价时采用多种尺度进行相互比较是必不可少的，这种尺度就是评价指标。

在财务领域，指标的度量也是一个复杂的问题。因为指标的度量不能抛开单位，就是度量“尺”是什么，称之为尺度（Scale）。这在自然科学中称为量纲。一个显然不合理的例证就是将人的身高与体重相加来衡量一个人的健康程度。所以，首先的问题是找到结合点，也就是说，财务指标的无量纲化是定量评价的前提。所谓无量纲化，就是把不同计量单位的指标数值，改造成可以直接加总的同量纲数值，常常也称之为数据的规格化（意即使之成为同一规格），即通过数学变换，消除计量单位对原始数据的影响。这种数据的无量纲化过程实际上就建立（单项评价指标的）评价函数的过程，即把指标的实际值转化为能够借以进行评价的数据的过程。比如，企业财务分析中，不仅有绝对数、平均数，也有相对数，因为相对数不能直接加总，各自对比标准不同，数据的变化范围不同，也需要无量纲化。比如，资产负债率为60%，并不高，可是，如果资本收益率达到60%，那就漂入云海了。再比如，现实考试成绩是一种分数，本身没有单位，而且都是百分制，但由于不同科目试题的难易程度、分量都不一定相同，其分数的“含金量”并不相同，因而不能相加。只有经过专业技术处理后，各科分数都以60分为中心而分布，具有了可比性，因而可相加。经过对不同指标进行专业对口的处理，进一步的分析便是简便易行的事情了。总之，我们应该对这一类分析指标的技术口径认真对待。接下来我们具体分析无量纲化的技术问题。

（一）无量纲化对象的分类

不同指标根据不同的经济内涵分别属于不同的类型，不同类型指标的规范化预处理方法也不一样；即使同一类型的指标，也可以采用不同的预处理方法，从几何角度可归纳为直线型、折线型和曲线型三大类，每一种类型的方法又有更加细致的分类，适用于不同的数据规律：

1. 直线型——指标评价值与实际值之间是一种线性关系，评价值随实际值等比例变化而线性变化。经济指标根据其性质，大致可以分为四类：收益型、成本型、区间型和适度型。如前所述，收益型指标，也称正向指标，指标值越大越好；对于成本型指标，又称逆向指标，指标值越小越好；当然，适度指标则不同，指标值以稳定在某一固定值为最佳。

2. 折线型——现象小于某点时，对综合水平影响大，评价值变化大；大于某点时，对综合水平影响小，评价值变化小，即事物发展呈阶段性，指标值在不同阶段对事物总体水平的影响不相同，因此需要分段处理。这种折线型数据的处理难点在于找出事物发展过程中转折点的指标值并确定其评价值。

3. 曲线型——有些事物发展的阶段性的分界点不很明显，而前中后各期发展情况又截然不同，即指标值变化对事物总体水平的影响是逐渐变化的，而非突变的。

当然，为了简便起见，我们有时会将许多各具特征的指标粗略地近似化为直线型指标进行处理。

（二）无量纲化方法的分类

怎样选择无量纲化的技术方法呢？这显然需要将准确反映客观实际与转化操作技术可能相结合。实际工作中，大多用直线代替曲线，因为，这样的处理简单易行，能够体现对事物发展水平的相对意义上的描述需求，而不是追求绝对的刻画。因此，在不影响被评价对象相对地位的情况下，就应该用简单的近似描述，而不是硬邦邦地陷入曲线的困境。经济分析与管理的追求是相对意义上的满意解，不像数学追求绝对意义上的最优解。

1. 标准化转换法

在运用多元统计方法进行的定量评价中，用得最多的无量纲化方法就是标准化法。标准化处理的特点值得注意：一是与总体的全部数据都有关，需要的信息量大（因为用到平均数）；二是标准化法得到的评价值在0的上下，一般按照3倍标准差的分布原则，一般在（-3，3）之内。在评价对象个数较多时才用，即要求样本数据较多（数据多时作为对比标准的平均数更具有稳定性）；原始数据大体呈正态分布时，转换结果才比较可靠。具体而言，标准化的处理方法如下：

记观测变量 x_i 在第 j 个个体上的观测值为 x_{ij}，该变量在全部个体上的平均值为 $\bar{x}_i$，标准差为 S_i，则标准化变换公式为：

$$z_{ij} = \frac{x_{ij} - \bar{x}_i}{s_i}$$

经过上述标准化方法的无量纲化转换后，已经将原始数据转换成为一组全部 n 个个体的均值为 0、方差为 1 的数列指标 z_i。

2. 阈值转换法

阈值即临界值，是衡量事物发展变化的一些特殊指标值，如极大值、极小值、满意值、不允许值、标准值（如平均数）等。阈值法的优点：一是指标个数及指标的分布无要求；二是（转换后的数据即单项评价值）相对数的性质很明显；三是数据转换需要的信息量不多。当然，阈值法在事实上只利用了极大值或极小值等阈值。阈值法的缺点是丢失了大量的原始信息，因为评价值只参考了阈值。其具体方法如下：

对于正向指标，

$$z_{ij} = \frac{x - \min(x)}{\max(x) - \min(x)}$$

对于负向指标：

$$z_{ij} = \frac{\max(x) - x}{\max(x) - \min(x)}$$

公式中，$\min(x)$ 代表变量 x 的最小值，$\max(x)$ 代表变量 x 的最大值。

经过阈值转换后，原始数据都转换成为正向数据，并介于 0～1 之间。这种方法对原始数据的数量及分布没有要求，而且转化后的数据相对数性质比较明显，便于进一步处理，但其缺点是转化时所依据的原始数据信息较少，只包含了原始数据中的最大值和最小值，且容易受到最大值和最小值的影响。

3. 功效系数转换法

若根据所研究对象的特点能事先确定出评价指标的满意值 $x_{(h)}$ 和不允许值 $x_{(s)}$，则可采用功效系数转换法，其变换的基本公式为：

$$z_{ij} = \frac{x_{ij} - x_{(s)}}{x_{(h)} - x_{(s)}}$$

实际操作中，经常利用其改进公式来进行处理：

对于正向指标：

$$z_{ij} = \frac{x_{ij} - x_s}{x_h - x_s} \times d + c$$

对于负向指标：

$$z_{ij} = \frac{x_s - x_{ij}}{x_s - x_h} \times d + c$$

其中，根据行业经验数据，可以引入明确而具体的标杆性满意值和不允许出现的禁区值。原始指标的满意值为 x_h、不允许值为 x_s，c、d 都是已经的正向常数，c 的作用是对转换后的数据值进行平移，d 的作用是对转换后的数据值进行“放大”或“缩小”，二者可以根据实际需要而相应设定，财务评价通常设定为 $c=60$、$d=40$。这一技术的引用可参见下一节案例。

上述无量纲化技术方法，尽管适用情况各不相同，但都是通过某种转换将各个观测指标的计量单位消掉并使其数量级统一的转换过程。

三、多元评价指标的集成技术方法

各个单项指标计算出来之后，必须经过“集成”而产生一个实数值，其对评价对象的综合标尺也就自然产生出来了。对各个评价指标进行集成，就是将无量纲化变换后的各个指标按照某种方法进行综合，得出一个可用于评价比较的综合指标。实践中最常用的集成方法主要有总和集成法与乘积集成法，我们整理列出其相应的集成公式：

（一）总和集成法

总和集成法通常包括四种具体的集成方法。

1. 简单总和集成法，其集成公式如下：

$$y_j = \sum_{i=1}^{m} Z_{ij}$$

2. 加权总和集成法，其集成公式如下：

$$y_j = \sum_{i=1}^{m} W_i Z_{ij}$$

3. 简单算术平均法，其集成公式如下：

$$y_j = \frac{1}{m}\sum_{i=1}^{m} Z_{ij}$$

4. 加权算术平均法，其集成公式如下：

$$y_j = \frac{\sum W_i Z_{ij}}{\sum W_i}$$

需要注意的是，加权算术平均法具有着明显的特点：一是对于数据的要求最宽松，用于集成的某一指标数值可以为 0 或负数；二是各指标可以相互补偿（等量补偿），即此升彼降，总的评价值不变；三是突出了评价分数较大、权数较大者的作用，适用于主因素突出性的评价，即对较大数值的变动更为敏感。

（二）乘积集成法

乘积集成法通常包括四种具体的集成方法：

1. 简单乘积集成法 $y_j = \prod_{i=1}^{m} Z_{ij}$

2. 加权乘和集成法 $y_j = \prod_{i=1}^{m} Z_{ij}^{wi}$

3. 简单几何平均法 $y_j = (\prod_{i=1}^{m} Z_{ij})^{\frac{1}{m}}$

4. 加权几何平均法 $y_j = (\prod_{i=1}^{m} Z_{ij}^{wi})^{\frac{1}{\Sigma w_i}}$

需要注意的是，几何平均法的主要特点：一是对数据要求较高，指标数值不能为0或负数；二是鼓励被评价对象在各方面全面发展，任一方也不能偏废。此集成方法督促“全面发展”，而不是靠重点倾斜的方法取胜；三是乘除法容易拉开评价档次，对较小数值的变动更敏感。

此外，还可以通过混合集成法，即将总和集成法与乘积集成法结合起来构造出定量评价集成模型。

第五节 常规应用的简单案例

现在，让我们暂时摆脱传统财务分析的习惯思维，转换一下分析的技术方法，完全基于现代管理科学与综合评价方法的应用来推进分析吧。随着现代管理科学知识的普及，我国企业界及管理部门越来越注重引进一些科学的管理评价方法来综合评价复杂领域的经济现象。本节将通过实用性案例对经常被采用的评价方法进行简要的介绍。

一、综合计分法的应用

综合计分法又称百分比计分法，是一种折算成百分比之后进行比较的方法。综合计分法的具体做法就是按各个评价指标的经济重要性确定标准得分，并将全部指标的标准得分总和设置为100分，每一个单项指标的实际得分就是该指标在总和中所占的比重，这相当于取一个总体中的权数。通常流程是，第一步，确定各指标的对比标准；第二步，按三档记分（改善得满分、持平得半分、下降得零分）；第三步，加总各评价指标的实际得分，进行排序。这种方法简便易行，但是相对而言比较粗糙。

综合计分法曾经被西方国家计算经济景气度时采用，其评价步骤如下：

第一步，将每一项指标的实际值与基期值（计划值或其他标准值）进行比较，确定每一项指标的得分。凡是实际值好于标准值的计 100 分；实际值与标准值持平的计 50 分；实际值劣于标准值的计 0 分。

第二步，计算某一类指标的平均得分。其计算公式为：

$$\text{某类指标平均得分} = \frac{\sum(\text{某项指标得分} \times \text{该项指标的权数})}{\sum(\text{该项指标的权数})}$$

第三步，计算企业定量评价总得分。其计算公式为：

$$\text{企业综合评价总得分} = \frac{\sum(\text{某类指标平均得分} \times \text{该类指标的权数})}{\sum(\text{该类指标的权数})}$$

第四步，根据企业定量评价总得分分析企业的总体状况，若参与评价的是多个企业，则可根据总得分进行排序和分析。

【案例】 某省国有资产监督管理委员会综合评价 2010 年全省 10 个行业的企业绩效态势时，采用净资产收益率、已获利息倍数、总资产周转率和销售增长率等四个指标为评判标准，假设上述四个指标确定的占比标准分别为 20、30、40、10。现收集整理的 10 个行业相关资料如表 1－2 所示。

表 1－2　　　　某省 2010 年 10 个行业的四项指标资料表

企业类型	净资产收益率（%）		现金比率（%）		总资产周转率（%）		销售增长率（%）	
	本期 P_{21}	上期 P_{20}	本期 S_{21}	上期 S_{20}	本期 O_{41}	上期 O_{40}	本期 D_{11}	上期 D_{10}
A	B	C	D	E	F	G	H	I
1 农林牧渔	8.11	9	9.19	9.19	8.21	7.65	16.3	13.2
2 各类工业	11.11	11.11	23.2	21.1	9.21	10.11	17.53	18.7
3 建筑行业	9.01	11.01	12.31	12.43	14.5	13.22	9.8	8.98
4 交通运输	15.4	14.21	21.22	14.56	10.11	10.11	11.23	12.23

续表

企业类型	净资产收益率（%）		现金比率（%）		总资产周转率（%）		销售增长率（%）	
	本期 P_{21}	上期 P_{20}	本期 S_{21}	上期 S_{20}	本期 O_{41}	上期 O_{40}	本期 D_{11}	上期 D_{10}
A	B	C	D	E	F	G	H	I
5 信息技术	13.02	13.01	12.65	14.32	12.21	11.22	21.2	21.2
6 批发零售	10.23	10.23	10.87	10.21	59.10	59.10	21.34	22.34
7 房地产	30.21	29.99	14.25	14.22	45.43	45.43	45.41	45.41
8 餐饮旅游	15.21	14.21	14.11	13.21	24.98	22.11	28.32	29.76
9 社会服务	10.1	10.21	26.55	32.11	12.32	12.22	13.43	13.43
10 传播文化	8.66	9.08	9.34	22.11	15.43	15.43	17.65	17.64

表 1－2 中，2010 年各行业之净资产收益率、已获利息倍数、总资产周转率、销售增长率资料分别如该表之 B、D、F 和 H 栏所示，各个行业前一期的净资产收益率、已获利息倍数、总资产周转率、销售增长率资料分别如表之 C、E、G 和 I 栏所示。根据这些资料，采用综合计分法对各个行业的绩效态势进行定量评价如下：

第一步，根据综合计分法之规则，将每一项指标的实际值与标准值进行比较，确定每一项指标的得分：凡是实际值好于标准值的项目，计 100 分；实际值与标准值持平的项目，计 50 分；实际值劣于标准值的项目，计 0 分。

以农林牧渔行业为例，净资产收益率等四个指标之计算得分过程说明如下：

对于该行业之净资产收益率而言，因为 8.11% <9.00% 的标准，所以得分为 0；

对于该行业之现金比率而言，因为 9.19% =9.19%，所以得分为 50；

对于该行业之总资产周转率而言，因为 9.21% <10.11%，所以得分为 0；

对于该行业之销售值增长率而言，因为 16.3% >13.2%，所以得分为 100。

因此，综合上述四个方面的单项得分，农林牧渔行业的综合得分计算如下：

（0×0.2+50×0.3+100×0.4+100×0.1）/1=65

同理，我们可以依次判断并计算出其他9个行业的综合得分（这里不再一一列出判断与分析过程，仅仅分别列示出各行业根据计算出来的单项指标进一步计算的综合得分），其计算过程及其结果如下：

各类工业行业综合得分：（50×0.2+100×0.3+0×0.4+0×0.1）/1=40

建筑行业行业综合得分：（0×0.2+0×0.3+100×0.4+100×0.1）/1=50

交通运输行业综合得分：（100×0.2+100×0.3+50×0.4+0×0.1）/1=70

信息技术业综合得分：（100×0.2+0×0.3+100×0.4+50×0.1）/1=55

批发零售行业综合得分：（50×0.2+100×0.3+50×0.4+0×0.1）/1=60

房地行业综合得分：（100×0.2+100×0.3+50×0.4+50×0.1）/1=75

餐饮旅游业综合得分：（50×0.2+100×0.3+100×0.4+0×0.1）/1=80

社会服务行业综合得分：（0×0.2+0×0.3+100×0.4+50×0.1）/1=45

传播文化行业综合得分：（0×0.2+0×0.3+50×0.4+100×0.1）/1=30

现在，将以上10个行业的综合得分，按照先高后低的原则依次排序，即产生10个行业绩效态势从优先——次优——落后的顺序：

1餐饮旅游业——2房地行业——3交通运输——4农林牧渔——5批发零售——6信息技术——7建筑行业——8社会服务——9工业制造——10传播文化

显而易见，这种通过综合计分定量评价目标优劣的方法，其优点是直观、简单。但是，由于按各项指标的变动幅度赋予分值，实际操作中会出现“鞭打快牛”的现象；对那些基础好、水平高的企业，由于其指标改善难度大，其评价总分数往往低于基础差、水平低、指标改善相对容易的企业，这是其一；其二，赋予分值的方法过于简单，指标只要改善了，改善10%计10分，改善80%也计10分；退步10%计0分，退步80%也计0分，显然不甚精细。由此而计算所得的评价总分就不可能客观、准确地反映企业某方面的实际水平和变动状况。因此，在进行准确评价时，通常不宜单独使用这种方法。

二、排队计分法的应用

排队打分法也是国际货币基金组织用于评价各个国家竞争能力大小的一种方法，曾经被用于多个企业定量评价的排序技术中。

排队计分法是将评价单位的各项评价指标依优劣秩序排队，再将名次（位置）转化为单项评价值，最后由单项评价值计算各单位的定量评价值（总分）。排队计分法的优点，主要包括：简便易行、勿须另寻比较标准、各单项评价值有统一的值域，适用范围广泛（可用于定序以上层次的数据）。而排队计分法的缺点，则主要是原始数据信息的损失较大。其基本步骤是：

第一步，将指标体系中各指标的实际值，按照优劣程度，分别排队，其中正指标从大到小依次排列，逆指标从小到大依次排列。

第二步，计算每个企业每项指标的得分，指标排在第一名的企业得100分，指标排在最后一名的企业得0分，指标居于中间的各个企业，按以下公式分别计算各企业的得分：

$$X(k) = 100 - \frac{k-1}{n-1} \times 100$$

式中，X_i 为某企业第 i 项指标的得分；N 为第 i 项指标的排队企业总数；n 为某企业第 i 项指标的排列名次数；

第三步，计算每个企业每类指标的平均得分；

第四步，计算每个企业全部指标的总得分；

第五步，按照各企业总得分多少排队，确定整个群体中各个企业的名次。

其中第三、第四步的计算公式与综合打分法相同。

【案例】某省经济和信息化委员会对2010年全省23行业的全员劳动生产率（按每一职工平均实现增加值计算）资料如表1－3所示。现采用排队计分法计算这23个企业全员生产率的应得分数。

全员劳动生产率是正指标，根据排队计分法，将这23个行业的数值从大到小依次排队，并计算出各企业的得分如表1－3所示。

表1－3　某省2010年23企业行业的全员劳动生产率及其排队计分表

企业类型	劳动生产率（元/人）	劳动生产率排名	计算打分	打分排名
1 农林牧渔	45122	19	18.18	19
2 采掘	78560	5	81.82	5
3 化工	65987	11	54.55	11
4 黑色金属	56890	15	36.36	15
5 有色金属	65990	10	59.10	10
6 建筑材料	54900	17	27.27	17
7 机械设备	87996	4	86.36	4
8 电子元器件	43555	21	9.10	21
9 交运设备	54667	18	22.73	18
10 信息设备	66005	9	63.64	9
11 家用电器	67876	6	77.27	6
12 食品饮料	67554	8	68.18	8
13 纺织服装	67788	7	72.73	7
14 轻工制造	65778	13	45.45	13

续表

企业类型	劳动生产率（元/人）	劳动生产率排名	计算打分	打分排名
15 医药生物	89997	3	90.91	3
16 公用事业	34667	22	4.55	22
17 交通运输	65778	12	50	12
18 房地产业	99998	1	100	1
19 金融服务	98776	2	95.45	2
20 商业贸易	56778	16	31.82	16
21 餐饮旅游	64566	14	40.91	14
22 信息服务	43555	20	13.64	20
23 其他	34589	23	0	23

表1－3中，全员劳动生产率最高的房地产企业（99998）得分100分，全员劳动生产率最低的公用事业（34667）企业得分0分，其他企业得分按公式计算，如：

$$\text{农林牧渔企业得分}=100-\frac{n-1}{N-1}\times100=100-\frac{19-1}{23-1}\times100=18.18$$

其他各个行业的计算都遵守相同规则，具体计算过程从略，其结果如表1－3第四列所示。

采用排队计分法给每个企业的每项指标实际值赋分，再加权计算总分数，较打分综合法相对要准确、客观。

三、功效系数法的应用

功效系数法是利用特定的方法，将每一个指标的实际功能值转化为百分制表示的分数，再汇总计算定量评价值的方法。其具体步骤如下：

第一步，确定合理的上、下限值。根据经验和评价目的，对每个指标确定一个上限值（或称满意值）x_{ih} 和一个下限值（或称不允许值）x_{is}，上限值可以是所有参评企业的最优值，也可以是同行业、全国、世界的先进水平，还可以是某一时期的奋斗目标等；下限值可以是所有参评企业的最差值，也可以是同行业、全国、世界的最低水平，或某一时期的最差值。

第二步，计算每项指标的功效系数。其公式是：

$$d_i = \frac{\text{实际值} - \text{不容许值}}{\text{满意值} - \text{不容许值}} \times 40 + 60 = \frac{x_i - x_{is}}{x_{ih} - x_{is}} \times 40 + 60$$

式中：d_i 为第 i 个指标的功效系数；为第 i 个指标的实际值；x_i 为第 i 个指标上值与下限值之差，表明在评价时的条件下某指标所能允许的分布范围，是用来衡量指标所达满意程度的尺度。还要注意的是，公式中"×40+60"这一部分，增添加此项的目的就是为了使计算结果不为0，并转化为人们习惯的百分制的分数。

第三步，将各项指标的功效系数得分，用各项指标的权数进行加权平均，求得各类指标的功效系数综合得分和评价企业功效系数总得分，计算时可用算术平均法，也可用几何平均法。

第四步，按照各评价企业的功效系数总得分，从多到少依次排队，确定各企业的名次。

【案例】某省行业主管部门旗下三个企业集团收益水平指标实际值如表1－4所示，用功效系数法对三个企业的收益水平所作的定量评价结果如下。

表1－4　　2010年同行业企业收益水平定量评价计算表

项目	权数	实际值			同行业		功效得分		
		东新集团	中阳集团	荣明集团	最佳企业实际值上限 x_{ih}	最差企业实际值下限 x_{is}	东新集团	中阳集团	荣明集团
销售利润率%	50	16	18	14	20	20	84.0	92.0	76.0
成本费用利润率%	20	15	17	12	24	10	74.3	80.0	65.7
人均利润元/人	30	3500	4000	2000	5000	1000	85.0	90.0	70.0
合计	100	—	—	—	—	—	82.36	89.00	72.14

表中，东新集团的相关数据计算过程及结果具体如下：

$$\text{东新集团销售利润率功效系数得分} = \frac{16 - 10}{20 - 10} \times 40 + 60 = 84.0$$

$$\text{东新集团成本费利润率功效系数得分} = \frac{15 - 10}{24 - 10} \times 40 + 60 = 74.3$$

$$\text{东新集团人均利润率功效系数得分} = \frac{3500 - 1000}{5000 - 1000} \times 40 + 60 = 85.0$$

$$\text{东新集团收益水平指标功效系数综合得分} = \frac{84.0 \times 50 + 74.3 \times 20 + 85.0 \times 30}{50 + 20 + 30} = 82.36$$

同理，可以算出中阳集团、荣明集团的收益水平指标综合得分。

四、综合指数法的应用

这种方法的思路就是对标法，即将每项指标实际值通过与标准值比较，计算出各项指标的个体指数，再加权平均计算综合指数。这种标准值，也可以称为标杆值，包括全国性、行业性或自行制订的预算标杆。分析与标杆的实现或完成程度，是经常应用的方法之一。

其步骤依次是：

第一步，计算各指标的个体指标：

$$\text{某指标个体指数} = \frac{\text{报告期某企业某项经济效益指标实际值}}{\text{该经济效益指标全国标准值}}$$

第二步，计算综合经济效益指数。公式为：

$$\text{综合经济效益指数} = \frac{\sum(\text{某指标个体指数} \times \text{该项指标权数})}{\sum(\text{各项指标权数})}$$

由于各项指标之权数转换后总和等于100，所以有：

$$\text{综合经济效益指数} = \sum(\text{各指标个体指数} \times \text{各项指标权数})$$

第三步，对企业综合经济效益进行排序与分析。

除了前述综合计分法、排队计分法、功效系数法和综合指数法以外，还有其他定量评价方法，如多元统计方法（主成分分析法、因子分析法、聚类分析法）、模糊数学方法、神经网络方法、灰色系统分析方法等，也可以通过多种方法的结合（如模糊神经网络方法、模糊聚类方法）来再综合，或者选择与其他评价结果相关程度最高的结果为最终选定的评价结果。这些方法都随着现代管理科学的进步，从管理科学与工程渐渐向财务管理领域进行传播和渗透。

再回过头来看一下，无论哪一种综合性的评价理论与评价方法，都不可避免地存在这样或那样的问题。其根本原因就在于至今为止，学者们依然还没有找到任何一种统计技术或经济理论能对企业经济运行或财务态势变动和影响因素变动之间的能动关系作出圆满而令所有人都接受的解释。既然我们对企业财务运动规律还没有十全十美的认识，那么，评价理论与评价方法的理论研究也将不可避免地带有很多假设成分，而这些假设成分只有在经济评价实践中加以验证。所以，出现一些理论学说与实践操作相背离、指数理论与经济理论相背离的地方也就在所难免。

正是从这种意义上着手，本专著对技术方法的阐述绝对不局限于某一种方法的应用，而是着眼于更加丰富的理论、更加可选的方法、更加多元的讨论，从而提供一些能够让读者自己选择的技术方法。基于这种指导思想，我们在第二章、第三章、第四章就相关指数进行理论探讨时，扩展了统计指数与现代评价科学的方法与知识点，阐述了一些基础性的知识点，而在后面章节关于具体编制技术尤其是编制案例的技术部分，则严格遵守实际操作的可行性连贯方法，努力使指数的编制更加具有范例效应。

第二章

评价升级：传统财务指标的“指数化”

指数作为古老且为人们所熟悉的经济分析工具，能够为掌握全局态势、制定宏观经济政策、调控经济运行等提供简约的指针化数据。这种集成、简约的数据，舍弃了繁琐，收获了内核，不仅让我们返璞归真，更让我们感悟包容，经济无界，心容则容。当然，这种集成化、简约化的指数并不是凭空而来的。指数俨然是从纷繁的统计指标转化而来的，综合财务指数也只能从财务指标体系中脱胎换骨而升华出来。因此，如何从传统的财务分析指标中集萃出来财务指数的基础，将是一个重要转折点。全球权威财经杂志《经济学人》在其推出的第 4 版《公司财务分析》封面即一语道破：财务分析 = 眼花的数字 + 挠头的理论？随后的前言更加直言不讳：“不能只凭一年的数据来评价一家公司，评价一家公司一般至少需要三年，更理想的是五年”、“不要孤立地评价一家公司，通常要把一个国家同行业或同规模的公司进行比较”。为此，本章将从已经相当普及的传统企业财务分析指标，引申出基于宏观财务指数层面的原生性财务指标，并就常规指数编制理论的必要基础知识进行相应的阐述。

第一节
基于常规分析观的财务指标综述

财务分析就是人们观察企业运行质量的“眼睛”。面对同一个人，有人一见钟情，有人毫无反应。不同的眼睛，会有不同的发现。财务分析是一门科学，更是一门艺术。如何能够从两个数据中剖析某种特定的经济价值，最关键的技术在于我们应该选用哪个指标？如何找到他们？如何评价他们？已经相对成熟的各种财务分析方法告诫我们，一个理性、科学的思维观对于财务指标分析、财务指数构建方法的甄别与构建是相当重要的前提。因此，必须在确立现实、科学的财务方法论与思维观的基础上去对原始财务指标的丛林进行考察与遴选。

一、财务方法论的现实思维

思路决定出路，平台决定高度。如何能够确保财务指数的高瞻远瞩与脚踏实地，一种务实又睿智的心态是极为重要的。这里，我们简明扼要地论述两种观点：

（一）心怀全面、系统性的分析观

盲人摸象的故事可以说是家喻户晓。面对同样一个“象”，众盲各以手触并发出不同结论：触牙者即言“象形如萝菔根”，触耳者言象“如箕”，触头者言象“如石”，触鼻者言象“如杵”，触脚者言象“如臼”，触脊者言象“如床”，触腹者言象“如瓮”，触尾者言象“如绳”。这是一种典型的“以点代面、以偏概全”。尽管盲人摸象的典故离我们非常遥远了，可是，在关于企业生存与发展态势的分析与评价领域，又可能会不断地重复这个故事，也不停地证实典故所蕴涵的哲理。当然，这种实践付出的代价未免太大，甚至可以说不值得，明知不可为而为之！各种财务分析者进行财务分析的目的和要求是不尽相同的，但是，仍然需要从总体上全面了解企业的财务状况和财务成果。为此，需要建立一套能较全面、系统地反映企业财务状况和财务成果的财务评价指标体系。“盲人摸象”在中国，带给企业分析与评价领域的教训是深刻的。

因此，拥有全局观念，掌握着主流感，是相当重要的。在全面管理的成功企业组织中，我们首先应确立企业这一主体的独立性，尽管企业是与相关利益者共同联络起来的，但问题是，企业必须首先是独立存在的法人主体，当然，企业到底是谁的，给股东回报、对债权人负责、对职工负责、对政府与公众负责，分别需要一些承载工具，企业的价值创造与利润实现态势如何，也肯定与对股东、对银行、对职工、对社会的回报存在内在的交融。因此，在赚取盈利与价值创造后，按期回报并还本付息，以及作出社会贡献，等等，都是其有机组成部分。怎么样才能够具备完整的审视“大象”的眼光？当然不是把“大象”的各个部分简单地加以拼凑来得到完整的“大象”。不局限于一招一式，而着眼于全局统筹。这是值得财务分析者深思熟虑的。

（二）注重辨析、导向化的价值观

不同导向的价值观源于差异化的价值导向。所谓价值导向（Value Orientation）是指社会或群体、个人在自身的多种具体价值取向中将其中某种取向确定为主导的追求方向的过程。对企业组织而言，价值导向是确定激励机制的基础，通过树立标竿、奖励绩优，来明确组织鼓励的行为，传递组织倡导的价值导向。价值取向具有实践品格，它的突出作用是决定、支配主体的价值选择，因而对主体自身、主体间关系和其他主体均有重大的影响。进一步分析，价值取向指某些价值观成为一定文化所选择的优势观念形态，或为个体所认同并内化为人格结构中的核心部分，就具有评价事物、唤起态度、指引和调节行为的定向功能。可将它作为一种社会文化的倾向加以研究，也可把它作为一种人格倾向予以探索。

作为围绕企业主体而存在着的CEO、CFO、股东、债权人和政府等相关利益群体，当然都需要分析和评价企业整体的财务状况、问题和未来趋势，但是，他们各自关注的重点、分析的角度和分析的深度有所不同。因此，构造一个系统的财务指标体系，使之能够综合考虑各类财务报表使用者的需要，就显得十分必要。目前，财务指标体系有三种基本的设计思路：一是按照财务报表使用者来分类，可以分为高层使用者管理指标、股东使用指标和债权人使用指标；二是按照财务管理三大功能来分类，可以分为投资类指标、经营类指标和筹资类指标；三是按照财务报表之间的相互关系及其与公司价值的相互关系来分类，可以分为外部诉求指标、盈利能力指标、资产流动性指标、债务管理指标、资产营运效率指标、现金生成能力指标、财富增值能力指标、上市公司的市场表现指标。在实践中，常常需要将这些不同视角彼此结合起来，主要是应对信息使用主体的市场需求而确定其价值导向。因此，以下专门分不同导向下的财务分析指标框架进行解析。

（三）打造动态、简约化的指数观

笔者的一位博士同学曾组织其弟子专门在证券公司面向一线股民做过关于炒股票是否看过公司财务报表的课题调研。结果很悲惨，只有5%的人曾经关注过公司财务报告，而且60%以上的人则从来不看财务报告，其研究结论就是要从简化财务报告入手，对现存财会数据系统的框架设计、分类规范、内容构造、指标编排、计算路径及表达范式等简约化，从原本只有少数专业人才能享用的产品走向平民化，满足更多的公众对于财会数据日益强烈的需求。

简约化作为一个古老而又常青的原则，是人类认识的一个重要出发点。科学的精神，不仅是尽可能完备地理解全部感觉经验之间的关系，也同样是通过最少个数的原始概念和原始关系的使用来达到这个目的。因而，简约化原则是科学家进行理论选择的标准。“多年的实践经验表明，在商业、经济和金融领域，简单、简约的模型是进行样本外预测最好的模型，因此，所谓的简约原则（Parsimony Principle）就是在其他条件相同的情况下，简单优于复杂。”① 同样，作为企业会计核算后的信息传达系统，无疑应该遵循简单性原则，剔除原有核算体系中的冗余、繁复，建立精当、简约的财务指数体系，实现其简约化。好在科学家也同样给我们缔造了相应的理论，即波兰学者 Pawlak Z 在 1982 年提出的粗糙集（Rough Set）理论就是一种刻画不完整性和不确定性的数学工具，能有效地分析和处理不精确、不一致、不完整等各种不完备信息，并从中发现隐含的知识，揭示潜在的规律。

二、不同导向下的分析方法

顺应企业财务分析的潮流需求，业界已经形成了众多成熟的财务分析体系，也有一些是在不断变化的环境中探索前行的。这里，扫描和浏览一下财务分析指标体系，其目的无非是为了更加科学地为本专著研究的财务指数进行基础构架的设计服务。

（一）单项财务综合指标

单项财务指标常常能够击中分析者的核心目标，通过一个指标进行浓缩性反映。总体而言，单项财务指标主要包括以下几种指标。

1. 杜邦分析法

杜邦财务分析法（The Do Pont Analysis Method）源于美国杜邦公司，它将相关财务指标作为一个系统性的分析评价工程，全面评价企业的偿债能力、营运能力、盈利能力及其相互之间的关系，在全面财务分析的基础上，使分析评价者对公司的财务状况有深入而相互联系的认识，有效地进行财务决策。其基本特点是以权益净利率为核心指标，将偿债能力、营运能力、盈利能力有机结合起来，层层分解，逐步深入，构成了一个完整的

---

① 引自：弗朗西斯·X. 迪博尔德著，张涛译：《经济预测》，中信出版社 2010 年版。

分析系统，全面、系统、直观地反映了企业的财务状况。

逻辑关系表达式：权益净利率 = 销售净利率 × 总资产周转率 × 权益乘数

权益净利率和企业销售规模、成本水平、资产营运、资本结构有着密切的联系，诸多因素构成一个相互依存的系统，只有把这些系统内各因素的关系安排好、协调好，才能使权益净利率达到最大，才能实现股东财富最大化的理财目标。

2. 沃尔评分法

企业财务综合分析的先驱者之一是亚历山大·沃尔。他在20世纪初出版的《信用晴雨表研究》和《财务报表比率分析》中提出了将若干个财务比率用线性关系结合起来，以此来评价企业的信用水平，被称为沃尔评分法。他选择了七种财务比率，分别给定了其在总评价中所占的比重，总和为100分。然后，确定标准比率，并与实际比率相比较，评出每项指标的得分，求出总评分。

沃尔选择了7个财务比率即流动比率、产权比率、固定资产比率、存货周转率、应收账款周转率、固定资产周转率和自有资金周转率，分别给定各指标的比重，然后确定标准比率（以行业平均数为基础），将实际比率与标准比率相比，得出相对比率，将此相对比率与各指标比重相乘，确定各项指标的得分及总体指标的累计得分，从而对企业的信用水平作出评价。

3. EVA评价法

EVA（Economic Value Added）评价法是20世纪80年代以来美国最引人注目和应用最广泛的评价方法。EVA就是指企业税后营业净利润与全部投入资本（包括借入资本和自有资本）和机会成本之间的差额。如果这一差额是正数，说明企业创造了价值，增加了财富；反之，则表示企业发生了价值损失。如果差额为零，说明企业的利润仅能满足债权人和投资者预期获得的收益。EVA的应用创造了使经营者更接近于股东的环境。经营者甚至企业雇员开始像企业所有者一样思考，权益资本不再被考虑为“免费资本”，他们不再追求企业的短期利润、而开始注重企业的长期目标与股东财富最大化的目标相一致，注重资本的有效利用以及现金流量的增加，以此来改善企业的 EVA 业绩。

EVA 作为一种先进的评价方法，是在最近 20 年左右的时间里被改革开放中的中国企业引进、吸收、移植与改造。根据国务院国有资产监督管理委员会 2009 年 12 月 28 日发布的《中央企业负责人经营业绩考核暂行办法》规定，经济增加值是指企业税后净营业利润减去资本成本后的余额。其计算公式是：

经济增加值 = 税后净营业利润 - 资本成本 = 税后净营业利润 - 调整后资本 × 平均资本成本率

税后净营业利润 = 净利润 + （利息支出 + 研究开发费用调整项 - 非经常性收益调整项 ×50%） × （1 - 25%）

调整后资本 = 平均所有者权益 + 平均负债合计 - 平均无息流动负债 - 平均在建工程

在其中的财务调整项目中，利息支出是指企业财务报表中“财务费用”项下的“利息支出”；研究开发费用调整项是指企业财务报表中“管理费用”项下的“研究与开发费”和当期确认为无形资产的研究开发支出。对于为获取国家战略资源，勘探投入费用较大的企业，经国资委认定后，将其成本费用情况表中的“勘探费用”视同研究开发费用调整项按照一定比例（原则上不超过 50%）予以加回。而非经常性收益调整项包括三项：一是变卖主业优质资产收益。例如：集团母公司减持具有实质控制权的所属上市公司股权取得的收益（不包括在二级市场增持后又减持取得的收益）、集团母公司（不含投资类企业集团）转让所属主业范围内且资产、收入或者利润占集团总体 10% 以上的非上市公司资产取得的收益。二是主业优质资产以外的非流动资产转让收益，包括企业集团（不含投资类企业集团）转让股权（产权）收益，资产（含土地）转让收益。三是其他非经常性收益，即与主业发展无关的资产置换收益、与经常活动无关的补贴收入等。此外，无息流动负债是指企业财务报表中“应付票据”、“应付账款”、“预收款项”、“应交税费”、“应付利息”、“其他应付款”和“其他流动负债”；对于因承担国家任务等原因造成“专项应付款”、“特种储备基金”余额较大的，可视同无息流动负债扣除。

（二）多项财务指标体系

企业是一个多种利益的集合体，企业财务分析自然需要或多或少、或直接或间接地体现和反映这些主体的差异化诉求。因此，面对财务分析指标，自然也会出现多种不同视角的指标体系。比如：企业管理者为追求低成本战略、差异化战略，都可能采取不同的财务分析技术。诸如此类的分析动机，都可能引发分析技术的革命。我们必须全面透视其背景、理解其追求，才能客观地分析各项财务指标的利弊得失。

1. 基于通用财务测度指标体系

财务报告是企业编制并对外提供的反映其财务状况和经营成果的数据集合体。财务报告使用者通过资产负债表了解公司的财务状况，对偿债能力、资本结构是否合理、流动资金充足性等作出判断；通过利润表掌握盈利能力、盈利状况、经营效率，对公司在行业中的竞争地位、持续发展能力作出判断；通过现金流量表了解和评价公司获取现金和现金等价物的能力，并据以预测公司未来现金流量。

基于通用财务报表分析，需要兼顾和平衡各种报表使用者的要求，从会计报表本身出发，利用财会数据自身之间的逻辑关系进行评价与分析。根据中国注册会计师协会组编的 CPA 考试《财务成本管理》辅导教材所述，侧重于财务报表本身的分析指标体系包括五个方面：一是短期偿债能力比率，如：流动比率、速动比率、现金比率；二是长期偿债能力比率，如：资产负债率、产权比率和权益乘数、长期资本负债率、利息保障倍数、现金流量利息保障倍数、现金流量债务比；三是资产管理比率，如：应收账款周转率、存货周转率、流动资产周转率、净营运资本周转率、非流动资产周转率、总资产周转率；四是盈利能力比率，包括销售净利率、资产净利率、权益净利率；五是市价比率，包括市盈率、市净率、市销率。

2. 基于内部管理导向的财务指标体系

作为公司管理层，凭借财务分析这一武器，可以了解企业销售的盈利能力、资产的盈利能力和资本的盈利能力，并分析各种盈利能力的影响因素和成因；可以诊断企业财务和经营的健康状况，了解企业的负债状况，判断其是否具有偿债能力或财务风险，还可以评价、调整和规划企业的营运资本管理、负债、股利、筹资和投资等政策，也可以全面了解企业的财务状况、面临的经营环境和内外部问题、竞争优势和劣势，从而制定和调整企业的发展战略，把握企业的发展机遇，并全面把握企业财务状况。从企业内部的经营、管理与控制角度，按照财会数据之间的相互关系及其与公司价值的相互关系来设置企业财务指标框架，必须与企业在筹资、投资、经营等领域的绩效和存在问题相对接，从而有利于高层管理者从股东、债权人、管理者等多个视角分析企业的财务状况。

吴世农（2008）基于管理层视角构建的财务指标体系七个模块①，即：盈利能力，包括销售利润率、总资产收益率、资本收益率等；资产流动性，包括流动比率、速动比率、营运资本比率等；债务管理能力，包括资产负债率、权益资产比、利息保障倍数等；资产营运效率，包括总资产周转速度、固定资产周转速度、存货周转天数、应收账款周转天数；现金生成能力，包括现金销售比、现金利润率、权益资本获现率等；财富增值能力，包括市价面值比、投入资本效率、权益资本创值率，此外，对于上市公司来说，还要分析其在资本市场上的表现，如：每股净利润、每股现金流、每股分红、市盈率，等等。

3. 基于财务预警导向的财务测度指标

市场竞争与风险的逐渐冲击，使得建立科学合理的财务危机预警评价与治理机制并不是危言耸听了。客观地评价企业财务状况、预测未来发展趋势、采取有效的风险应对措施，也同样需要建立起定性与定量相结合的企业财务危机预警指标体系，建立评价指标集。其中，作为国内近年来此领域研究最受关注的研究成果，杨淑娥（2009）系统分析国内外基于财务预警研究的分析与判断，采用了六大类 23 个财务指标②，涉及：资产

① 吴世农等编著：《CEO 财务分析与决策》，北京大学出版社 2008 年版。

② 杨淑娥等著：《企业多层次财务预警研究——方法与应用》，经济科学出版社 2009 年版。

流动能力（流动比率、速动比率、现金比率）、资产管理能力（存货周转率、应收账款周转率、总资产周转率）、偿债能力（资产负债率、负债权益比率、经营流动现金负债比率、经营现金负债比率、已获利息比率）、盈利能力（总资产报酬率、销售成本利润率、销售净利率、净资产收益率、EBIT/总资产、营业利润率、净资产营运指数）、增长能力（留存能力与总资产比率、资本保值增值比率、主营业务增长率、净利润增长率）、核心竞争力（主营业务鲜明度）。

4. 基于国有资本绩效的财务测度指标

在委托代理关系下，绩效评价是一个经常被提及的话题，通过对企业业绩进行评价，合理地实施对经营者进行激励与约束，也渐渐形成了相当权威的一种评价体系。其中，最具代表性的绩效评价体系应该是长期打磨而成的国有资本绩效评价体系。由财政部牵头、相关政府部门共同参与的企业绩效评价体系，先后经过 1992 年、1993 年、1995 年、1997 年、1999 年的逐步完善，在 2002 年 3 月，进一步修订发布了《企业绩效评价操作细则》。修订后的绩效评价体系重点评价企业财务效益、资产营运、偿债能力和发展能力等 4 方面。评价指标体系由基本指标、修正指标、评议指标 3 个层次构成，共 28 项，其中定量指标 20 项，定性指标 8 项。基本指标反映绩效评价的主要情况，依据基本指标可形成初步的评价结论；修正指标是根据企业实际情况对基本指标评价结果的逐一修正，并据此形成企业绩效评价的基本定量分析结论；评议指标是对影响企业经营绩效的非定量因素进行判断，并形成对企业绩效评价的定性分析结论。最新的企业效绩评价指标体系构成如表 2 – 1 所示。

此外，针对中央企业在经营、管理与控制方面的特殊性，在国务院国有资产监督管理委员会作为中央政府对国有企业的出资人特殊机构设立后，更加专业化、定向化的绩效考评工作成为其重要抓手之一，通过更加严格、细化、深入的调查研究，国资委对中央企业基于综合绩效评价而出台了《中央企业综合绩效评价管理暂行办法》及《中央企业综合绩效评价实施细则》，其指标框架设置如表 2 – 2 所示。

表 2－1　　企业效绩评价指标体系构成表

<table>
<tr><th>评价内容</th><th>基本指标</th><th>修正指标</th><th>评议指标</th></tr>
<tr><td>财务效益状况</td><td>净资产收益率
总资产报酬率</td><td>资产保值增值率
主营业务利润率
盈余现金保障系数
成本费用利润率</td><td rowspan="4">经营者基本素质
产品市场占有能力
基础管理水平
发展创新能力
经营发展战略
在岗员工素质
技术装备更新水平
综合社会贡献</td></tr>
<tr><td>资产营运状况</td><td>总资产周转率
流动资产周转率</td><td>存货周转率
应收账款周转率
不良资产比率</td></tr>
<tr><td>偿债能力状况</td><td>资产负债率
已获利息倍数</td><td>现金流动负债比率
速动比率</td></tr>
<tr><td>发展能力状况</td><td>销售增长率
资本积累率</td><td>3 年资本平均增长率
3 年销售平均增长率
技术投入比率</td></tr>
</table>

表 2－2　　中央企业综合绩效评价指标构成表

<table>
<tr><th>评价内容</th><th>基本指标</th><th>修正指标</th><th>评议指标</th></tr>
<tr><td>盈利能力</td><td>净资产收益率
总资产报酬率</td><td>销售（营业）利润率
盈余现金保障倍数
成本费用利润率
资本收益率</td><td rowspan="4">战略管理
发展创新
经营决策
风险控制
基础管理
人力资源
行业影响
社会贡献</td></tr>
<tr><td>资产质量状况</td><td>总资产周转率
应收账款周转率</td><td>不良资产比率
流动资产周转率
资产现金回收率</td></tr>
<tr><td>债务风险状况</td><td>资产负债率
已获利息倍数</td><td>速动比率
现金流动负债比率
带息负债比率
或有负债比率</td></tr>
<tr><td>经营增长状况</td><td>销售（营业）增长率
资本保值增值率</td><td>销售（营业）利润增长率
总资产增长率
技术投入比率</td></tr>
</table>

5. 基于上市公司群体的财务测度指标

上市公司的独立财务分析，宗旨是倡导投资者理性投资，提供分析的思路和研究的结果，也是从事股票投资的基本分析。在专业分析师的眼中，财务指标则是诊断企业经营状况的重要工具，通过财务评价的结构框架以及上市公司的财务状况的提示，给相关投资者提供一种新的思路。目前，适合上市公司的财务指标体系大致选取23项指标，从财务结构、偿债能力、经营能力和盈利能力四个方面对上市公司财务状况及经营成果进行评价。在财务结构上，通过资产负债比率、资本化比率、固定资产净值率、资本固定化比率等4项指标评价财务结构优劣程度；在偿债能力上，通过流动比率、速动比率、现金比率、资金流量比率、资本周转比率、清算价值比率、利息支付能力等7项指标来衡量上偿债风险；在经营能力上，考核销售增长率、应收账款周转率、存货周转率、流动资产周转率、总资产周转率、净资产增长率等6项指标；在盈利能力上，考核毛利率、营业利润率、利润率、净利润增长率、净资产利润率、总资产利润率等6项指标对上市公司的盈利状况和盈利能力进行评价。当然，对上市公司还必须拥有特殊的指标，如：每股收益（基本每股收益、稀释每股收益）、每股股利、市盈率、每股净资产、市净率。

6. 基于投资决策导向的财务测度指标

作为某一特定企业的外部投资者、债权人甚至于竞争对手，也需要对目标企业进行财务分析。“知己知彼，百战百胜”。分析计划投资的目标企业，需要什么方面的分析？——财务风险、经营风险、资产结构的合理性、资产结构与资本结构的匹配性、偿债能力、管理水平、未来前景。财务评价是可行性研究的核心内容，包括：盈利能力分析、清偿能力分析和风险分析等内容。

关于项目盈利能力分析：包括项目投资财务内部收益率、项目投资财务净现值、项目投资回收期、总投资收益率。内部收益率（FIRR）指能使项目在整个计算期内各年净现金流量现值累计等于零时的折现率；净现值（NPV）是考察项目盈利能力的绝对值指标，反映项目在满足按设定折现率要求盈利之外所能获得的超额盈利的现值，净现值大于零表明项目可行，达到或超过了设定折现率要求的盈利水平；项目投资回收期指从以项目净收益回收项目投资所需要的时间，投资回收期越短，则表明项目的盈利能力和抗风险能力越好。需要注意的是，动态投资回收期、财务净现值和财务内部收益率等属于动态评价指标，有时，我们也可以计算静态盈利能力评价指标，如投资利润率、投资利税率和静态投资回收期等。

关于清偿能力分析的评价指标，包括：国内借款偿还期、资产负债率、流动比率和速动比率等主要指标。这些指标可以通过资金来源与运用表和资产负债表计算求得。

关于风险分析：对投资大的项目除了要作盈利能力分析和清偿能力分析外，还要求进行风险分析。风险分析是指盈亏平衡分析、敏感性分析和概率分析等。

7. 基于相关责任导向的财务测度指标

对企业主体责任的关注，通常以经济责任为核心、法律责任和生态责任为保障，当然，还要顾及伦理责任等。具体将分别从以下方面来分析：

在经济责任财务评价方面，除了传统收益指标（如：净利润、每股收益）外，还有剩余收益（经济利润、现金附加值和经济增加值等）、剩余收益组成衡量指标（息税前利润、息税前利润加折旧和摊销、税后净经营利润和净资产收益率等）、以市场为基础的衡量指标（全部股东回报率、市场附加值、超额回报和未来增长价值等）、现金流量衡量指标（经营现金流量、自由现金流量和现金回报率等）。此外，对不同利益集团的经济责任：从投资者经济责任看，包括总资产利润率、净资产利润率、资本收益率、资本保值增值率、每股股利、股利支付率等；从债权人经济责任看，包括流动比率、速动比率、资产负债率、利息保障倍数、总资产报酬率等；从政府经济责任看，包括销售利税率、资产纳税率、社会贡献率和社会积累率等；从经营者经济责任看，包括资本增值额、投资报酬率、销售利润率等。

在企业法律责任的财务评价指标方面，考察与评价企业履行法律责任情况的指标，如：小时工资率、工资支付率、法定福利支付率、社保提取率、社保支付率、资产纳税率、税款上缴率。

在企业生态责任的财务评价指标方面，考察与评价企业对可持续发展理会执行情况的指标，包括：单位收入材料消耗量、单位收入不可再生资源消耗量、材料用废率、单位收入耗能量、单位收入耗水量、单位收入排废量、环保投资率、单位收入研发费。

在企业伦理责任的财务评价方面的指标，如员工人均年教育经费、单位员工利润、单位员工利润增长率、员工工资增长率、就业贡献率、捐赠收入比率。

此外，在企业其他社会责任方面的指标，也有职工劳动生产率、社会贡献率、社会积累率等。

8. 基于母公司管控取向的财务测度指标

在母子公司框架下，母公司基于对子公司管理与控制的需要，以投入产出分析为核心，资产质量剖析为重点，通过建立综合评价指标体系，对照社会平均发展水平，运用科学的评价方法，对子公司一定期间盈利能力、资产质量、债务风险、发展能力等方面的经营成果及管理绩效进行综合评判的监督活动。通常，集团框架的企业绩效评价由反映企业盈利能力状况、资产质量状况、债务风险状况和发展能力状况 4 方面内容的基本指标、修正指标和评价指标 3 个层次共 32 项指标和 1 项特殊指标构成：

基本指标包括：盈利能力（资本收益率、总资产报酬率）、资产质量（总资产周转率、不良资产比率）、债务风险（资产负债率、短期借款比率）、发展能力（销售增长率、资本增值率）。

修正指标用以对基本指标形成的初步评价结果进行修正，以产生较为全面、准确的企业绩效基本评价结果，具体由 16 项计量指标构成。

评价指标是用以对基本指标和修正指标评价形成的结果进行定性分析验证，以进一步修正定量评价结果，使企业绩效评价结论更加全面、准确。评价指标主要由以下 8 项非计量指标构成：经营者基本素质、产品市场占有能力、基础管理水平、发展创新能力、经营发展战略、在岗员工素质、技术装备更新水平、安全和质量。

通常，对子公司评价的特殊指标就是收益上缴完成率。收益上缴完成率用以考核企业上缴集团公司收益的完成情况，是在上述三个层次评价的基础上对评价结果的利用进行调整。

9. 基于可持续发展导向的财务测度指标

可持续发展强调企业的社会性和生态型，经济利益、社会利益、生态利益的协调性与持续性。可持续发展理念需要构建一种框架体系，有效“组合”多种指标，而该体系的构建依赖经济学或管理学理论，会计学者是从那里获取养分来思考业绩评价指标的。可持续财务坚持利益相关者价值导向和经济、生态、社会的综合利益价值导向，包括八个方面：在可持续生存能力上，包括：资产负债率、无形资产比率、速动比率，以体现企业总资产结构，以及企业资产对债权人利益和保障程度；在可持续盈利能力上，包括：净资产回报率、每股收益率、主营业务收入净利率，以体现企业主营业务规模的扩张、盈利能力的增长情况；在可持续创新能力上，包括：研发投入比率、研发投入贡献率，以体现企业对核心产品的重视程度以及技术创新与转化程度；在可持续发展能力上，包括：主营业务收入增长率、净利润增长率、总资产扩张率，以体现企业投入资产得到回报及企业资金周转；在可持续现金流支持能力上，包括：现金满足投资比率、现金流量对流动负债比率、主营业务收入现金比率，以体现扩大再生产所需资金的自给能力、可持续增长债务的规模和财务弹性；在可持续市场服务渗透能力上，包括：企业市场占有率、企业市场占有增长率，以体现企业在同行的地位。在持续运营能力上，通过考察存货周转率以体现企业的周转能力。

10. 基于核心竞争力导向的财务测度指标

在廉价的资源与成本优势渐渐一去不复返的未来岁月，企业核心竞争力的培育将成为任何一个企业的立身之本。如何从财务指标来观察企业核心竞争力的培育与发育程度呢？这是一个值得我们倾注心血去追求的时代话题。不少学者与企业家都认同创新是培育企业核心竞争力的关键，包括技术创新、管理创新等，也要把人才当作竞争成功的最大筹码。通过财务测度来考核核心竞争力，需要注意关注的未来性和测度的可操作性。学者们提出的基于核心竞争力导向的财务测度指标框架是从七个方面进行的。一是企业盈利能力，包括净资产收益率、主营业务利润率、净利润的现金流量比率；二是资本安全能力，包括流动比率、资产负债率、现金流量充足率；三是资本营运能力，包括应收账款周转率、存货周转率、总资产周转率、管理费用率；四是研究开发能力，包括技术投入比、研发人员比、新产品盈利能力；五是智力资本和无形资产规模，包括人力资本投资比、关键员工稳定比、无形资产投资比率；六是市场开拓能力，包括市场拓展能力即本期之宣传费用占销售收入之比：市场应变能力即本企业新产品开发率占行业新产品开发率、主要产品成本市场占有比即主营产品销售额占此产品市场需求额；七是社会责任，包括环境保护投资比率、环保产品销售比、销售合同履约率、采购合同履约率、到期债务偿还率、公益捐赠比率、社会贡献比率。

当然，在同一天空下、不同的时间里，追求者八仙过海，各显其能。除了不同导向之外，还存在不同的动机，比如，为了投资决策的信息需求而可能关注投资价值估计模型，为了信贷决策的信息需求而可能关注资信评级系统，甚至为了管理决策而可能关注收购兼并、风险管理与业绩评价所依赖的财务报表分析。除了上述这些财务指标导向外，还有一些创新的、非主流的财务评价体系，如：基于价值链培植导向的财务测度指标，从纵向价值链、横向价值链和内部价值链三个方向来分别考察财务指标反映的企业定位、分析财务指标反映的企业竞争实力、把握财务指标反映的企业内部生产经营状况；基于低碳经济导向的财务测度指标，在常规盈利能力、偿债能力、营运能力、发展能力等四类指标中分别引入碳排放和低碳业绩的相关内容，并额外设计专属于评价企业适应低碳经济发展能力的指标。通过节能减排的评价指标，综合考虑企业低碳投入、能源消耗和温室气体排放的情况，促使企业管理层按照低碳经济发展战略，实现资源的有效利用，促进和谐社会的构建和发展。

第二节 基于综合指数观的财务指标甄别

青出于蓝，而胜于蓝。借助于企业个体、微观经济主体数据来分析整体上、宏观上的经济运行态势，需要一种视角的转换与移植。堆土成山，风雨就从那里兴起；水流汇成深渊，蛟龙就在那里生长。我们要对第一节所分别阐述的各种常规分析观的财务指标进行新视野的剖析，以期能够实现财务分析从“指标”到“指数”的过渡。

一、财会数据的逻辑思维

财会数据最初产生于企业的日常、分散性的生产经营活动中，如果要集成一个指数，需要遵循其内在的逻辑关系。

（一）数据的纵向与横向关系

财务报表是一个完整的报告体系，综合反映了公司的财务状况、经营成果和现金流量等财务特征。财务报表包括资产负债表、利润表、现金流量表及相关附表。其中，资产负债表承载着企业在某一“会计时点”（即资产负债表日）的资产、负债和所有者权益，利润表承载着企业在某一“会计期间”的经营成果。显然，利润表是一个会计期间运动过程的写照，而资产负债表则是经过了这一会计期间运动结果的直观“音像”，不论是内部管理层，还是外部分析师，为了评价公司的财务状况和经营成果，借助的最常用工具就是从财务报表的原始数据转化而来的或动态或静态的财务比率。动态指标反映在某一时期里所发生的某种流量情况，亦称时期指标；静态指标就是反映某一时点的某种存量状况，它所表示的是企业在连续不断的经营过程中的一个瞬间静止情况，通常称为时点指标，即资产负债表日。需要注意的是，当一个财会数据或财务指标的时期数具有强烈的经济含意，即随着时间加长而相应增加数量的特征时，那就说明这是一个动态指标，如销售收入、利润总额等；而如果只是两个时点数得出的值的话，那就是一个静态指标，时点数当然就是在某个时点的数值，如资产总额、负债数据、存货情况等。时期指标与时点指标是财务指标最基本的哲学内涵。与之相关联，从统计学关注的分析指标特征看，“时期数”与“时点数”，或称之为“流量”与“存量”共同组成财会数据的原始数据。财务比率有三种类型：其一是揭示公司某一时点财务状况某些属性的“存量”项目之比，如资产负债表比率；其二揭示公司某一时期经营成果某些属性的“流量”项目之比，如利润表的一个“流量”项目与另一个“流量”项目之比；其三揭示公司综合经营成果，如将利润表中的某个“流量”项目与资产负债表中的某个“存量”项目加以比较，称为利润表与资产负债表比率。“存量”与“流量”的统一结合，完整地体现着财会数据的方方面面。

（二）数据的单个与群体的关系

单项指标与综合指标，则是我们考察财务指标的另一个哲学内涵。一方面，随着财务与会计的理论研究走向深入，越来越精细化的财务指标会持续地衍生出来。另一方面，跨学科的纵横交融，也需要越来越综合与兼容并包的一体化指标。从财务学关注的财务指标分析体系看，财务指标是指总结和评价企业财务状况与经营成果的分析指标，包括盈利能力指标、偿债实力指标、营运能力指标和发展潜力指标等体现企业运行好坏的各种属性，同时，还需要适度考量企业运行中可能的财务风险预警系统，如在上市公司中强化每股收益、在经营风险预警指标中纳入经营现金流量比率、在资金风险预警指标纳入盈利现金比率，从而能够关注风险发生的概率。在这个单项与综合指标共存的时代，单项指标会层出不穷，而综合指标也会推陈出新。综合指标分析是指将各方面指标纳入一个有机整体之中，全面地对企业经营状况、财务状况进行揭示和披露，从而对企业经济效益的优劣作出准确的判断和评价。综合财务指标体系必须具备三个基本要素：指标要素齐全适当、主辅指标功能匹配、满足多方信息需要。我们根据目前理论界与实务界共同认同的企业财务指标体系，从多个角度进行科学的梳理与分析，并基于综合分析的基础性、原始性需要，整理归类众多的财务指标体系。这些指标群体，完全建立在体现企业个体财会数据基础上，能够简要构成宏观整体的企业群体财务指标的体系，而不拘泥于单一企业的局部范畴。如何在各个不同的指标基础上，构建一个一体化的综合指数——中国企业的综合财务指数，则是本书努力探求的目标所在。

二、数据原生的属性分析

数据是一个神奇的东西，数据的变异可以改变一个企业经营的运程、也可以改写一个经济主体的前程。水能载舟，亦能覆舟。对指标的选取、口径的定位，是不是合适、科学，能不能传达指数编制机构主观期待的讯息，会不会引发阅读者或其他相关人群的误解或异议。这是必须谨慎对待的问题。

（一）样本量偏差可能衍生的误导分析

在社会生活中，由于对数据统计方法的理解和使用不当而造成的错误、笑话屡见不鲜，而其中的原因不少是由于样本不当所造成的。比如，在1986年美国总统大选期间，某杂志曾报道：调查表明美国克莱斯勒汽车公司总裁艾柯卡在共和党总统初选中将以54%比46%的得票率击败当时在任的美国副总统老布什。从新闻角度来讲这可算得上是一件大事情，但仔细阅读以后，人们才会发现这是一项基于该杂志2 000位读者的问卷调查。由这些读者组成的样本能否代表全体美国选民的意志这本身就存在着问题，更何况上述结论只是根据前200份答卷整理而成的。所以，这个“样本”无法代表所有参加共和党初选的投票人组成的“总体”。当然，误解有时却是指标不当引起的，如美国环保署的一项调查表明：1993年新泽西州的有毒化学物排放在全美各州名列第22位，新泽西州环保局因此受到好评。这项调查的权威性当然毋庸置疑，问题在于这项排名的依据是排放总量，而新泽西州是全美面积最小的州之一，如果将排放总量换算成单位面积排放量，该州将以第4名的成绩名列前茅。看来，一知半解，常常会产生重大误解。

这样的问题在经济管理领域也不少见。设定的前提条件是相当重要的，一定要直接、明确，否则，极容易引起争议。当两个年度净资产收益率同时达到9%的公司被我们评价时，我们可能会认为二者经营效率基本相同，但是，如果知道了其中一个的资产规模是15亿元，而另一个企业的资产规模是3000万元时，你大概不会觉得他们彼此势均力敌了。因为，越是规模大的企业，追求一个相同的净资产收益率目标时，越需要付出更大的努力、实现更多的利润额才行。再说近年来时不时听人说起的“被平均”话题。2010年7月17日的《新京报》头版头条赫然醒目：“北京职工去年月均工资4037元”。仔细研读具体内容才发现：10个行业职工年平均工资低于平均水平，9个行业高于全市平均水平。工资最高的是金融业，信息传输、计算机服务和软件业，电力、燃气及水的生产和供应业，月均薪分别为14515元、6776元与6172元。至此，终于明白了原来许多人是“被平均”了！

众多指标，都是在所面临的具体环境下才能产生相应的信息效能。随着商业交易和市场环境的改变，对财会数据的准确与科学有了更高的要求。企业财务运行的数据链是由一系列相关联的、创造内在价值的联动活动形成的，从获取原始数据到最后提交结论性的数据产品和服务，理解数据链条中各数据的形成背景与活动起因，是获得数据分析的科学价值的重要一步。

（二）数据源基础的集成前提

我们需要与产生于企业个体的财务数字打交道，但是，这也不是个简单的事情。

采用定量分析方法要求我们对一些看似简单的问题作深入的思考，其中最难的要算这个要素了——即究竟什么是你想要的结果或者说调查时该如何取数。一个客观的取数思维将有效避免经常会出现的指标误解，从而尽量避免“公说公有理，婆说婆有理”的尴尬局面。在数据采集、整理的整个研究进程中，如何采集信息、如何量化结果都是重要的工作步骤，它们对于调查结论的研判起着十分重要的作用。举一个看似轻而易举的例子：“测出你自己的身高”，你会发现，在重复测量的结果中都存在着误差，如果用毫米为单位，这种误差还真不小呢！而其他诸如“饮食中的脂肪含量”、“人的幸福程度”等等需要量化的东西，就更加复杂了。可见，数据采集其实并不简单，既有主观原因，也有客观因素。比如，只有企业财务运行的质量指标，而没有与之匹配的规模性指标，那就不具备什么说服力。“你”总是强调自己这个季度销售利润额比上个季度增长了3%，但是，“你”是一个新开办两三年的公司，销售利润额的基数少得可怜，这个季度总的销售利润额才20000元，而“他”尽管销售利润增长速度只有1%，但是，“他”上个季度的销售利润额达到18000万元，显然，“你”与“他”之间的距离还差十万八千里啊。可见，原始数据采集是第一步，这一步梳理的成功与否，是何等重要啊！

采集财会数据的最理想渠道就是对各种各样的企业进行全面、普遍、没有任何区别的数据汇总，但是，这种时效性极差、成本极高的思路显然是不可能实现的“梦幻”。一个最简单的例子就是：如果你想知道自己血液中某种成分的浓度是否偏高，作为调查的总体，应该把你所有的血液都抽出来化验一下，这样的结果才是可信的，但这种测试根本就是不可行的，即通常说的“破坏性实验”。而我们常见的现实事实却是，医生们往往从对象身上抽取极少量的血液作为样本，通过分析样本就可以知道所有血液的情况。许多企业期末都要求对存货进行盘点，这是核实账面资产与实存资产的最为“靠谱”的技术监督措施，但是，对于一个冷饮制品生产企业而言，盘点那些需要冷冻保温条件的存货，你能照搬常见存货盘点方法进入冷库“按部就班”地一个小单元一个小单元地清点吗？对于养鱼企业而言，你能抽干鱼塘的水再对鱼的存量过磅称重吗？类似的道理，如果采用普查方法检验全国大小的企业运行情况，这是一项几乎无法完成的任务，浪费时间、资源，而且也得不到什么增量的价值，这种普查也就失去了意义。

那么，如果设想通过使用相应样本数据来推断整体企业的运行态势时，什么样的数据采集渠道是现实的呢？至少应注意三条：

一是可行。对于根本没有办法进行全面普查获取相关数据的情况时，想通过全面汇总收集信息，那完全是一个不可理解的愚蠢想法了。为此，我们不得不借助于抽样调查、小范围取样等可行的办法来解决这个问题了。收集企业财会数据也是这种情况的典型代表。

二是可用。通常情况下，普查一般需要几年时间作准备，并且要在全国范围内加以实施。如果财务指数采用普查方式进行，那么根本不能及时得到所需数据，即使采集到全部数据，等统计结果公布出来，这些数据已经是明日黄花了。因此，尽快收集、尽快发布指数，才能确保指数的可用性，这势必需要在数据的完整性与及时性之间作出适度的取舍。

三是可信。当我们希望了解持有某种特征的企业群体时，只要按照被普遍接受的抽样办法从全部企业样本选出一定数目的企业作为样本，依据这些样本所获得的比例与实际比例的误差可以控制在事先依照抽样统计理论所设定的比例范畴内。更令人不可思议的是，这个误差只依赖样本个数，和总体大小无关，也就是说如果将这个总体扩大到100万个个体，那么1500个个体组成的样本调查结果和实际值的误差同样在1%以内。这就是是风险可控、结论可信的原理。

（三）指数生成时的逻辑关系

中国企业的综合财务指数与全面调查有区别，即使用代表企业数据而不是全部企业数据。那么，有人可能会提出财务指数是否属于抽样调查的问题。事实上，财务指数自有其特征：

1. 遵循“大数法则”来计算

大数法则（Law of Large Numbers），又称“大数定律”或“平均法则”，是概率论主要法则之一。此法则的意义是：在随机现象的大量重复出现中，往往呈现几乎必然的规律。大数法则是近代保险业赖以建立的数理基础，即根据大数法则的定律，承保的危险单位愈多，损失概率的偏差愈小，反之，承保的危险单位愈少，损失概率的偏差愈大。因此，保险人运用大数法则就可以比较精确地预测危险，合理地厘定保险费率。历史上，贝努里第一个提出大数法则。通俗地说，这个定理就是，在试验不变的条件下，重复试验多次，随机事件的频率近似于它的概率。比如一个人乘飞机旅行，他出事的概率未知，对他个人来说，安全与事故具有随机性。但是对每年 100 万人次所有乘飞机的旅行者来说，这里的 100 万人可以理解为 100 万次的重复试验，其中，总有 20 人死于飞行事故。那么根据大数法则，乘飞机出事故的概率大约为十万分之二。而我们通过编制综合财务指数，其目的也是计算不同时期一个企业群体的运行与动态变化。因此，直接选取代表企业，依据大数法则的原理，代表企业应占企业总体很大的比重，用代表企业的动态变化作为总体的动态变化。

2. 财务指数必须使用全面统计资料

财务指数计算运行态势，使用代表企业而不是全部企业，属于非全面调查方法。但是，更多的情况下，只要现实条件允许使用所有样本的资料，那么就要使用全面统计资料，如：计算权数要使用基期相应的全部企业的规模总量指标，如参考政府相关部门发布的统计资料，计算指数也要使用报告期样本代表的全部销售或资产规模指标，而不能用部分代表企业的相关指标代替。因为部分企业的情况往往与全部企业的情况有很大差异，直接给计算结果带来误差。

我们有理由相信，财务指数的计算与抽样调查虽然都使用了“样本”与“代表”的字样，但其含义完全不同，两者在原理与方法上有着根本区别。财务指数是以全面调查为基础，只是对企业群体采用了非全面调查的方法，而是根据其重要性从中选择了主导性行业及这些行业中的主导性企业，从而能够总体说明基本趋势与宏观大局。它不同于事先确定抽样范围，然后随机选择样本的抽样调查方法，编制财务指数是一种在利弊得失被全面综合评价基础上选择的一种现实路径。

三、财会数据的归类框架

建立中国企业的综合财务指数，需要从许多财务指标的时间数列中选择特定的基础指标指标，渐次组成综合性的一体化指数，即中国企业的综合财务指数构建的直接基础就是遴选出一个指标体系。遴选是一个漫长的选择和甄别的过程，将基于主流财务价值观的指标体系。综观财务领域，对财会数据的认识和剖析需要全方位地解读。因为，许多财务指标本身并不能说明什么问题，例如，A 企业净资产收益率为 10%，或 B 企业主营业务收入 1000 万元，这些指标并不能说明企业的什么问题，而只有通过与别的企业比较（横向比较）或与自己的历史情况进行比较（纵向比较）才能反映企业目前的财务状况或者经营状况。也就是说财务指标必须具有很强的可比性，而可比性的前提是指标的定义必须统一。例如，销售利润率是用利润除以主营业务收入净额得到的，而企业的利润至少有主营业务利润、营业利润、利润总额和净利润等形式，到底应该采用哪种利润却并没有统一的界定，这使得销售利润率缺乏统一性。当然，从反映企业运行态势的财会数据整体来看，主要可以归类为规模性指标与质量性指标，以下分别说明：

所谓绝对数表示的规模指标，就是能够反映企业在一定时期的经营成果或一定时点的资产负债规模与结构等财务状况的总量指标。企业编制财务报表的每一个项目都是直接以绝对数据表示的规模性指标，例如主营业务收入净额、资产总额、净资产、净利润等指标，绝对指标的作用显然是非常重要的。而在实践工作中，财务分析人员往往将绝对指标与相对指标割裂开，并过分重视相对指标而忽视绝对指标。其实，这对真正深入理解经营活动是有百害而无一益的。例如，当我们只知道某企业的销售利润率为 30%，就不能对该企业的盈利能力和经营规模有很深的了解，但如果同时知道了该企业的主营业务收入为 10000 万元时，就会对该企业的盈利能力和经营规模有了比较具体的了解。在现行的财务分析指标体系中，绝大多数指标都是相对指标，但在某些情况下，绝对分析比相对分析对企业更有实际意义。我们整天与各种各样的绝对数表示的规模化指标打交道，随手翻阅出的数据也都是绝对数格式，几乎包括报表的所有项目。因此，对于常规绝对数指标，我们不再介绍，这里主要是在上一节的基础上建立一整套相对新的、便于未来应用的财务指标体系。

企业是一个多方利益嵌套于一体的复杂主体，在企业的生存与发展中，盈利是其最基本、最一致、最重要的目标，但是，从财务指标体系分析，为了实现对企业生存与发展态势的准确测试，必须是规模指标与质量指标的有机结合。

俗话说："千里之堤溃于蚁穴"。质量始终是企业生存与发展的永恒主题。从财务运行态势讲，运行质量指标也是财务指数的核心关注点。因此，长期以来，人们对财务分析的质量指标体系已经进行了长足的探索，并形成了相对成熟的框架。在对前述多种观点所支持的财务质量指标体系中，我们认为：基于决策有用观的视角，可以将一个全面、科学的健康运行体系简要概括为下面五个方面：盈利能力（Profitability）、回报效力（Return effect）、偿债实力（Solvency）、营运能力（Operation ability）和发展潜力（Development Potential）。现摘选财务指标概括为表 2－3 所示的财务指标构成体系，并分别进行相应的阐释。

（一）盈利能力类测度指标

盈利能力测度指标，是基于独立存在的企业主体而言的。可以认为该指标是企业生存与发展的幸福指数。这是最富有生命力的指标标尺，是由实际产出数据表示出来的经过证明的客观能量与力度。盈利能力就是公司创造价值并赚取利润的能力。一般来说，盈利能力是指正常营业状况下的盈利情况。盈利能力通常体现为企业收益数额的大小与水平的高低。关于盈利能力的分析指标，必须将所实现利润与利润表、资产负债表结合起来起来进行分析，主要包括下面几个具体指标：

1. 销售利润率

销售利润率（也称为营业利润率，或主营业务利润率）是企业取得的利润与其主营业务收入净额的比率。其计算公式为：

表 2-3　　基于主流价值观的企业财务指标体系

指标类别	财务指标名称	代码	主导价值观	计算公式
盈利能力	销售利润率	P_1	销售商品或提供服务实现盈利能力	销售利润率 = 净利润/营业收入 × 100%
	成本费用利润率	P_2	以成本费用换取企业盈利	成本费用利润率 = 净利润/成本费用 × 100%
	总资产报酬率	P_3	企业资产全面利用效果	总资产报酬率 = 净利润/平均资产总额 × 100%
	净资产收益率	P_4	百元净资产创造盈利	净资产收益率 = 净利润/股东权益平均余额 × 100%
回报效力	债权人报酬增长率	R_1	优先确保债权人之固定报酬	债权人报酬增长率 = 本期支付债权人报酬/上期支付债权人报酬 × 100%
	职工薪酬增长率	R_2	职工参与分享价值创造成果	职工薪酬增长率 = 本期职工薪酬/上期职工薪酬 × 100%
	政府税赋增长率	R_3	缴纳税金换取政府公共产品	政府税赋增长率 = 本期政府税收/上期政府税收 × 100%
	股东权益增长率	R_4	股东之剩余索取权	股东权益增长率 = 本期末股东权益余额/上期末股东权益余额 × 100%
偿债实力	流动比率	S_1	一般性的短期负债偿付力	流动比率 = 流动资产/流动负债 × 100%
	现金比率	S_2	立即付现的短期偿债能力	现金比率 = 现金及现金等价物期末余额/期末流动负债 × 100%
	资产负债率	S_3	举债筹资与财务杠杆	资产负债率 = 负债总额/资产总额 × 100%
	有形净值债务率	S_4	严守债务警界线	有形净值债务率 = 负债总额/有形净值总额 × 100%
营运能力	流动资产周转率	O_1	流动资产营运管理效率	流动资产周转率 = 主营业务收入净额/平均流动资产总额
	总资产周转率	O_2	整体资产周转创造收入效率	总资产周转率 = 主营业务收入净额/平均资产总额
	资产现金回收率	O_3	经营创造现金更新资产态势	资产现金回收率 = 经营现金净流量/平均资产总额
	盈余现金保障系数	O_4	盈利之现金含量高低	盈余现金保障倍数 = 经营活动现金净流量/净利润 × 100%
发展潜力	研发投入率	D_1	技术引爆市场的后发优势	研发投入比 = 研发成本/产品销售总收入 × 100%
	无形资产比率	D_2	注重培育无形资产的价值体现	无形资产比率 = 无形资产余额/资产总额 × 100%
	近三年销售增长率	D_3	持续性市场拓展能力	近三年销售增长率 = ［（本期销售收入/三年前销售收入$^{1/3}$ − 1）］ × 100%
	近三年资产增长率	D_4	企业整体做强做大趋势	近三年资产增长率 = ［（本年总资产/三年前总资产）$^{1/3}$ − 1］ × 100%

销售利润率 = 净利润 ÷ 主营业务收入净额 × 100%

依据利润表的逻辑构成，企业利润分为营业利润、利润总额和净利润等三个层次。销售利润率指标反映了每百元营业收入净额给企业带来的净利润。该指标越大，说明企业经营活动的盈利水平较高。在分析销售利润率过程中，可以将企业连续几年的销售利润率加以比较，并对其销售利润率的长期发展趋势作出评价和判断。

2. 成本费用利润率

成本费用利润率是企业一定期间的利润总额与成本费用总额的比率。成本费用利润率指标表明每付出一元成本费用可获得多少利润总额，体现了经营耗费所带来的经营成果。该项指标越高，利润就越大，反映企业的经济效益越好。成本费用利润率的计算公式如下：

成本费用利润率 = 利润总额/成本费用总额 × 100%

其中，利润总额来自企业利润表，包括主营业务成本、主营业务税金及附加、营业费用、管理费用、财务费用、投资损失、营业外支出和所得税。

成本费用是一种垫支行为，其目的是通过这种垫支取得更大的收益，因此成本费用利润率越高越好。成本费用利润率是企业所得与所发生的总耗费的直接，它综合反映企业效益的好坏，是全面考核企业耗费所取得的收益的指标。通过该指标的分析，既可以评价企业盈利能力的强弱，也可以评价企业对成本费用的控制能力和管理水平，促使企业努力降低成本费用水平，增强盈利能力。在分析成本费用利润率时，要注意对企业成本费用的结构进行分析，减少不必要的垫支，借以提高成本费用利润率。

3. 总资产报酬率

总资产报酬率是指企业一定时期内获得的报酬总额与资产平均总额的比率。它表示企业包括净资产和负债在内的全部资产的总体盈利能力，用以评价企业运用全部资产的总体盈利能力，是评价企业资产运营效益的重要指标。总资产报酬率的计算公式：

总资产报酬率 = （利润总额 + 利息支出）/平均资产总额 × 100%

利润总额指企业实现的全部利润，包括企业当年营业利润、投资收益、补贴收入、营业外支出净额等项内容，如为亏损，则用“－”号表示。利息支出是指企业在生产经营过程中实际支出的借款利息、债权利息等。利润总额与利息支出之和为息税前利润，是指企业当年实现的全部利润与利息支出的合计数。平均资产总额是指企业资产总额年初数与年末数的平均值，数据取自企业资产负债表。

总资产报酬率表示企业全部资产获取收益的水平，全面反映了企业的盈利能力和投入产出状况。通过对该指标的深入分析，可以增强各方面对企业资产经营的关注，促进企业提高单位资产的收益水平。一般情况下，企业可据此指标与市场资本利率进行比较，如果该指标大于市场利率，则表明企业可以充分利用财务杠杆，进行负债经营，获取尽可能多的收益。该指标越高，表明企业投入产出的水平越好，企业的资产运营越有效。

4. 净资产收益率

净资产收益率（或称资本收益率，亦称净值报酬率或权益报酬率）是指企业一定时期内的净利润与平均净资产的比率，可以反映股东投入企业的自有资本获取净收益的能力，即反映投资与报酬的关系，因而是评价企业资本经营效率的核心指标。其计算公式为：

净资产收益率＝净利润÷平均净资产×100%

需要注意的是，净利润是指企业的税后利润，是税后未作任何分配的数额；而平均净资产是企业年初所有者权益与年末所有者权益的平均数。

净资产收益率是评价企业自有资本及其积累获取报酬水平的最具综合性与代表性的指标，反映企业资本营运的综合效益。该指标通用性强，适用范围广，不受行业局限。一般认为，企业净资产收益率越高，企业自有资本获取收益的能力越强，运营效益越好，对企业投资人、债权人的保障程度越高。

（二）回报效力类测度指标

回报效力类测度指标，是基于企业相关利益主体（债权人、职工、政府等）而言的[①]。可以认为该指标是企业是否有存在的必要，创造价值获取回报的幸福指数。尽管我们说，企业的目的是创造价值，为社会作贡献，但是，企业的存在，首先是以获取利润为前提的。

如果将企业理解为一架由钞票、智力等要素构成的生产利润的机器，那么，这台机器的运转情况怎么样？其产出的效力如何自然成为需要首先被关注的核心指标。关注企业这一价值创造机器的效力，首先是一种活动的成效与结果，这种效果通常表现为企业特定系统运转后所产生的实际效果和利益，并且要求能够以尽可能少的投入获取尽可能多的产出，获得更高的投入与产出或成本与收益的对比关系，即效率。公司是一架由多种要素组合而成生产利润的机器，股东、员工、政府、债权人等都属于相关利益者群体。在这些利益者相关者群体中，按照对企业主体对这些利益主体之利益关系的刚性与弹性程度排列，从数额固定性、支付强制性来看，对债权人的还本付息最富有“刚性”；其次是职工薪酬，基本薪酬属于相对固定和强制的支出项目，只有企业高管层的绩效年薪才是可变项目；此外，向政府缴纳的税收也是由相对固定的流转税和所得税构成；而对于股东而言，享有对企业的剩余索取权，也是最富有弹性的项目。

关于回报效力的分析指标，从现代企业的制度安排角度看，企业的收入首先是支付自身所消耗的原材料成本以及合同约定的所有固定支付的职工薪酬、贷款利息，还要依法缴纳政府规定的税收，之后的剩余价值就形成了股东的法定要求权。企业的治理结构问题本质上就是在既定的财产所有权格局下，如何在契约各方中有效地配置企业的所有权。在正常经营时，企业股东掌握着企业的剩余控制权和剩余索取权，企业的债权人只拥有依合同收取固定利息的权利。政府因为向企业提供公共产品而拥有征税权，职工获得劳动报酬。总之，新创造价值自然体现着“要素分配理论”

---

① 显然，企业盈利能力与回报效力并不是彼此完全独立的，而可能呈现一种交集关系，即“你中有我，我中有你”的聚集或交织情形。但是，这里主要侧重于分析其区别点，前者是从企业主体的营运出发的，而后者则是从外部主体的回报出发的。从数学原理看，两个集合 A 和 B 的交集是含有所有既属于 A 又属于 B 的元素，而没有其他元素的集合。这种交集情况下的重复现象不作讨论，此后的延续性讨论也承袭这一假设。

的思想。参与分配的主体包括政府、债权人、股东、职工。支付给职工的增值额等于“支付给职工以及为职工支付的现金”加上“应付职工薪酬”本期增加额；支付给债权人的增值额对应利息支出；支付给政府的增值额包括营业税金及附加、所得税；支付给企业股东的增值额等于股利，属于留存收益。主要包括下面几个具体指标：

1. 债权人报酬增长率

企业除了从股东处获得经营所需资本外，还可以从债权人处筹措资本。为此，需要支付给债权人相应的报酬，即资金成本是指企业为筹集和使用资金而付出的代价。根据上述定义，资本成本由两部分构成：筹资费用（在筹资过程中所发生的费用，即获取资本之前所发生的费用，如手续费、谈判费、发行费等，属于市场交易成本）、利息费用（在使用资本过程中所发生的费用，即获取资本之后所发生的费用）。进一步地说，用到“资本成本”时，即指“资本成本率”。本指标的计算公式：

债权人报酬增长率 = 本期债权人报酬 ÷ 上期债权人报酬 ×100%

2. 职工薪酬增长率

职工薪酬是指企业为获得职工提供的服务而给予各种形式的报酬以及其他相关支出，包括职工在职期间和离职后提供给职工的全部货币性薪酬和非货币性福利。企业提供给职工配偶、子女或其他被赡养人的福利等，也属于职工薪酬。根据《企业会计准则第 9 号——职工薪酬》，职工薪酬包括：职工工资、奖金、津贴和补贴；职工福利费；医疗保险费、养老保险费、失业保险费、工伤保险费和生育保险费等社会保险费；住房公积金；工会经费和职工教育经费；非货币性福利；因解除与职工的劳动关系给予的补偿；其他与获得职工提供的服务相关的支出。其原始数据应该与会计报表相对接，即包括：取自于现金流量表的支付给职工以及为职工支付的现金项目、取自于资产负债表的应付职工薪酬的本期数与上期数的差额。本指标的计算公式：

职工薪酬增长率 = 本期职工薪酬 ÷ 上期职工薪酬 ×100%

职工薪酬增长率分析的价值在于：强调要维护职工合法权益，并根据企业经济效益的增进和物价水平的上涨而相应调整工资，增加对员工的薪酬福利。长远看，随着经济体制深化改革，要强化深化工资协商机制，寻求工资增长与利润增长的最佳平衡点，保障劳动者的合法权益和企业的长远发展。

3. 政府税赋增长率

政府税赋就是企业向政府缴纳的各种税收，简单地说就是税收负担率，用实际交纳的税费除以计税依据。政府税赋增长率是企业实际承载税负的变化趋势。其计算公式为：

综合税赋增长率 = 本期综合税赋额 ÷ 上期综合税赋额 ×100%

在这种思路之下，依据企业税赋的构成结构不同，综合税赋又可以分为具体不同的税种，如增值税税负、所得税税负、主营业务或相关业务的营业税税负、印花税负担等等。

对企业而言，税务机关和纳税人都需要分析企业的税负率是否合理，分析企业税负率的合理性必须从企业的经营特征入手，生产相同产品的企业，由于生产经营方式不同，税负率会有比较大的差异。在分析综合税赋增长率过程中，可以将企业连续几年的综合税赋增长率加以比较，并对其综合税赋增长率的长期发展趋势作出评价和判断。要想在未来期间获得更好的经营业绩，该公司需要保持或提高现有的综合税赋增长率。

4. 股东权益增长率（资本保值增值率）

股东对企业拥有剩余索取权，即指对企业收入扣除所有固定的合同支付（如原材料，固定工资、利息等）之后的余额的要求权。在会计上，直接表现为股东权益，包括实收资本、资本公积、盈余公积和未分配利润。股东权益增长率是指企业本年末股东权益额与上年同期股东权益额之间的比率，反映企业经营所实现的利润在交纳所得税之后可以归股东享有的权益之增减变动情况，是评价企业成长状况和发展能力的重要指标。其计算公式为：

股东权益增长率 = 本期股东权益 ÷ 上股东权益 ×100%

股东权益增长率分析的价值在于：股东权益增长率是衡量企业经营业绩和可持续发展趋势的重要指标，也是企业扩张增量资本和存量资本的重要前提；该指标越大，表明其增长速度越快，企业发展场前景越好。

上述四个体系中，客观地看，分别表现为债权人收益、职工收益、政府收益和股东收益等优先主体考虑，其实囊括了企业当期新创造的价值总额在各相关主体之间的分配问题。

（三）偿债实力类测度指标

偿债实力类测度指标，可以认为是企业履行还本付息债务人的感恩指数。

实力，管子曰：“仓廪实而知礼节”，意味着坚实、真实，财物粮食充裕。偿债实力是指企业偿还到期债务本息的能力。企业偿债实力分析包括短期偿债实力分析和长期偿债实力分析。主要包括下面几个具体指标：

1. 流动比率

流动比率是流动资产与流动负债的比率，表示企业每1元流动负债有多少流动资产作为偿还的保证，反映了企业的流动资产偿还流动负债的能力。其计算公式为：

流动比率 = 流动资产 ÷ 流动负债

一般情况下，流动比率越高，反映企业短期偿债实力越强，因为该比率越高，不仅反映企业拥有较多的营运资金抵偿短期债务，而且表明企业可以变现的资产数额较大，债权人的风险越小。但是，过高的流动比率并不都是好现象。从理论上讲，流动比率维持在2：1是比较合理的。但是，由于行业性质不同，流动比率的实际标准也不同。所以，在分析流动比率时，应将其与同行业平均流动比率、本企业历史的流动比率进行比较，才能得出合理的结论。如果流动比率接近1.0，该公司将会面临无力偿还负债的风险，流动比率低于1.0，则公司的短期偿债实力很差。如果流动比率远低于正常水平，说明公司的短期头寸存在问题。

2. 现金比率

现金比率，有时称为现金流动负债比率，是企业现金及现金等价物金额与期末流动负债的比率，它可以从现金流量角度来反映企业当期偿付短期负债的能力。其计算公式为：

现金比率 = 现金及现金等价物期末余额 / 年末流动负债

式中，现金及现金等价物期末余额是体现即期偿还债务能力的“真金白银”。用该指标评价企业偿债实力自然更为谨慎。该指标较大，能够保障企业按时偿还到期债务，表明源于企业经营活动、筹资活动或投资活动所产生的现金净流量相对充沛。但也不是越大越好，太大则表示企业流动资金利用不充分，收益能力不强。现金比率一般认为20%以上为好。但这一比率过高，就意味着企业流动负债未能得到合理运用，而现金类资产盈利能力低，这类资产金额太高会导致企业机会成本增加。

3. 资产负债率

资产负债率是一个流行的大众化指标，是指企业负债总额与资产总额的比率。它表示企业资产总额中，债权人提供的资金所占的比重，以及企业资产对债权人权益的保障程度。其计算公式为：

资产负债率 =（负债总额 ÷ 资产总额）×100%

资产负债率高低对企业的股份持有人和债权持有人具有完全不同的价值意义。就其他条件相同的情形分析，从债权持有人来看，当负债比率越低时，其债权的保障程度就越高；而对股权持有人而言，最关心的是投入资本的收益率。只要企业的总资产收益率高于借款利息率，举债越多，即负债比率越大，所有者的投资收益越大。在这种利益并不一致的情况下，企业负债经营规模应控制在一个合理的水平，负债比重应掌握在一定的标准内。也就是说，在进行企业资产负债率定量评价时，绝对不是一个单向价值指标，既不是越低越好，也不是越高越好。

4. 有形净值债务率

有形净值债务率是企业负债总额与有形净值的百分比。有形净值是所有者权益减去无形资产净值后的净值，即所有者具有所有权的有形资产净值。有形净值债务率用于揭示企业的长期偿债能力，表明债权人在企业破产时的被保护程度。其计算公式如下：

有形净值债务率 = [负债总额 ÷（股东权益 - 无形资产净值）]×100%

有形净值债务率主要是用于衡量企业的风险程度和对债务的偿还能力。这个指标越大，表明风险越大；反之，则越小。同理，该指标越小，表明企业长期偿债能力越强，反之，则越弱；对有形净值债务率的分析，可以透视的动态信息有：有形净值债务率揭示了负债总额与有形资产净值之间的关系，能够计量债权人在企业处于破产清算时能获得多少有形财产保障。从长期偿债能力来讲，指标越低越好；有形净值债务率指标最大的特点是在可用于偿还债务的净资产中扣除了无形资产，这主要是由于无形资产的计量缺乏可靠的基础，不能作为偿还债务的资源；有形净值债务率指标的分析与产权比率分析相同，负债总额与有形资产净值应维持 1∶1 的比例。

除了上述四个指标外，有时候也分析速动比率、产权比率和已获利息倍数等。

（四）营运能力类测度指标

营运能力类测度指标，可以认为是企业正常周转、维系企业的生命活力指数。营运能力分析是指通过计算企业资金周转的有关指标分析其资产利用的效率，是对企业管理层管理水平和资产运用能力的分析，能够揭示企业这一生命体的运动机能。主要包括下面几个具体指标：

1. 流动资产周转率

流动资产周转率指企业一定时期内主营业务收入净额同平均流动资产总额的比率，流动资产周转率是评价企业资产利用率的另一重要指标。其计算公式如下：

流动资产周转率 = 主营业务收入净额/平均流动资产总额 × 100%

主营业务收入净额是指企业当期销售产品、商品、提供劳务等主要经营活动取得的收入减去折扣与折让后的数额，平均流动资产总额是指企业流动资产总额的年初数与年末数的平均值。

流动资产周转率反映了企业流动资产的周转速度，是从流动资产角度对企业资产的利用效率进行分析，以进一步揭示影响企业资产质量的主要因素。要实现该指标的良性变动，应以主营业务收入增幅高于流动资产增幅作保证。通过该指标的对比分析，可以促进企业加强内部管理，充分有效地利用流动资产，如降低成本、调动暂时闲置的货币资金用于短期投资创造收益等，还可以促进企业采取措施扩大销售，提高流动资产的综合使用效率。一般情况下，该指标越高，表明企业流动资产周转速度越快，利用越好。在较快的周转速度下，流动资产会相对节约，相当于流动资产投入的增加，在一定程度上增强了企业的盈利能力；而周转速度慢，则需要补充流动资金参加周转，会形成资金浪费，降低企业盈利能力。

2. 总资产周转率

总资产周转率是企业主营业务收入净额与资产总额的比率。它可以用来反映企业全部资产的利用效率。其计算公式为：

总资产周转率 = 主营业务收入净额 ÷ 平均资产总额

总资产周转率反映了企业全部资产的使用效率，很大程度上决定了它的销售力和获利力，企业管理者会花很大精力来研究配置哪些资产、投入多大规模资产以及如何更加有效地利用资产。该周转率高，说明全部资产的经营效率高，取得的收入多；该周转率低，说明全部资产的经营效率低，取得的收入少，最终会影响企业的盈利能力。企业应采取各项措施来提高企业的资产利用程度，如提高销售收入或处理多余的资产。

3. 资产现金回收率

资产现金回收率是经营现金净流量与全部资产的比率，重在考察企业全部资产产生现金的能力。其计算公式如下：

资产现金回收率 = 经营现金净流量/平均资产总额 × 100%

该比值越大越好，比值越大说明资产利用效果越好，利用资产创造的现金流入越多，整个企业获取现金能力越强，经营管理水平越高。反之，则经营管理水平越低，经营者有待提高管理水平，进而提高企业的经济效益。

把上述公式求倒数，则可以分析全部资产用经营活动现金回收，需要的期间长短。因此，这个指标体现了企业资产回收的含义。回收期越短，说明资产获现能力越强。

4. 盈利现金保障比率

盈利现金保障比率又称盈余现金保障倍数，是经营现金净流量与净利润的比值，反映企业本期经营活动产生的现金净流量与净利润之间的比率关系。其计算公式为：

盈利现金保障比率 = 经营现金净流量/净利润

在一般情况下，盈利现金保障比率越大，企业盈利质量就越高。如果比率小于1，说明本期净利中存在尚未实现现金的收入。在这种情况下，即使企业盈利，也可能发生现金短缺，严重时会导致企业破产。从这个视角看，这个指标也有预警价值：当该比率小于1时，视为发出预警信号，应加强监控力量，特别是对那些对经营现金需要量大的行业企业。

除了上述四个指标外，有时候还需要应收账款周转率，对于一个以赊销方式来销售商品的企业，需要评估其应收账款的质量和流动性。应收账款的质量是在没有任何损失的情况下收回货款的可能性。应收账款周转率也称应收账款周转次数，是一定时期内商品或产品主营业务收入净额与平均应收账款余额的比值，是反映应收账款周转速度的一项指标，周转率越高表明了收账迅速、资产流动性强、可以减少收账费用和坏账损失，从而相对增加企业流动资产的投资收益。应收账款周转率也检验了企业信用政策的有效程度。同时借助应收账款周转期与企业信用期限的比较，还可以评价购买单位的信用程度，以及企业原订的信用条件是否适当。但是，在评价一个企业应收账款周转率是否合理时，应与同行业的平均水平相比较而定。

（五）发展潜力类测度指标

发展潜力类测度指标，可以认为是企业做大做强、心系未来的前景指数。潜力，表明有待于更加光大的内存能力已经埋植并展露出相应的迹象，未来的绩效发挥与挖掘将会自然展示。发展潜力是企业在生存基础上，扩大规模，壮大实力的潜在能力。在分析企业发展潜力时，主要包括下面几个具体指标：

1. 研发投入率

研发投入率是运用投入产出分析法对企业技术研发活动进行分析的指标。研发投入率，从短期来看，可以视为研发投入成本占当期产出的比例，用以衡量研发成本在当期对经营成本比重的影响；从长期来看，研发投入率，可以视为该项新产品研发过程中所产生的成本额占该产品在生命周期内所有的销售收入的比例，用以衡量产品的运作业绩。其计算公式为：

当期研发投入比 = 研发成本/当月产值 ×100%

长期研发投入比 = 研发成本/产品销售总收入 ×100%

通常，多数企业主要是从长期的持续化进程中考核当期技术研发投入与当期销售收入的比率。

2. 无形资产比率

无形资产作为非物质形态的资产要素，凭借其探索能力、组织资本和人力资本等三因素正在成为企业价值创造及增长的主要驱动要素。为实现高效率的无形资产投资与管理，企业决策者应当最大限度地利用无形资产收益特征所带来的好处，同时寻求解决无形资产在价值计量上的挑战。其计算公式为：

无形资产比率 = 无形资产余额/资产总额 ×100%

通常，在市场经济比较发达的国家，无形资产占企业资产的比重一般为 50% ~70%，而我国企业无形资产占企业资产的比重则处于明显低层次状态。这是国内企业长期以来不甚关注无形资产的惯性结果。

3. 近三年销售增长率

近三年销售增长率是指企业销售额在最近三年间的增长比率，反映产品或服务在市场上赢得销售的增减变动情况，是评价企业成长状况和发展能力的重要指标。其计算公式为：

近三年销售增长率 = $[(\text{本年度销售收入}/\text{三年前年销售收入})^{1/3} - 1] \times 100\%$

销售增长率分析的价值在于：销售增长率是衡量企业经营状况和市场占有能力、预测企业经营业务拓展趋势的重要指标，也是企业扩张增量资本和存量资本的重要前提；该指标越大，表明其增长速度越快，企业市场前景越好。此外，在一个特殊行业或企业发展的一个特殊阶段，还可以通过销售增长率趋势分析和行业分析，来考察企业在竞争环境或动态发展中的相对位置。

4. 近三年总资产增长率

近三年总资产增长率是企业总资产额在最近三年间的增长比率，它可以衡量企业本报告期企业资产规模的增长情况，评价企业经营规模总量上的扩张程度。其计算公式为：

近三年总资产增长率 = ［（本年总资产/三年前总资产）$^{1/3}$ - 1］ × 100%

该指标是从企业资产总量扩张方面衡量企业的发展潜力，表明企业规模增长水平对企业发展后劲的影响。该指标越高，表明企业一个经营周期内资产经营规模扩张的速度越快。但实际操作时，应注意资产规模扩张的质与量的关系，以及企业的后续发展潜力，避免资产盲目扩张。

需要强调的是，上述五类指标不是相互独立的，它们相辅相成，有一定的内在联系，尤其是回报效力与盈利能力之间，具有兼容性。

第三节 基于财务应用观的指数原理

指数起源于遥远时代，却又时变时新，一直在经济和社会现象的总体数量研究中占据着非常重要的席位。作为当今综合反映经济和社会发展态势重要指标的指数，最初是在人们统计物价水平的变动中产生而来的，从反映单一商品价格变动，到后来的综合反映多种商品价格变动情况。随着经济管理的高度精细化和社会管理活动的进一步科学化，最初产生于物价的指数亦被广泛移植和应用于农业、贸易、股市等各个经济和社会领域，并且从先前对某一事物的动态变化之主流模式基础上，推广到不同主体的同类事物的静态对比，即不同国家、地区与部门之间在数量上的对比等等。因此，不论是对专业工作者而言，还是对广大群众而言，指数是一个分析工具，是一把能够简便、直接丈量的标尺。近年来，指数理论的发展正在与广泛的经济分析联系起来，从更广阔的角度研究和测定经济和社会现象的变化程度。尽管指数是表明经济和社会现象在不同时期的数量对比关系的相对数，但是，指数领域也同样是流派林立、众说纷纭，甚至可以说，错综复杂的情形足以让人觉得像迷雾一般。从一定程度看，统计指数所用的模型往往不那么确定，这是因为现实世界中有一些关系是很难明确的，特别是社会科学中的许多关系，许多不知道或无法说清楚的因素却在事实上影响着这些关系。这些说不清楚的由现实世界（或自然）产生的内在机制只能被看成是具有某种随机结构的“黑匣子”。这就是统计指数复杂性的写照。当然，这里我们摘其要点，对指数系列简单梳理一下。

一、指数的功能及其基本分类

统计学认为，指数的概念有广义和狭义两种理解。广义的指数泛指所有研究经济和社会现象数量变动的相对数，是用来表明现象在不同时间、不同空间、不同总体等相对变动情况的统计指标。例如，动态相对数、比较相对数、计划完成程度相对数。狭义指数仅指反映不能直接相加的复杂经济和社会现象在数量上综合变动情况的相对数。例如，零售物价指数、股票价格指数。经济分析中侧重于用狭义指数的概念，旨在研究复杂总体综合变动情况。从形式上看，指数是一种相对数；从实质上看，指数是一种平均数；从统计数列的角度看，它具有时间数列与变量数列的双重性质。

指数是一种古老而传统的经济分析工具，指数理论经过300多年的发展，已经形成众多细化的流派，但是，万变不离其宗。指数的原始特点是它的综合性与平均性，综合性是指它综合反映了现象总体的数量变化关系，平均性是指它反映了现象总体中各单位变动的平均水平。正是这种综合性与平均性的特征，使指数越来越可以帮助人们一目了然地观察和透视相关对象的发展变化态势。

（一）指数的功能作用

财务指数只能是指数丛林之中的一棵幼苗。但是，它同样具有一般指数的功能与作用，这种功能与作用可以归纳如下：

1. 综合反映经济和社会发展某一事物的总体变动方向和变动程度

指数理所当然地能够反映复杂经济和社会现象总体的综合变动方向和变动程度，这是指数的基本功能所在。基于宏观的财务监管，不能局限于说明一个个企业主体的个别现象的变动情况，还要说明由千千万万个企业主体所组成的企业群体的总体的数量变动情况，而这些组成现象总体的个别事物不能直接或间接对比，通过编制财务指数可以使它们过渡到可以相加、对比，从而综合反映现象总体的变动方向和变动程度。指数一般是用百分比表示的相对数，指数大于或小于 100，反映事物变动方向是正还是负；而比 100 大多少或小多少则反映事物变动程度的大小。如，销售利润率指数为 125.8，则说明一个或多个企业销售利润水平总的变动情况，具体到某一个企业、某一个产品或商品，其销售利润水平可能有涨有落，但从总体上看销售利润率仍然上涨了 25.8%。

2. 分析经济和社会发展某一事物总体变动中各因素影响的方向和程度

任何一个复杂现象的总体，一般是由多种因素构成的，可以利用综合指数或平均指标指数，从相对数和绝对数两个方面分析各因素对总指数变动的影响。如一个企业产品或商品销售收入额的变动必然受到产品或商品销售数量和销售单价变动两个因素的影响，我们可以利用指数分析法，分析计算出销售数量和销售单价变动对企业销售收入额变动的各自影响程度是多少。这样，才能进一步确定其中的合理程度、努力方向等管理与决策问题。再从反面说一下这个问题吧！将一个国有企业的资产总额与一个上市公司的年度营业收入总额对比是没有任何分析价值的，也根本不可能被称为指标或指数。这同样证明了财务指数所依赖的基础性指标或指数，必须作为一种经济指标而拥有对比的分子与分母之间存在着实际的经济意义与研究价值。

3. 研究经济和社会现象在一定时期内的发展变动趋势

通过编制连续性的动态指数数列，分析现象发展变化的程度和趋势。特别是便于分析相互联系而性质不同的时间数列之间的变动关系。如官方与公众最近都经常关注的 GDP 指数，继 2009 年 14 个省（市、区）GDP 总量超万亿元后，2010 年“万亿俱乐部”新增加 3 名成员，达到 17 个。其中，内蒙古、黑龙江和陕西迈入“万亿俱乐部”，从这一综合指数的变化态势看，中国经济发展已经走过了“东部快速增长、中西部滞后发展”的阶段，进而开始了中西部地区经济增长已经开始领跑全国的新时代。这一点在财务领域也同样具有相同的有效性。

4. 对经济和社会现象进行定量评价和测定

随着指数在实际应用中的不断发展，许多经济现象都可以运用指数进行定量评价和测定，从而对其水平作出综合的数量判断。如：利用综合动态指数评价和测定一个地区或企业经济效益的高低；利用平均指数测定技术进步的程度及其在经济增长中的作用；利用指数原理建立对国民经济发展变动的评价和预警系统等。同样，我们可以通过一定群体范围的财会数据来编制中国企业的综合财务指数，体验主要由企业经济组成的微观经济与宏观经济的“冷暖”变化。

（二）指数的基本分类

指数是一个复杂体系，通常可以从不同角度进行分类，比如：按指数研究对象的样本范围差异，指数可以分为个体指数、总指数和组指数，其中总指数又按研究方法不同分为综合指数与平均指数；按照对比时采用的基期不同，指数可以分为定基指数与环比指数；按指数的经济内容和性质不同，可以分为数量指标指数和质量指标指数。现简要阐述这些分类的内容：

1. 按照指数包容主体的多少，划分为个体指数、总指数、组指数

按照指数所涉及企业主体数目的多少，将指数分成三类，即只涉及一个企业主体的指数、涉及一定范围内所有企业群体的指数、涉及某一类共同特征的企业组的指数。

（1）个体指数。个体指数是用于反映总体中某一单个企业主体中特定目标现象在不同时期上的动态变化的指数。例如：

企业销售盈利率指数，公式为：$K_q = q_1/q_0$

企业销售收入指数，公式为：$K_p = p_1/p_0$

式中：q_1 为某企业某种经营商品的报告期创利总额；q_0 为该企业该商品的基期创利总额；p_1 为某企业某种经营商品的报告期销售额；p_0 为该企业该商品的基期销售额。

（2）总指数。总指数是反映被研究的多种事物或现象在不同时期上的综合变动程度。例如，一个企业的投资、筹资与经营活动的动态变化、一个行业的完整产业链之上中下动态衔接、一个区域的整体企业财务运行决定的经济态势，等等。对比个体指数与总指数，前者的计算比较简单，完全可以应用普通相对数方法来解决；而总指数的计算则比较复杂，需要研究并建立专门的指数理论和方法。总指数的计算是本书研究的重点。

（3）组指数。组指数也称为类指数，是在总指数中通过统计分组计算的反映各个组动态变化的指数。由于总指数中包含大量的不同种类的现象，在综合平均之后，各种变动被有高有低的混合因素拉平了；计算组指数则可以将一些重要的变动反映出来，以助于克服总指数中存在的笼统平均的缺点。组指数分类或分组之后才能体现出来的计算方法与总指数计算方法相同。比如，时常听到评论，某些人群的人均收入与某些成员阶层的实际收入差异巨大，有一种“被平均”的感觉，而通过分行业、分阶层的组指数，则可能避免“被平均”现象，相应逼真地反映各阶层的收入情况。

显然，本书探索的中国企业的综合财务指数是一个总指数。当然，在总指数之下，也可以行业财务指数、地域财务指数和规模财务指数等分组或分类指数。

2. 按照指数测算方法的不同，划分为综合指数、平均指数

在总指数群体中，按研究方法的不同，又可以分为综合指数与平均指数。

综合指数是指将不可以直接度量的指数化指标，通过同度量因素转化

为可以合计的总量指标，然后将不同时期的总量指标进行对比，以综合反映现象的动态变化；

平均指数是指以个体指数为基础，通过简单平均或加权平均的方法来求取的总指数。

综合指数与平均指数之间，既是独立的指数形式，又存在内在的联系，在指数理论中占有重要地位。

显然，本书探索的面向企业群体财会数据而生成的企业综合财务指数，无疑属于综合指数的范畴。

3. 按照指数对比标准的差异，划分为定基指数、环比指数

指数是流动的态势，不可能固守一景。就对比时期属性看，指数是两个时期的指标数值之比，其中作为相比较的标杆性基础的时期称为基期，而被比较的时期称为报告期或计算期。若在计算指数时，不是仅仅把两个时期的数值进行对比，而是随时间推移连续编制系列指数，这就形成指数数列。在指数数列中，如果各个指数都以某一固定时期作为基期来进行对比，就属于确定基础期间的指数，简称为定基指数；如果各个指数都以报告期的前一期间作为基期，就得到环比指数。可见，定基指数与环比指数所用的基期不同，但在计算方法上也有一定的内在联系。在对某些现象进行长期比较时，这两种指数都具有很重要的作用。

4. 按照构成指数的指标本身属性区别，划分为数量指标指数和质量指标指数

就对比的指数性质来看，按指数的经济内容和性质不同，可以分为数量指标指数和质量指标指数。数量指标指数是反映社会经济现象发展总规模、总水平或工作总量的指标指数，如利润总额指数等；质量指标指数是反映社会经济现象发展相对水平或工作总量的指标指数，如销售利润指数指数、净资产收益指数等。这两类指数之间的关系，可以追溯到其数据差异的关系。作为编制数量指标指数的数量指标，通常用绝对数表示，而作为编制质量指标指数的质量指标，通常用平均数或相对数表示。两者的关系表现为：它们从不同角度反映总体的综合数量特征。数量指标是计算质量指标的基础，而质量指标往往是相应的数量指标进行对比的结果。

二、综合指数的编制方法

前已述及，编制总指数，通常包括两种形式：一是综合指数，二是平均指数。这两种计算方式分别根据不同的逻辑进行计算，相互间既有联系，也有区别。其中综合指数是总指数的基本形式，是根据客观现象之间的内在构成机理和逻辑关系，先确定与研究现象有关的同度量因素，把不能直接相加的现象数值转化为可以加总的价值形态总量，再将两个不同时期的总量指标进行综合对比得到相应的相对指标，以测定所研究现象数量的变动程度。

（一）综合指数的概念

综合指数是用综合法对总体各部分数值来进行对比而计算的指数，用以反映总体动态变化。其主要特点是通过对不同时期的两个总量指标的对比以反映某一现象的动态变化。在指数发展历史过程中，最初产生的是简单综合指数。在指数日趋复杂的情况下，简单综合指数已被加权综合指数代替，因此，如今的综合指数已经越来越集中于加权综合指数了。

反映总体动态变化的指标又可分成两种：一种是由总体内部各单位的标志值所构成的指标，如每百元销售收入利润贡献率、每百元销售收入净现金流量占比、劳动生产率等，这类指标反映总体内涵方面的变动，称为质量指标，反映这类指标动态变化的指数，称为质量指标指数；另一种是由总体的单位数目或结构所形成的指标，如主营业务收入、资产总额规模等，这类指标反映总体规模的变动，称为数量指标，反映这类指标动态变化的指数，称为数量指标指数。这两类指数都可以用综合指数来计算和分析，下面分别予以叙述。

（二）数量指标指数

在指数编制中，经常需要研究企业产销数量、商品销售金额、职工人数等各种现象的动态变化。从性质上看，它们是由总体单位数目或结构所形成的指标，反映总体规模的变动，这类指标被称为数量指标，反映这类指标动态变化的指数称为数量指标指数。

下面以商品销售量指数为例说明其研究方法。某市企业管理联合会根据相关会员单位2010年7月~9月间的各行业报表数据，编制相关指数，进行行业分析。其收集的资料如表2－4所示。

表2－4中第A、B列反映了某市企业管理联合会下属企业主导商品在基期与报告期的销售量，从中可见，各种商品报告期比基期均有变动。为了反映每种商品销售量的变动程度，需计算个体指数。

1. 个体指数

计算公式如下：

$$K_q = q_1/q_0$$

式中：K_q 代表个体销售量指数；q_1 代表报告期销售量；q_0 代表基期销售量。

按上式计算得出的个体销售量指数列在表2－4中第C列。

从个体指数的数值中可以看出，12大类商品的销售量在报告期均比基期有所增长，但增长的程度不同，要反映12大类商品销售量的总动态变化，就要计算总指数。

2. 总指数

为了计算总指数首先就需要把基期销售量与报告期销售量分别综合起来，而后再进行对比。但是由于各种商品的实物形态、计量单位与使用价值不同，不可能简单地综合并进行对比，如何解决这一问题呢？如同上面质量指标指数的情形一样，首先需要依据指标之间的客观经济联系，乘以另一个有联系的因素，使之转化为可以综合计量的指标。从商品销售量看，它和商品价格、商品销售额等指标是紧密联系在一起的。如果以 p 表示单位商品的销售价格，q 表示销售量，V 表示销售额，则三者之间的关系可用下式表示：

单位商品价格×销售量＝商品销售额，即

$$p \times q = V$$

上式反映了单位商品销售价格、销售量与销售额之间的客观经济联

表 2-4　　某市企业管理联合会下属企业主导商品销售量情况表

企业名称	主导商品类别	计量单位	当期销售量		个体销售量指数 $K_q = q_1/q_0$	单位商品基期价格（元）p_0	基期销售额（千元）p_0q_0	按基期价格核算的报告期销售额（千元）p_0q_1
			基期 q_0	报告期 q_1				
	—	—	A	B	C	D	E	F
1. 东南发电集团	电力	千瓦小时	95000000	111000000	1. 168421053	1. 1	104500000	122100000
2. 如意牛奶公司	牛奶	千克	6500120	5800000	0. 892291219	9. 12	59281094. 4	52896000
3. 时代房产开发	商品房	平方米	350000	330000	0. 942857143	20115	7040250000	6637950000
4. 市属粮食公司	大米	千克	1800000	2100000	1. 166666667	3. 89	7002000	8169000
5. 南方机车制造	专用机车	辆	543	513	0. 944751381	546000	296478000	280098000
6. 华达助动车厂	电动助动车	辆	7581	7621	1. 005276349	35000	265335000	266735000
7. 光明钢铁集团	成品钢材	吨	5810001	6000015	1. 032704642	5500	31955005500	33000082500
8. 宏达空调制造	民用空调	台	42001	43256	1. 029880241	4580	192364580	198112480
9. 东方计算机厂	计算机	台	35110	39551	1. 12648818	9800	344078000	387599800
10. 西远箱包公司	旅行箱包	个	43512	50112	1. 151682295	1100	47863200	55123200
11. 图纸发行公司	图书	册	5001111	4998200	0. 999417929	45	225049995	224919000
12. 新浪食品公司	食品	件	85463	86547	1. 012683851	120	10255560	10385640
合　　计			114675442	130455815	1. 137609001		40547462929	41244170620

系。现在我们要研究的是销售量的动态变化，根据上述的经济联系，可以把每种商品的销售量分别乘以相应的销售价格，这样就转化为销售额，从而也就可以同度量了。这时销售量 q 是指数化指标，而单位商品销售价格 p 是同度量因素。

其次，如同物价指数的计算一样，为反映指数化指标（销售量）的动态变化，也需要把同度量因素（价格）固定在某一个时期的水平上。这时就可以有两种选择：既可以将价格固定在基期水平上，也可以将价格固定在报告期水平上。这样从理论上说也就可以得到两个公式，即 L 氏公式与 P 式公式。[①]

L 式公式：

$$\overline{K}_{q(l)} = \frac{\sum p_0 q_1}{\sum p_0 q_0}$$

式中：$\overline{K}_{q(l)}$ 代表 L 式计算的销售量总指数。

P 式公式：

$$\overline{K}_{q(p)} = \frac{\sum p_1 q_1}{\sum p_1 q_0}$$

式中：$\overline{K}_{q(p)}$ 代表 P 式计算的销量总指数。

$\overline{K}_{q(l)}$、$\overline{K}_{q(p)}$ 分别是以不同时期的销售价格作为同度量因素，因此计算结果并不相同。在中国统计实践中，计算销售量指数较多地选用 L 式，因此在本例题中我们只介绍 L 式计算销售量指数的方法。

计算时需要在表 2－4 中列入每种商品基期单位销售企业财会数据（第 D 列），并设计第 5～6 两列，而后通过计算得两个总和：

$$\sum p_0 q_0 = 40547462929$$

① L 式公式或称拉氏公式分别起源于两个著名统计学专家的发现。在基本的编制价格指数的加权综合公式中，是将两个时期的商品价格分别乘以权数（销售），然后进行对比来计算价格指数。1864 年，德国统计学家拉斯贝尔（Laspeyres）提出用基期销售量加权来计算总指数，称为拉氏公式（即 L 式公式）。1874 年，德国统计学家帕舍（Paasche）提出用报告期消费量加权计算总指数，这一公式被称为派氏公式（即 P 式公式）。

$\sum p_0 q_1 = 41244170620$

代入 L 式，得：

$$\overline{K}_{q(l)} = \frac{\sum p_0 q_1}{\sum p_0 q_0} = \frac{41244170620}{40547462929} = 101.718$$

计算结果表明：该地区 12 大类主要商品销售量，报告期比基期增长了 10.4%。由于销售量增长而增加的销售额为：

$$\sum p_0 q_1 - \sum p_0 q_0 = 41244170620 - 40547462929 = 696707691$$

有关指数的编制、计算方法，也适用于产品销售量指数、职工人数指数等数量指标指数。

在将各时期的商品销售量指数进行长期比较时，常用不变销售利润率作同度量因素，其有关内容将在以后有关内容中叙述。

（三）质量指标指数

在质量指标指数中，一般人熟悉的物价指数是比较重要、比较常见的一种，在各种经济指数中，也占有重要的地位。而财务领域的此类质量指数又可以细分成多种不同的效率指数，其中常常以销售利润率为代表。下面我们着重以商品销售利润率指数为例，说明综合指数的编制原理与计算方法。

销售利润率指数（简称销售利润指数）是反映某一行业赚取经营利润的市场销售行情变化的重要指标，不仅是广大企业利益相关者（尤其是投资人、债权人）进行投资决策分析的依据，而且也被视为一个地区或国家宏观经济态势的“晴雨表”。表 2 - 5 资料中包括某市 12 个主要行业主营业务基期和报告期的利润率及销售额资料。

从资料数据来看，报告期 12 个行业的利润率比基期均有不同程度的变化，为了反映每个行业的主营业务收入利润率指标的变动程度，需要计算个体利润率指数。

1. 个体指数

个体销售利润率指数的计算公式是：$K_p = p_1 / p_0$

表 2－5　某省经济和信息委员会下属行业基期和报告期主营业务收入及销售利润率

金额单位：百万元

行业	基期		报告期		个体销售利润率指数 $K_p=p_1/p_0$	按不同时期销售利润率计算的主营业务收入额（万元）			
	销售利润率 p_0	主营业务收入额 q_0	销售利润率 p_1	主营业务收入额 q_1		p_0q_0	p_0q_1	p_1q_0	p_1q_1
—	A	B	C	D	E	F	G	H	I
1. 农林牧渔	12.15	7120	13.21	7540	1.09	86508	91611	94055.2	99603.4
2. 采掘工业	14.34	920	16.11	975	1.12	13192.8	13981.5	14821.2	15707.25
3. 化工工业	15.59	15600	17.3	18720	1.11	243204	291844.8	269880	323856
4. 黑色金属	21.22	5900	21.21	6120	1.00	125198	129866.4	125139	129805.2
5. 有色金属	21.10	6400	18.45	6650	0.87	135040	140315	118080	122692.5
6. 建筑材料	10.01	2500	11.98	2840	1.20	25025	28428.4	29950	34023.2
7. 机械设备	9.01	1200	12.21	1215	1.36	10812	10947.15	14652	14835.15
8. 电子元器	12.09	3400	13.2	3245	1.09	41106	39232.05	44880	42834
9. 交运设备	15.21	4070	15.21	3650	1.00	61904.7	55516.5	61904.7	55516.5
10. 房地产业	21.87	1075	25.21	1070	1.15	23510.25	23400.9	27100.75	26974.7
11. 家用电器	9.01	840	12.1	760	1.34	7568.4	6847.6	10164	9196
12. 食品饮料	21.02	675	19.21	580	0.91	14188.5	12191.6	12966.75	11141.8
合计	—	—	—	—	—	787257.65	844182.9	823593.6	886185.7

按上式计算得到的12个行业的个体销售利润率指数列于表10－1中第E列。从这一列数值中可以看出，12个行业的销售利润率各有不同的上涨或下跌趋势，上涨的有8家、下跌的行业有2家、保持平衡的行业有2家，但上涨或下跌的具体程度各自都不相同。

当然，尽管通过计算个体指数，每一个特定行业的销售利润率变化态势一目了然。但是，我们却仍然无法获得由这些行业所共同构成的这个企业群体的整体变化态势，这是一个必须解决的问题。因此，下一步需要进一步研究的是，在由这12个行业所构成的这个总体中，其销售利润率的变动程度又会呈现出什么样的态势，这就需要计算总指数。

2. 总指数

毫无疑问，总指数是我们研究的重点问题。为此，需要分两个方面层层解读：

（1）总指数原理的普遍适用性。我们知道，一个国家的实力强盛与民众富足程度主要取决于经济基础，而经济活动主要是由企业承担的。对经济的关注必须从宏观上着眼，以全局角度审视经济发展态势，从中观上调整，以引导各个行业均衡发展，从微观上入手，以努力促进企业精细化管理。概括地说，就是“宏观意识，中观把握，微观入手”。这里面，宏观层面通常是由许多不同的行业所构成，包括第一产业、第二产业和第三产业；中观通常是由许多不同的企业所构成，包括同一产业链的上端、中端和下端；而微观的企业则是由许多不同的商品所构成，包括主导商品、附加商品等。从这个视角分析，不论是财务指数的宏观层面，还是财务指数的中观层面，甚至财务指数的微观层面，都具有相同和相通的道理。

就微观经济的一个企业而言，通常经营着多个单项商品，每一项商品的主营业务收入、销售单价、销售利润率等并不相同，其销售单价的上涨与下跌直接影响利润多少，因此，要综合观察所经营的各种商品与各个项目的结构化动态变化过程。

就中观经济的一个行业而言，相关产业链的上端、中端与下端的产品，在销售利润率方面的差异，也直接影响一个企业的利润情况，因此，也需要全面、综合地分析整个行业不同产业位置的销售利润率变化动态过程。

就宏观经济的一个国家而言，通常拥有着许多个行业，新兴产业、传统产业之间，主导产业、辅助产业之间，销售利润率也并不相同，也需要综合观察其销售利润率的动态变化过程。

因此，为分析简便，下文有时以行业层面的企业销售利润率为例，有时以企业层面的商品销售利润率为例进行评论。其道理都是相同的。

（2）总指数基本结构模型。在计算总指数时，首先遇到的困难是如何把各个行业的销售利润率进行综合的问题。从表面上看，各个不同行业的销售利润率是可以合计的，但是简单地把不同行业的销售利润率合计起来是没有什么意义的。在指数计算中，不存在什么一般的销售利润率，存在的是某种行业的具体的销售利润率，如农业企业取得了100元玉米销售款所获得的利润、商业银行发放1000万元贷款所取得的利息差额、房地产企业取得1亿元商品房销售收入而获得的利润等。销售利润率作为主营业务活动的一种标志，是和主营业务收入紧密联系在一起的。如果以p表示销售利润率，q表示主营业务收入，V表示利润额，则这种联系可用下式表示：

销售利润率 × 主营业务收入 = 利润额，即

$$p \times q = V$$

这个等式反映了销售利润率、主营业务收入与利润额之间的客观的经济联系。我们研究的目的是要反映销售利润率的动态变化，根据这个等式的要求，每种商品（企业、行业）的销售利润率需要乘以相应的主营业务收入。这时，对销售利润率来说，主营业务收入起着两方面的作用：首先，销售利润率乘以主营业务收入之后，把不能直接合计的指标转化为可以综合计量的指标——利润额；其次，不同商品（企业、行业）主营业务收入的多少对销售利润率起着加权的作用。

（3）总指数同度量的特征。与个体指数的计算相类似，对于总指数而言，同样也需要建立在同一度量前提下才能进行有效的分析。对于总指数的同度量而言，两个层面的特征是十分明显的。现简要分析如下：

第一特征：两个因素分工合作。

显而易见，在总指数模型（$p \times q = V$）中，左面两个因素的地位和作用是不相同的：

首先，第一个因素——销售利润率（p）是我们要研究其动态变化的指标，称为指数化指标；第二个因素——主营业务收入（q），对指数化指标既起着同度量的作用，又起着加权的作用，在指数中通称为同度量因素，或称为权数（Weight）。这样，在计算指数过程中，把指数化指标与有关经济因素联系起来，通过同度量因素转化为可以合计的指标，这就是综合指数的第一个主要特征。

其次，为了反映现象的动态变化，就需要分别计算两个不同时期的总量指标：基期利润额 $\sum p_0 q_0$ 与报告期利润额 $\sum p_1 q_1$，并将二者进行对比，于是可得：

$$\overline{K}_{pq} = \frac{\sum p_1 q_1}{\sum p_0 q_0}$$

式中，$\overline{K}_{pq}$ 称为利润额指数，p_0 代表基期销售利润率，p_1 代表报告期销售利润率，q_0 为基期主营业务收入，q_1 为报告期主营业务收入。

基期 $\sum p_0 q_0$ 与报告期 $\sum p_1 q_1$ 对比反映出商品（企业、行业）利润额的动态变化。可以看出，这其中，构成商品（企业、行业）利润额动态变化的两个因素 p 与 q 都是可变的。因此，由此式计算得到的指数仍然同时受到两因素共同变化的影响。而我们研究的目的主要功能是找寻销售利润率这一因素的动态变化，这就需要在研究过程中把主营业务收入固定在某一个时期的水平上，即假定它是不变的，只有这样才能把指数化指标——销售利润率的动态变化反映出来。所以在计算指数时，需要把同度量因素固定在某一个时期水平上。锁定某一因素不变，才能测度另一因素的变化影响力。

第二特征：同度量因素的锁定期。

那么，对销售利润率指数来说，应把同度量因素固定在哪一个时期上呢？是以基期的主营业务收入作同度量因素？还是以报告期的主营业务收入作同度量因素呢？在指数理论的发展中，为解决这一问题曾先后产生过两种方法、两个公式。

同度量处理方案一：把主营业务收入固定在基期，公式形式是：

$$\overline{K}_{p(l)} = \frac{\sum p_1 q_0}{\sum p_0 q_0}$$

式中：$\overline{K}_{p(l)}$ 代表销售利润率总指数。这个表达式就是 L 式，并以 $\overline{K}_{p(l)}$ 表示。

同度量处理方案二：把主营业务收入固定在报告期，公式形式是：

$$\overline{K}_{p(p)} = \frac{\sum p_1 q_1}{\sum p_0 q_1}$$

式中：$\overline{K}_{p(p)}$ 代表销售利润率总指数。该表达式是就 P 式，并以 $\overline{K}_{p(p)}$ 表示。

现根据前面表 2 – 5 的资料，分别按 L 式及 P 式计算总指数。计算时，需要先求 $\sum p_0 q_0$、$\sum p_1 q_0$、$\sum p_0 q_1$、$\sum p_1 q_1$ 等各项数据和，为此需在表中设计 F、G、H、I 各列，并将乘积列入表中。表 2 – 5 “合计” 行即计算的所需数据。

首先，计算这些利润额指数，得：

$$\overline{K}_{pq} = \frac{\sum p_1 q_1}{\sum p_0 q_0} = \frac{886185.7}{787257.65} = 112.57\%$$

上式计算结果表明：该省报告期的 12 个行业之利润额比基期增长了 35.96%，增长的绝对额为

$$\sum p_1 q_1 - \sum p_0 q_0 = 886185.7 - 787257.65 = 98928.05(\text{百万元})$$

下面分别按 L 式及 P 式计算销售利润率指数。

按 L 式计算：

$$\overline{K}_{p(l)} = \frac{\sum p_1 q_0}{\sum p_0 q_0} = \frac{823593.6}{787257.65} = 104.62\%$$

按 L 式计算结果表明：该省报告期的 12 个行业之销售利润率指数较基期上涨了 4.62%。

按 P 式计算：

$$\overline{K}_{p(p)} = \frac{\sum p_1 q_1}{\sum p_0 q_1} = \frac{886185.7}{844182.9} = 104.98\%$$

按 P 式计算结果表明：该省报告期的 12 个行业之销售利润率指数较基期上涨了 4.98%。

以上的计算结果说明：无论用 L 式计算或用 P 式计算，该省 12 个行业的销售利润率总指数都是上涨的，但上涨的程度不同：按 L 式计算，报告期比基期物价上涨了 4.62%，而按 P 式计算，则同一时期的物价上涨了 4.98%，即按 P 式计算的结果要比按 L 式计算的结果高 0.36%。两个公式依据的是同一时间、同一资料，但所得的结果却存在差异，是什么原因造成的？这又分别说明什么问题呢？

将 L 式与 P 式进行比较，可以看出，两个公式在形式上的主要区别是所选用的同度量因素的所属时期不同，L 式是以基期的主营业务收入 q_0 为同度量因素，而 P 式则是以报告期的主营业务收入 q_1 为同度量因素。假定每个行业的主营业务收入在报告期与基期均保持相同的规模与结构，那么两个公式计算的结果将完全相等，但在实际经济生活中，这种情况一般不会发生。表 2－5 资料表明每个行业的主营业务收入与结构，报告期比基期都发生了变化，这种变化与销售利润率变化相结合，正是导致两式计算结果出现差异的根本原因。

从经济内容来看，L 式以基期主营业务收入 q_0 为同度量因素，它反映的是行业获得的基期销售总额。L 式中分母 $\sum p_0 q_0$ 是基期这些企业销售的收入总额，分子 $\sum p_1 q_0$ 是销售该商品时按报告期销售利润率核算的利润总额，二者之比反映的是按基期购买的销售规模与结构，报告期销售利润率比基期销售利润率的变动程度，按以上资料计算，报告期比基期提高 4.62%，分子与分母指标之差是：

$$\sum p_1 q_0 - \sum p_0 q_0 = 823593.6 - 787257.65 = 36335.95$$

反映按基期购买的销售规模与结构，由于销售利润率对企业销售利润额的影响。在本例中，由于销售利润率上涨，企业多获得的利润额为

36335.95 元。

P 式是以报告期主营业务收入 q_1 为同度量因素，它反映的是企业在报告期销售的利润总额。而在 P 式中分子 $\sum p_1q_1$ 是报告期销售该商品的利润总额，分母 $\sum p_0q_1$ 是销售该商品时按基期销售利润率核算的利润总额。二者之比反映按报告期购买的销售规模与结构，报告期比基期销售利润率的变动程度，按以上资料计算，报告期比基期提高 53.2%，分子指标与分母指标之差是：

$$\sum p_1q_1 - \sum p_0q_1 = 886185.7 - 844182.9 = 42002.8$$

反映按报告期销售的规模与结构，由于销售利润率变动对企业获得利润额的影响。在本例中，由于利润率上涨，企业多获得的利润额为 42002.8 元。

由此可见，L 式与 P 式分别是以不同时期的销售利润总体为研究对象，在从基期到报告期的期限内，不仅销售利润率发生了变化，而且销售总体规模与结构也可能发生了变化，这就是导致两公式计算结果出现差异的根本原因。从经济内容与资料来源方面看，两公式各有优点与不足，可以根据不同情况与条件，分别选用不同的计算方法。此外也可以根据需要，对实际资料同时按两种方法分别计算指数，并将计算结果进行比较分析，以有助于了解市场经济形势的变化。

在中国，在计算编制质量指标指数时，一般采用 P 式。

这里，还有一个问题得展开一下。可能一些具有丰富财会知识的读者已经联想起来了，同度量要素与权重系数是什么关系呢？这两个关键名词也是指数理论中的一个重要问题。简单地说，权数与同度量因素之间存在着一定的联系，有些权数是通过同度量因素而形成的。但是，首先需要明确的是，同度量因素只有在计算综合指数的情况下才会应用，也就是说，只有在计算综合指数时，才会有同度量因素问题，所以，同度量因素的应用范围较小，它的作用主要是在指数计算中使不能直接加总的多要素转化后能够加总，即组成的经济现象的量通过它变成可以加总的经济现象的量，显然，同度量因素起一种媒介的作用。当数量指标作同度量因素时，它同时又起一种权衡轻重（即权数）的作用；当质量指标作同度量因素时，它除了起媒介作用外，没有其他作用，不起权数作用。

3. 组指数

根据表 2－5 资料已经计算得出销售利润率总指数，现在我们将求得的总指数与个体销售利润率指数进行比较，并就销售利润率变动的具体情况进行分析。

表 2－5 资料中包括 12 个行业，从表内第 E 列中可以看出，各个行业销售利润率有涨有跌。总指数综合反映了销售利润率的平均变动程度，因此这是一个十分重要的综合指标。据上面用 L 式与 P 式分别计算结果：

$\overline{K}_{p(l)} = 1.0462$，$\overline{K}_{p(p)} = 1.0498$

我们选择 P 式计算结果为依据，对比分析总指数与个体指数的不同变化态势。可以看出，在 12 个行业之中，有 4 个行业的个体指数低于 P 式，这些行业包括黑色金属（1.00）、有色金属（0.87）、交运设备（1.00）、食品饮料（0.91），其余 8 种均超过 P 式，具体包括：农林牧渔（1.09）、采掘工业（1.12）、化工工业（1.11）、建筑材料（1.20）、机械设备（1.36）、电子元器（1.09）、房地产业（1.15）、家用电器（1.34）。我们注意到，这些涨涨跌跌的现象，在总指数中却未能完全显现出来。由此可见，总指数的计算结果与个体指数之间存在着明显的差异，个体指数的数值很高，而总指数的结果偏低。那么，为什么会产生这样的矛盾呢？

总指数是一种平均数，具有平均数的一切性质，它既概括地反映了总体的一般水平，同时也将一切重要的、值得注意的差异掩盖了起来。列宁曾经多次指出过：“笼统”是平均数所存在的弊端。表 2－5 资料中计算得到的总指数，就属于这类“笼统”的平均数，它将个体指数的变动完全淹没在总指数中。这种结果并非总指数的计算方法“不科学”，而是总指数自身的性质造成的。

如何解决这一矛盾呢？可以用组指数来补充说明。现在我们根据这一原理将表 2－5 资料中 12 个行业分为第一产业组、第二产业组和第三产业组，然后分别求它们的组指数（类指数），并将组指数与总指数对比，现举例说明如下，见表 2－6。

表 2－6　某省国资委下属企业基期与报告期主要组指数计算表

行业	个体销售利润率指数 $K_p = p_1/p_0$	按基期销售利润率计算的主营业务收入额	按报告期利润率计算的报告期主营业务收入额
—	A	B	C
1. 农林牧渔	1.09	91611	99603.4
第一产业小计	1.09	91611	99603.4
2. 采掘工业	1.12	13981.5	15707.25
3. 化工工业	1.11	291844.8	323856
4. 黑色金属	1	129866.4	129805.2
5. 有色金属	0.87	140315	122692.5
6. 建筑材料	1.2	28428.4	34023.2
7. 机械设备	1.36	10947.15	14835.15
8. 电子元器	1.09	39232.05	42834
9. 交运设备	1	55516.5	55516.5
第二产业小计		710131.8	739269.8
10. 房地产业	1.15	23400.9	26974.7
11. 家用电器	1.34	6847.6	9196
12. 食品饮料	0.91	12191.6	11141.8
第三产业小计		42440.1	47312.5
合计	—	844182.9	886185.7

依据表 2－6 资料，按 P 式分别计算第一产业、第二产业、第三产业的指数，分别如下：

第一产业的销售利润率指数：

$$\overline{K}_{p(p)} = \frac{\sum p_1 q_1}{\sum p_0 q_1} = \frac{99603.40}{91611.00} = 1.0872$$

第二产业的销售利润率指数：

$$\overline{K}_{p(p)} = \frac{\sum p_1 q_1}{\sum p_0 q_1} = \frac{739269.80}{710131.80} = 1.0410$$

第三产业的销售利润率指数：

$$\overline{K}_{p(p)} = \frac{\sum p_1 q_1}{\sum p_0 q_1} = \frac{47312.50}{42440.10} = 1.1148$$

由以上组指数的计算可以看出：某省经济和信息委员会下属企业报告期的销售利润率总指数为104.98%，其中，第一产业销售利润率比基期上涨了8.72%，第二产业销售利润率比基期上涨了4.10%，第三产业销售利润率比基期上涨了11.48%，三大产业之间有一定的差距，第一产业销售利润率上涨程度远高于第二产业销售利润率。总之，通过发布总指数及其构成总指数的主要类别分组指数，这就在一定范围上将整体情况与详细情况一并传达给了受众，便于人们根据自身需求对销售利润率变动的实际情况有比较全面的了解。

三、平均指数的编制方法

总指数编制方法，除综合指数外，还经常采用平均指数。所谓平均指数，通常是以个体指数为基础，通过将总体中所有个体指数进行必要的平均计算而得到的总指数。当然，如何具体计算平均数呢，根据其采用平均的“标杆”不同，可能分成简单平均指数与加权平均指数两大类。再进一步地，根据平均数的形式不同，又可以分为算术平均指数、调和平均指数、几何平均指数等各种形式。因此，以下分别就这两大类、六小类指数的计算予以介绍。

（一）简单平均指数

所谓简单，就是以个数为标杆，不分各主体话语权的轻重区别。简单平均指数是先求每个主体单位的个体指数，再用简单平均法计算得到的总指数。可以说，在指数这一形式产生的初始阶段，这种简单的计算方法曾经得到了广泛的应用，以后则随着人们要求日益提高而逐渐被加权平均法代替。简单平均指数始终因其方法简便，资料易于取得，在某些条件下仍被用于计算指数。现仍用表 2－5 中的行业个体销售利润率指数为例，说明其计算方法（表 2－7）：

表 2－7 某省国资委下属企业报告期比基期的个体销售利润率指数

行业	个体销售利润率指数 $K_p = p_1/p_0$
1. 农林牧渔	1.09
2. 采掘工业	1.12
3. 化工工业	1.11
4. 黑色金属	1.00
5. 有色金属	0.87
6. 建筑材料	1.20
7. 机械设备	1.36
8. 电子元器	1.09
9. 交运设备	1.00
10. 房地产业	1.15
11. 家用电器	1.34
12. 食品饮料	0.91
合　计	—

下面分别按简单算术平均法、简单调和平均法、简单几何平均法三种方法计算其简单平均指数。

1. 简单算术平均法

公式是：

$$\overline{K}_p = \frac{\sum K_p}{n}$$

式中：n 代表个体指数数目，其他符号同前。

将表 2－7 中 12 个企业的个体指数代入上式，得：

$$\overline{K}_p = \frac{1.09 + 1.12 + 1.11 + 1 + 0.87 + 1.2 + 1.36 + 1.09 + 1 + 1.15 + 1.34 + 0.91}{12}$$

$$= \frac{13.24}{12} = 1.1033$$

可见，这种简单算术平均数，具有直观、明了、简便易行的特点。

2．简单调和平均法

公式是：

$$\overline{K}_p = \frac{n}{\sum 1/K_p}$$

将表 2－7 中的行业销售利润率个体指数代入上式，得：

$$\overline{K}_p = \frac{1.09 + 1.12 + 1.11 + 1 + 0.87 + 1.2 + 1.36 + 1.09 + 1 + 1.15 + 1.34 + 0.91}{\frac{1}{1.09} + \frac{1}{1.12} + \frac{1}{1.11} + \frac{1}{1} + \frac{1}{0.87} + \frac{1}{1.2} + \frac{1}{1.36} + \frac{1}{1.09} + \frac{1}{1} + \frac{1}{1.15} + \frac{1}{1.34} + \frac{1}{0.91}}$$

$$= 1.11$$

可见，这种简单调和平均数，是在对分母要素进行必要的统一变形后计算的平均数。

3．简单几何平均法

公式是：

$$\overline{K}_p = \sqrt[n]{\prod K_p}$$

将表 2－7 中的行业销售利润率指数代入上式，得：

$$\overline{K}_p = \sqrt[12]{1.09 \times 1.12 \times 1.11 \times 1 \times 0.87 \times 1.2 \times 1.36 \times 1.09 \times 1 \times 1.15 \times 1.34 \times 0.91}$$

$$= 1.094$$

根据统计平均数的性质，对同一资料，分别按以上三种不同的方法计算，我们注意到，由于方法不同，相同资料所得到的结果也存在着明显的差异。其结果为：

调和平均数 > 算术平均数 > 几何平均数

这一结论也应该适用于指数计算。从以上计算结果可以看出：该企业群体中，简单调和平均指数偏高，简单算术平均指数居中，简单几何平均指数偏低。以上结论对加权平均指数也完全适用。

（二）加权平均指数

所谓“加权”，就是要考虑不同主体话语权大小对总体的影响有所不同的客观。加权平均指数是以个体为基础，通过加权平均计算得到的总指数。它与综合指数之间存在内在联系，但在计算原理与方法以及应用资料等方面，都与综合指数根本不同，是独立的指数，它既可用于计算质量指标指数，也可用于计算数量指标指数。根据采用方法不同，也可以分成多种不同形式。本节中将着重介绍加权算术平均指数、加权调和平均指数，以及将不同指数相互交叉得到的交叉平均指数。

1. 加权算术平均指数

加权算术平均指数是以个体指数为基础按加权算术平均法计算的总指数。在综合指数中，权数是依据指数之间的客观经济联系确定的，权数的实质相当于“话语权”系数，或者说，近似地担当一个同度量因素的角色，它可以是数量指标，也可以是质量指标。在平均指数中要寻求并保持这种关系，就不能以单纯的规模性数量或质量为权数，而需要以能体现内在价值的指标为权数，或者将价值指标转化为比率作为指数的权数，后者称为相对权数（或比率权数）。相对权数一旦确定，通常在一定时期之内保持不变，也有时称之为固定权数，并以 W 表示。由于所有的价值指标都是数量指标（如：销售收入）p 与质量指标 q（如：销售利润率）两个因素的乘积，因此根据两个因素所属时期不同，共可组成四种：p_0q_0、p_0q_1、p_1q_0、p_1q_1，其中，每种指标均可作为平均指数的权数。但在实际应用时，要依据所研究指数的性质及具体条件的不同，有选择地使用。下面我们分别以资产周转率指数和主营业务收入指数为例，说明其计算原理和方法。

（1）资产周转率指数。按加权算术平均法计算流动资产周转率指数的步骤是首先计算每个行业的个体流动资产周转率指数，再对每个流动资产周转率指数乘以相应的权数，而后计算平均指数。在计算流动资产周转率指数时，作为权数的价值指标就是平均资产总额。现在我们仍以 $K_p = p_1/p_0$ 表示个体流动资产周转率指数，以 V 表示平均资产总额，则按加权算术平均法计算的流动资产周转率指数可用下式表示：

$$\overline{K}_{p(p)} = \frac{\sum K_p V}{\sum V}$$

当 $V = p_0 q_0$ 时，则

$$\overline{K}_p = \frac{\sum K_p p_0 q_0}{\sum p_0 q_0}$$

当 $V = p_0 q_1$ 时，则

$$\overline{K}_p = \frac{\sum K_p p_0 q_1}{\sum p_0 q_1}$$

上两式都是按加权算术平均法计算流动资产周转率指数的公式，但采用的权数不同，第一式中的 $p_0 q_0$ 是基期平均资产总额，第二式中的 $p_0 q_1$ 是按基期销售利润率计算的报告期平均资产总额。将两个公式再作适当变换：

$$\overline{K}_p = \frac{\sum K_p p_0 q_0}{\sum p_0 q_0} = \frac{\sum (p_1/p_0) p_0 q_0}{\sum p_0 q_0} = \frac{\sum p_1 q_0}{\sum p_0 q_0} = \overline{K}_{p(l)}$$

即以 $V = p_0 q_0$ 为权数计算的加权算术平均流动资产周转率指数等于按综合指数计算的 L 式流动资产周转率指数。

当 $V = p_0 q_1$ 时，则有

$$\overline{K}_p = \frac{\sum K_p p_0 q_1}{\sum p_0 q_1} = \frac{\sum (p_1/p_0) p_0 q_1}{\sum p_0 q_1} = \frac{\sum p_1 q_1}{\sum p_0 q_1} = \overline{K}_{p(p)}$$

即以 $V = p_0 q_1$ 为权数计算的加权算术平均流动资产周转率指数等于按综合指数计算的 P 式流动资产周转率指数。

以上结果表明在加权算术平均指数与综合指数之间存在着内在的联系，这种联系在其他的经济指数中也同样存在。但必须是按照指定时期的流动资产周转率及平均资产总额计算的情况下，这种联系才能被保持下来。

下面仍根据表2－5资料分别计算加权算术平均流动资产周转率指数，见表2－8。

表2－8　　资产周转率指数（加权算术平均法）计算表

商品计量单位	个体流动资产周转率指数 $K_p = p_1/p_0$	平均资产总额(元)			
		p_0q_0	p_0q_1	$K_pp_0q_0$	$K_pp_0q_1$
—	A	B	C	D	E
1. 农林牧渔	3.966	502672.0	532324.0	1993600.0	2111200.0
2. 采掘工业	1.891	386860.0	409987.5	731400.0	775125.0
3. 化工工业	2.667	234000.0	280800.0	624000.0	748800.0
4. 黑色金属	1.820	715080.0	741744.0	1301445.6	1349974.1
5. 有色金属	3.122	389120.0	404320.0	1214720.0	1262170.0
6. 建筑材料	1.789	171000.0	194256.0	305919.0	347524.0
7. 机械设备	2.752	621840.0	629613.0	1711200.0	1732590.0
8. 电子元器	1.437	852720.0	813846.0	1225700.0	1169822.5
9. 交运设备	2.003	1260072.0	1130040.0	2523400.0	2263000.0
10. 房地产业	1.613	280037.5	278735.0	451715.0	449614.0
11. 家用电器	1.745	62580.0	56620.0	109200.0	98800.0
12. 食品饮料	1.323	21836250	18763000	28890000.0	24824000.0
合　计	—	27312231.5	24235285.5	41082299.6	37132619.6

表2－8中第A、B、C列为已知资料，计算时涉及D、E两列。将第B、D两列底下横行合计数字代入公式得：

$$\overline{K_p}=\frac{\sum K_p p_0 q_0}{\sum p_0 q_0}=\frac{41082299.6}{27312231.5}=150.4\%$$

将第 C、E 两列底下横行合计数字代入公式得

$$\overline{K_p}=\frac{\sum K_p p_0 q_1}{\sum p_0 q_1}=\frac{37132619.6}{24235285.5}=153.2\%$$

以上计算结果表明：以 $V=p_0q_0$ 为权数计算的加权算术平均流动资产周转率指数与按 L 式计算的结果完全一致；以 $V=p_0q_1$ 为权数计算的加权算术平均流动资产周转率指数与 P 式计算的结果完全一致。但加权平均指数与综合指数却是两种不同类型的指数，因为它们的计算原理、方法与所用资料都完全不同。此外，也可以用 p_1q_0、p_1q_1 为权数计算流动资产周转率指数，这里就不一一陈述了。

细心的读者可能会注意到，上述流动资产周转率指数的计算流程，与中国统计实践中商品零售业销售利润率指数相同，都是采用固定权数加权的算术平均指数。

（2）主营业务收入指数。主营业务收入指数是数量指标指数，这类指数既可以用综合指数计算，也可以用加权算术平均法计算，按加权算术平均法计算主营业务收入指数公式是：

$$\overline{K_q}=\frac{\sum K_q V}{\sum V}$$

当 $V=p_0q_0$ 时，则有：

$$\overline{K_q}=\frac{\sum K_q p_0 q_0}{\sum p_0 q_0}$$

式中：$K_q=q_1/q_0$ 代表个体数量指数，p_0q_0 代表基期实际产品价值。

可以证明，按此式计算的主营业务收入指数与按 L 式计算的主营业务收入指数完全一致，即

$$\overline{K_q}=\frac{\sum K_q p_0 q_0}{\sum p_0 q_0}=\frac{\sum (q_1/q_0)p_0 q_0}{\sum p_0 q_0}=\frac{\sum p_0 q_1}{\sum p_0 q_0}=\overline{K}_{q(l)}$$

按加权算术平均指数与按 L 式计算结果完全一致，但计算方法与应用资料不同。由于基期实际产值在工作中更容易取得，计算方法也很简便，因此加权算术平均指数有较大的实用价值。

2. 加权调和平均指数

加权调和平均指数是以个体指数为基础，按加权调和平均法计算的总指数，这种指数也可以分别用于计算质量指标指数或数量指标指数。下面我们仍以销售利润率指数为例说明其计算方法。按加权调和平均法计算销售利润率指数的公式是：

$$\overline{K}_p = \frac{\sum V}{\sum V/K_p}$$

式中 $K_p = p_1/p_0$，V 是价值指标，对个体指数的倒数 $1/K_p$，起着加权的作用，因此从上式的计算性质来看，是加权调和平均指数。由于 $V = p \times q$，在计算指数时，根据 p 与 q 所属时期不同，可以有四种不同组合，但在销售利润率指数中常用的是 p_1q_1，即报告期实际价值总额，因此在实践中常用的公式是：

$$\overline{K}_p = \frac{\sum p_1q_1}{\sum p_1q_1/K_p}$$

该式就是计算零售物价指数的加权调和平均指数公式。将上式适当变换，则有：

$$\overline{K}_p = \frac{\sum p_1q_1}{\sum p_1q_1/K_p} = \frac{\sum p_0q_1}{\sum (p_0/p_1)p_1q_1} = \frac{\sum p_1q_1}{\sum p_0q_1} = \overline{K}_{p(p)}$$

即在销售利润率指数中，以 p_1q_1 为权数的加权调和平均指数，等于按综合指数计算的 P 式销售利润率指数。由此可见，在销售利润率指数中加权调和平均指数与综合指数之间也存在着内在的联系，这种联系在数量指标指数中也同样存在，但必须是按照规定的权数加权时，这种联系才能被保持下来。

前述的加权平均指数与综合指数，二者之间存在着内在的联系，表现在综合指数可以变形为加权平均指数，并且按照给定条件，加权平均指数也可以变形为综合指数，其计算结果完全相等。这种联系，不论是在质量指标指数或数量指标指数中都同样存在，但加权平均指数与综合指数又都是独立的指数，因为在计算原理与方法以及应用资料方面，两种指数都根本不同。

综合指数是以不同时期总量指标的对比为基础，通过选择合适的同度量因素，将不可直接合计的总量指标转化为可以合计并进行对比的总量指标。它不仅可以反映现象的相对动态变化，而且两个指标之差也具有实际的经济意义；

综合指数要求全面的统计资料，例如在销售利润率指数中，按L式计算则要求有基期商品主营业务收入 q_0 的全面资料，按P式计算则要求有报告期商品主营业务收入 q_1 的全面资料，在实际统计工作中是难以做到的。在其他的质量指标指数或数量指标指数中也会有同样的情况。加权平均指数是以个体指数为基础通过加权平均计算的。在销售利润率指数中，权数资料参照相关技术方法取得。在其他各类指数中，情形也是这样。总之，加权平均指数与综合指数既有内在联系，又各自是独立的指数，具有自己的特点。我们在应用时，要在了解每种指数的内容和特点的基础上，区别不同情况，采用不同的方法。要求统一采用某种固定的指数形式计算各种不同的指数，不仅是难以做到的，也是不适宜的。

3. 交叉平均指数

在指数理论中，综合指数与加权平均指数是两大类主要的指数计算公式，但也都存在着不同的缺点和问题，即使在同一类指数中利用同一类资料采用不同方法，其计算结果也存在着差异。偏误是由于采用的公式形式不同或加权体系不同所引起的。为了改进指数的计算方法，统计理论界进行过长期的研究，寻找产生偏误的原因并探索建立更合理的指数公式，与此同时也提出了若干检验、判断指数公式优劣的理论和方法。

许多改良公式都是从分析偏误产生的原因及如何消除偏误出发的。由于两类指数公式都存在偏误，产生偏误的原因，归纳起来主要是两种：一种是由于采用的公式形式不同而产生的，例如根据同一资料，选择算术平均、几何平均、调和平均等不同的平均数形式，其计算结果互不相同，这种由选择公式不同而产生的偏误称为型偏误；另一种是由于采用的权数不同而产生的，例如综合指数中，L 式与 P 式采用的是不同时期的权数（q_0 与 q_1），利用同一资料计算的结果也会产生差异，这种因选择不同时期权数而产生的差异，称为权偏误。消除偏误的主要方法就是交叉（Crossing）。通过交叉虽然不能消除所有偏误，但已经可以减至极小，从而更接近实际。其中，费雪公式和马歇尔—埃奇沃思公式值得借鉴。

（1）费雪指数。费雪指数（费雪 index）是费雪于 1927 年在其所著的《指数的编制》一书中提出的指数公式。在这本著作中费雪分析了已有的各种指数计算公式，并经过交叉、检验，认为可用的公式有 134 种，其中能符合他提出的时间互换与因子互换两项检验的只有 13 种，从 13 种公式中，最后选出一种他认为最优的公式，并称之为“理想公式”（以下简称此式为 F 式）。这一公式可分别用销售利润率指数和数量指数表示：

$$\text{销售利润率指数}\ \overline{K_p} = \sqrt{\frac{\sum p_1 q_1}{\sum p_0 q_1} \times \frac{\sum p_1 q_0}{\sum p_0 q_0}}$$

$$\text{数量指数}\ \overline{K_q} = \sqrt{\frac{\sum p_1 q_1}{\sum p_1 q_0} \times \frac{\sum p_0 q_1}{\sum p_0 q_0}}$$

F 式的主要特点归纳起来有：

其一，是综合指数公式中 L 式与 P 式的交叉平均数。在 L 式与 P 式中，由于分别采用不同时期的主营业务收入为权数，因而存在权偏误。而两个公式偏误的方向相反，偏误的绝对值又十分接近，则将两公式交叉平均，就是消除权偏误的最佳办法。

其二，不论 L 式或 P 式，都可以变形为算术平均指数或调和平均指数。两个公式自身就是型权交叉的指数公式，再将两个公式进一步相互交叉，求几何平均，既消除权偏误，也是消除型偏误的有效途径。

其三，符合费雪提出的指数理论中的两项检验：时间互换检验与因子互换检验。

（2）马歇尔—埃奇沃思指数。马歇尔—埃奇沃思指数是马歇尔与埃奇沃思两人于 1887 ~ 1890 年间共同设计提出的指数计算公式，以下简称为

M 式。也可以分别用销售利润率指数或主营业务收入指数表示：

$$销售利润率指数\ \overline{K}_p = \sqrt{\frac{\sum p_1(q_0 + q_1)}{\sum p_0(q_0 + q_1)}}$$

$$主营业务收入指数\ \overline{K}_q = \sqrt{\frac{\sum q_1(p_0 + p_1)}{\sum q_0(p_0 + p_1)}}$$

从上述两式可以看出，M 式也是从改进 L 式与 P 式出发建立起来的。在 F 式中是将 L 式与 P 式两个公式相互交叉，求几何平均，既消除权偏误，也消除型偏误；而在 M 式则只将两个公式中的权数相互交叉求算术平均，重点是在于消除权偏误。若将 L 式与 P 式中的权数相互交叉求几何平均，则又可得出另外两个指数公式：

$$\overline{K}_p = \frac{\sum p_1\sqrt{q_0 q_1}}{\sum p_0\sqrt{q_0 q_1}}$$

$$\overline{K}_q = \frac{\sum q_1\sqrt{p_0 p_1}}{\sum q_0\sqrt{p_0 p_1}}$$

不论按 F 式或按 M 式计算指数，都需要掌握基期与报告期的销售利润率及主营业务收入的全面资料，在实际工作中，这一条件是很难得到满足的，在将各时期的指数进行对比时也会遇到困难。许多国家在计算相关指数时也同样存在此类烦恼，这其实也是一个“两害相权取其轻，两利相权取其重”的问题。

四、常规指数的方法论回顾

需要说明的是，指数是一个理论体系从粗到细的渐进式探索领域，鉴于财务指数的建立是基于基本理论初步阶段的产物，指数体系具体构建理应在经济管理实践活动中进一步协调与深化。美国统计学家查多克曾经将指数法定位为统计学的创作，而英国经济学家吉布林甚至指出应用指数测度是一个国家的文明程度。可见，指数的内在价值是专家们所推崇的一个导向。不过，回顾指数编制的发展历史就不难发现，指数的发展总体上可以说经历了四个方面的转变，即：由个体指数向总指数的转变、由简单指数向加权指数的转变、由动态指数向静态指数的转变、由原子论方法指数向函数论方法指数的转变。一般认为，指数的编制始于物价的动态研究，而且我们还可以发现历史上每当价格发生较大变化时，指数理论和编制方法就越发被人们所重视。不管怎么说，指数方法的多样性和复杂性，完全突破了传统统计学教科书的框框限制，因为，绝大多数统计学教科书只是重点介绍 L 式数量综合指数和 P 式质量综合指数的编制原理，并以此为基础来介绍平均指数的编制。这多多少少会让读者有“知其然而不知其所以然”的感觉，甚至对指数方法的科学性都有所怀疑。因此，我们应当认真地整合财务分析与统计指数的理论与方法的阐述，让读者明白指数编制的基本思想，明白为什么要编制指数、如何选择指数公式以及如何发展与完善指数的理论与方法。

第三章

财务指数编制：基础指数公式推演

如果将一个综合财务指数比喻为一棵大树，其哲学基础就如同大树的树根，是综合财务指数大树成长的底蕴。在树根与树干之间的主干，起着承上启下、承根启叶的作用。主干使根底的力量得以延伸到枝叶，又对枝叶提出了整体性要求，使得枝叶保持着必要的条理，不至于散乱。前面从财务会计原理、经济统计原理的角度来分析指数，就好像将我们带入指数的哲学领域，那么，如何构建财务指数体系呢？前一章的统计指数原理给了我们什么启示？我们的财会数据现实与综合指数理想之间怎么对话呢？

理想只是告诉你要去哪里，怎么去是你自己的事儿。所以简单一点也可以这样讲：现实是“术”的问题，但我们讲的理想是“道”的问题。去哪儿，为什么要去那儿，这是理想回答的问题；怎么去，什么时间去，怎么到达，这是我们要解决的问题。其实，指标与指数之间的关系也是这样的问题，需要经常性地接触、碰撞与沟通。第二章，我们介绍了指数编制的基础知识体系，与其说是基于财务视角的应用知识，倒不如说是从指数本身的知识体系来系统阐述的。本章将在此基础上，完全基于财务态势的应用分析角度，进一步论证财务指数可能涉及的相关知识。

本章将侧重关注一个企业内部各种财务指数的公式选择与集成问题。即通过第一节、第二节先推算与阐述什么样的表达算式对财务指标转换为财务指数是合理的？再通过第三节分析在企业多种财务个体指数出来之后，如何集成为一个综合财务指数。

综合财务指数是计算和测试企业核心运行——财务态势变化的技术标尺方法。这种方法尽管鲜见陈述，但是基本理论并不少见。毫无疑问，从经济学与管理学角度看，如果计算过程中使用的参数数据的精确度不够理想时，很难建立一个精确的数学模型，但是，笔者并不认为此点成为我们推迟研究的理由。因为，任何一门学科的分支不可能齐头并进，总是呈现出参差不齐的态势，当然，我们也绝对不能等待万事具备才开始行动，否则，管理的进步便无从谈起了。本章拟简单构筑一个综合财务指数的基本框架，之后，专门从基础性财务指标如何转换和集成分级指数进行详细的论述。

第一节 财务指数的整体框架设计

正如我们一再强调的，财务指数绝非某一个企业的个体指标，那么众多指标如何精挑细选？群体指标之间的集成是否需要加权处理？基层指数还需要在更大平台上实现集成处理。总体框架的设计必须受到重视。

一、指数概念的进一步梳理

我们在前面曾经通过名义工资和实际工资的对比，说明了只有通过实际工资才能真真切切地揭示职工收入水平的提升或停滞。这就需要扣除物价变动的因素影响。“相同价格”在这当中发挥了同度量作用，使得分析有了可以借鉴与评价的依据。同样道理，在产业统计与经济分析中，工业（或商业）发展速度是工业产品产量（商业销售）的综合发展速度。每种产品（商品）各有不同的特点、不同的使用价值和计量单位，不能直接进行综合计算，各种产品（商品）的价值量就是通过以价格资料作为同度量单位，将各种产品产量（商品销量）综合计算为工业增加收入值或商业销售额，用以计算成本工业发展速度或商业发展速度的指标。也就是说，工业产品产量（或商业销售量）是计算行业发展速度的基础。每种产品（商品）在不同时期都有各自的发展速度，称为个体指数。各种产品（商品）的发展速度均以百分比表示，这时计算单位已经取得一致。问题是如何将它们综合为工业（或商业）综合发展速度。各种产品（商品）在行业经济发展中的地位和作用各不相同。因此，采取权数的方法，每种产品（商品）计算出一个与其地位和作用相适应的权数，然后，将各种产品（商品）的发展速度计算为加权算术平均数，求得各种产品（商品）的综合发展速度。而且，随着时间的不同，其地位和作用会发生变化的，不同时期计算发展速度使用该时期的权数，以便于其地位和权数与当时的产品（商品）结构相适应。计算销售指数权数的基础是产品（商品）的销售量，使用的同度量单位是单位产品价格，其总量指标的性质与产品销售收入相对应。依据各种产品（商品）销售量的个体指数加权平均计算产品（商品）销售指数。

二、财务指数的整体化框架

每一个企业都是市场经济大海中的一个分子。尽管针对每一个企业，由于其具体情况的差异，财务分析目的不同、对象不同、标准不同，但是，作为市场主体的共性也决定了财务分析应该关注某些共同点。这些共同的关注点就是一个企业的盈利能力是提高了？还是降低了？偿债实力是增强了？还是削弱了？营运活力是充沛并流动着？还是沉睡并僵硬着？发展潜力是强化进步了？还是后劲萎缩了？简而言之，评价过去的经营业绩得失，衡量当前财务状况并预计未来的发展前景。

人体是一个复杂的生物化学系统，许多器官的正常运行与有机配合组成了一个生命的正常运转。企业法人也是如此。作为企业这样一个承载特殊使命的法人主体，其健康运行与发展变化的态势可以通过相关财务指标来具体传达，二者之间并不是一一对应，而是交叉、相融、匹配、相关的。

（一）“五个力度”的财务测度导向

为考核企业主体在市场经济中的创值与获利性、回报率、持续性、流畅性、扩展性，我们需要分析其内在的生命态势。围绕企业财务的“五个力度”，我们需要对以下几个方面进行关注：

关于主体获利能力。企业使命在于维护和增进出资者的利益，追求增值就责无旁贷地需要放在首要的位置。增值或称之为盈利，需要采取一定的实战技术、技能和技巧，通过业务精通、专业过硬的市场营销与内部管理，保证有经营效益、有现金流量，不留后患。现实经济中的所有工作，经常会限制和约束对经济效益的追求，因此，在各种利益错综复杂、各种关系纵横交错的环境下，企业财务职能的有效发挥离不开对利润的追求与对亏损的压缩。

关于企业回报效力。创造价值是企业的天然职能。企业的使命首先在于维护和增进投资人的利益，不仅如此，对于债权人、公司员工甚至地方政府而言，能不能通过企业的生产经营活动产生相应效益并回报给这些群体，都是相关各方时刻关心的问题。具体而言，投资者能不能获得合适的投资收益？债权人能不能按时获取贷款本息？员工能不能正常地获取薪金报酬？地方政府能不能获得税收甚至社区利益？这些都是衡量一个企业生产经营是否成功的重要标杆。毫无疑问，企业的生产经营活动需要给相关利益者合理的经济回报，这也是企业法人感恩的表现。

关于周转持续力。企业对增值的追求，经常是会借助于外部债权人的资本，但是，这种债务资本的使用常常是需要定期、定额地还本付息的。只有能够自如地按期偿还到期限的本息，才能形成与外部银行的良好合作关系，才能维持长期、稳定的营运资本，才能始终保持对经营活动的管理与控制水平，从而实现企业投资者和相关利益者的和谐进步。长期保持正常的周转与循环活动，持续取得银行的还旧借新，满足逐步扩大的资本需求，显然是确保周转持续性的要求。

关于经营流畅力。企业的活动包括投资、筹资和经营，而从经营这一基本的主流活动来看，研发、生产、销售、结算、回款，一个完整的经营链条是需要诸多环节的有效匹配而成功推进的，都是一个时间上继起、空间上并存的周转活动。某种意义上看，经营是一项技术，更是一门艺术。正常运营活动的流畅与否，直接关系到企业经营活动，关系到盈利目标、资金周转、生产经营，甚至关系到员工劳动与福利。

关于未来扩展力。作为与市场竞争相伴而行的企业主体，不论是否愿意，都将参与和投身于市场竞争活动中。生存与发展始终是企业面临的两大命题。不仅限于今天的经营份额、盈利目标，而且还要考虑到未来的可扩展性。"不打无准备之仗"。考量一个企业的可持续发展能力，就是培育企业的未来市场扩展能力，这是一种纵向的观察与预测。

综上所述，"盈利性"、"回报性"、"持续性"、"流畅性"、"扩展性"是任何一个企业生命永恒的追求。现今的中国市场，是一个开放、竞争的市场环境，在目前和未来的商业时代，企业财务应该实现管理理念与策略的转型升级，而作为高端理财人士，必须要有"顶天立地"的思路，基于基层一线、立足于高端决策，实现财务研究的第二次转型，不仅需要具备扎实的经济学、财务学等规范理论的功底，还需要熟练运用上述理论对中国特定制度背景下的问题进行细致的分析，进而提出具有国际影响力的研究问题，产生具有国际影响力的财务实证研究成果。

（二）"三个层次"的财务指数框架

根据上述分析，我们对综合财务指数，下设了五个分类指数，即"盈利能力指数"、"回报效力指数"、"偿债实力指数"、"营运能力指数"、"发展潜力指数"，而对每一项二级指数，也分别选择了四个三级财务指数。需要说明的是，在三层框架中，作为最基础的三级财务指数，一般都对应着相应的财务指标，应该在传统财务管理知识下，测度相应财务管理指标的具体数据，再由此转换成相应的三级财务指数，这些基础财务指数的编制将是本章以下内容阐述的重点。而对如何根据三级财务指数集成为二级财务指数，根据二级财务指数如何集成为一级财务指数即综合财务指数，则将在下一章具体阐述。现将整个财务指数之框架结构绘制如图3-1所示。

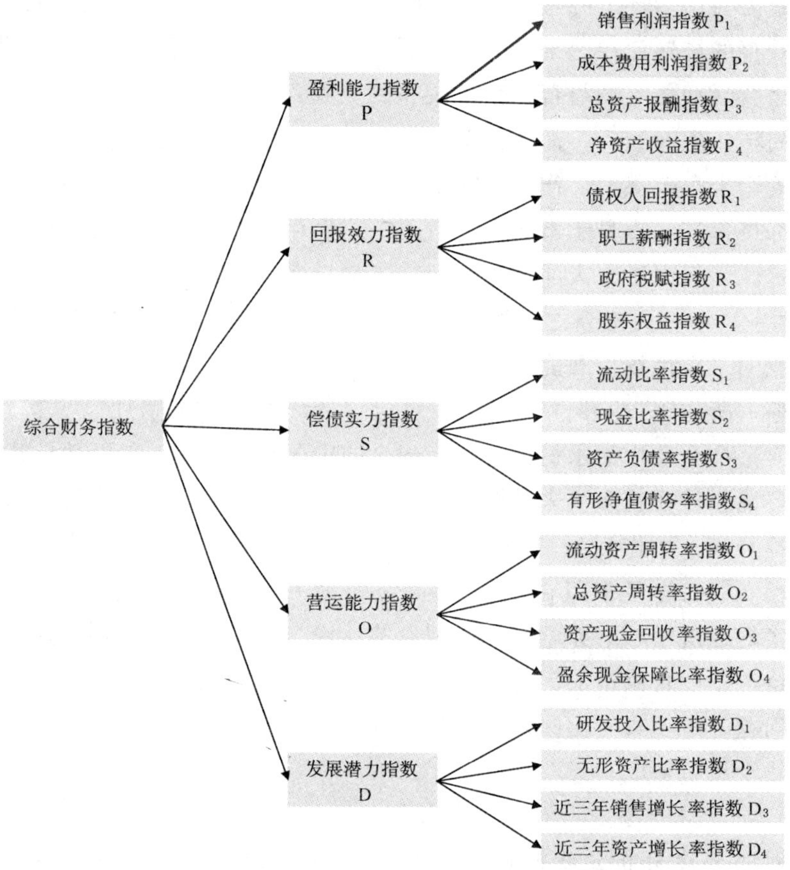

图3-1 综合财务指数整体框架图

实际工作中，财务指数反映企业经营的快慢及其幅度，反映企业所在经济结构变动的情况，用于调整结构、分析规律性研究等。为了便于综合财务指数在实际工作中应用，一般将其组成动态数列，或称之为时间数列，也就是定基指数的形式。有了多个时期（年度或季度）的定基综合财务指数动态平衡变化，就可以计算环比指数，改变为任意时期的定基指数。定基指数动态数列是生产指数的最基本形式，使用任何计算工业基础发展速度的方法都需要能够计算出定基指数动态数列。

第二节 基础财务指数的理论公式推演

在动态化的市场环境中，能够富有成效地管理好资产与负债并切实创造价值，这是财会数据的潜在能量所在，也是财务管理的最高追求。如何体现这种动态市场环境中的企业创造价值诉求，则是财务指数的生命力所在。任何一个企业的决策，都需要厘清所要决策的问题、明确原则与标准、确定相应的备选方案、建立决策模型、采集数据，最后作出必要的决策。即使在现今管理层依然钟情的定性分析中，也需要通过定量分析的方法，为所有定性化因素制定一个“谱”，以便最高管理当局在定量化和定性化考虑之间进行权衡。而指数化的财务指标则就是提供一个简捷、集中的标杆。

这里，我们需要用一些篇幅讨论这种纯理论问题，从而使我们深入了解财务指数的相关理论，拓宽思路，有利于逐步完善和改进财务指数的理论，改进计算盈利指数的方法，探索计算发展速度的新途径。

财务指数的计算公式与综合财务指数的计算结果关系密切。可以说，综合财务指数的计算公式有许多种，甚至存在着众多的指数派别，这是因为，围绕编制综合财务指数，也存在着多个理论基础，就好像一棵大树，必然有树根（统计学原理、现代平价理论、会计核算、财务管理）、有树干（财务分析指标、统计指数编制），也有树枝（各个派别的指数系列），并且务求一个树干粗壮、树根扎实和树叶繁茂的情形。请参考图 3－2。

当然，树枝是经常飘扬在人们眼里的“风景线”，这种既有的指数科

图 3－2 财会类指数研发行情图

研成果已经形成多个系列，如中国人民大学王化成教授主持研究开发的会计指数系列，主要是利用会计财会数据编制一整套指数体系，由三分指数构成：会计宏观价值指数（Accounting Macro－Value，AMV）用来反映企业经营对宏观经济的综合贡献，进而反映国家宏观经济运行状况；会计综合评价指数（Accounting Comprehensive Valuation，ACV），用来综合评价企业整体及行业在特定会计期间内的经营成果和财务状况；会计投资价值指数（Accounting Investment Value，AIV），用来反映企业长期投资价值。这一指数系列能够分门别类地从宏观、中观和微观层面来提供相应的分析视角；而本专著探讨的方法体系则是为建立图中主体部分的指数系列，即由盈利能力指数、回报效力指数、偿债实力指数、营运能力指数、发展潜力指数构成的综合财务指数。这一指数体系力求以企业运行为视角测度企业群体的真正态势；除此之外，西南财经大学研究开发的上市公司会计指数、北京工商大学研究开发的上市公司会计投资者保护指数等系列性指数，则更加专注于中国上市公司的特定企业群体。

而树枝能不能繁茂，并达到“满园春色关不住，一枝红杏出墙来”的境界，与其树根的扎实厚泽、树干的密实粗壮直接相关。通常，实际工作中，经常需要从多种计算公式中选择一种公式作为实务计算的常用公式。那么，选择计算的指数应该遵循哪些公认标准，以确保公式的科学性与计算的合理性呢？笔者认为，一个合适的指数计算公式，应该着重考虑以下要素：一要在现实条件下能够实际采集而来的财会数据资源下，通过该公式计算得出的结论能够准确地反映交易或事项发展的实际情况；二要在通常的技术条件与环境下，这一公式被采用的可操作性强，能够满足涉及领域多、使用数据多、计算频率比较高、时效性相对比较强的指数编制特点；三要满足用户需求，即符合广大专业分析人士和一般公众了解相关经济活动起起落落的现实需要，让有兴趣的一般受众在专门了解的基础上能够理解其运作原理。简单地总结这三点，就是数据来源可靠、指数编制可靠、用户使用可靠。这应该成为我们的基本出发点。

现对常见的财务指数计算公式作些介绍，对其性质、作用以及优点与不足进行相应的讨论。为叙述方便起见，将主要以财务综合指数中的二级指数（盈利能力）下的具体三级指数（如销售利润率指数）为范例来具体说明。

一、理论公式的对比与遴选

基于第二章所述同度量因素的客观效用，综合指数便诞生并派生出两种基本公式，以销售利润率指数为例，由于同度量因素选择的差异，导致两种综合公式同时存在：

一种是基期销售利润率指数，称为 L 氏公式。这种基期销售利润率指数表达式如下：

$$Q_{1/0}^{La} = \frac{\sum Q_1 P_0}{\sum Q_0 P_0}$$

另一种是报告期销售利润率指数，称为 P 氏公式。这种报告期销售利润率指数表达式如下：

$$Q_{1/0}^{pa} = \frac{\sum Q_1 P_1}{\sum Q_0 P_1}$$

在上述公式中，各种符号表示的内容分别为：

$Q_{1/0}$、$Q_{1/0}^{La}$表示报告期和基期相比的销售利润率指数，右上标表示 L 式公式，其他公式用不同字母表示：即：Q_0、Q_1 分别表示基期主营业务收入和报告期主营业务收入；P_0、P_1 则分别表示基期和报告期的销售利润率。

两种公式都使用销售利润率作为同度量单位，其差别只是所选用销售利润率（类似于单价要素）的会计期间（时间属性）不同。如果基期与报告期的销售利润率没有变化或者销售利润率等比例地上涨或下降，两个公式的计算结果完全相同，当然，现实中这种情况是不可能出现的。而经常发生的情况是，商品销售利润率受多种因素的影响，经常处于变动之中。从经济发展的长期趋势看，由于参与者日益众多，生产经营量增大，生产技术不断改进，生产成本不断降低等众多因素的影响，产品或产业的销售利润率会渐渐地出现降低的势头。这就造成发展快的商品报告期销售利润率有可能相对低于基期的销售利润率。当这种情况出现时，P 氏指数就会低于L氏指数，这是一种基于相同质量因素变化趋势的直观特征。如果条件相反，则是另一种情况。

正是因为前两种公式的计算结果有差异，于是有人就提出了折中的方法①。比较知名的两种分别是：

费雪公式：

$$Q_{1/0}^{F} = \sqrt{Q_{1/0}^{La} \times Q_{1/0}^{Pa}} = \sqrt{\frac{\sum Q_1P_0}{\sum Q_0P_0} \times \frac{\sum Q_1P_1}{\sum Q_0P_1}}$$

这可以归纳为第三种综合指数公式。

马氏公式或马埃公式：

$$Q_{1/0}^{ME} = \frac{\sum(Q_1P_0 + Q_1P_1)}{\sum(Q_0P_0 + Q_0P_1)} = \frac{\sum Q_1(P_0 + P_1)}{\sum Q_0(P_0 + P_1)}$$

这也可以说是第四种综合指数公式。

在实际工作中，要测度实现利润指标的发展变化态势，还可以使用标杆性利润率（或称固定销售利润率）的综合公式，也就是在不变销售利润率条件下的利润额计算公式。这可以算作是第五种综合指数公式，其表达公式如下：

$$Q_{1/0}^{G} = \frac{\sum Q_1P_n}{\sum Q_0P_n}$$

P_n 表示某会计时期的不变销售利润率。

总之，以上五种表达式都可以称为计算盈利指数的综合指数公式，五种公式都符合盈利指数的基本原理。其共同点是报告期与基期的主营业务收入都使用同一种销售利润率作为同度量单位计算利润量，使得报告期与基期的利润量变化中只反映出主营业务收入的变动，不包含销售利润率变动因素。

---

① 其中，费雪（Irving Fisher）提出对L氏和P氏用几何平均数方法计算其平均值，称为费雪公式，也称为理想公式。而马歇尔（Marshall）和埃奇沃斯（Edgeworth）两人提出使用算术平均的方法计算平均值，简称为马氏公式或马埃公式。

二、理论公式的对接

具体分析上述五种公式的变量关系，各个综合指数公式的不同点集中表现为所使用企业财会数据时点属性的不同。不同时点的企业财务指标存在销售利润率结构的差异，这种差异给盈利指数计算结果带来了一系列的差别。为了能够具体地观察到这种差别，我们可以设置一组变动较大的数据资料，分别用不同时间的财会数据计算价值量指标，作为按各种公式计算不同时间发展速度的基础，如表 3－1 所示。

表 3－1　　　　销售盈利指数计算资料表

项　　目	基期		第二年		第三年	
	销售额	销售利润率	销售额	销售利润率	销售额	销售利润率
农发置业	98123	13.50	101506	14.30	132911	14.71
光华制造	235010	12.01	32891	13.20	45998	13.01
机电设备	43567	9.88	56001	10.20	765540	9.22
大兴房产	129211	16.87	132440	15.43	165443	13.45
按当年销售利润率计算	4217139.04		4500456.40		5484591.02	
按基期年销售利润率计算	4217139.04		4552904.59		5894111.41	
按第二年销售利润率计算	4151481.23		4500456.4		5841437.19	
按第三年销售利润率计算	3888713.03		4218712.39		5484591.02	

根据表 3－1 中的销售额与销售利润率资料，以第一年为基期，按照前面分别阐述的五种计算指数的综合公式，分别计算第二年比第一年，第三年比第二年的环比指数，以及以第一年为基期第三年的定基指数，比较它们之间的差别。同时，实际工作中，经常还会出现一些为指导和进行宏观管理而推荐的经验数据，如行业平均利润率标杆、特定年度利润率标杆等参考性指标，假定本例中的固定年度利润率指标分别为：农发置业 14%、光华制造 12%、机电设备 10%、大兴房产 18%。根据上述资料，

进一步比对计算的综合指数结果如表 3－2 所示。

表 3－2　　　　各种公式计算结果的比较

项目	第一年（基期年）	可比指数		定基指数
		第二年比第一年	第三年比第二年	第三年比第一年
L 氏公式	100	1.0803	1.2881	1.3911
P 氏公式	100	1.0816	1.2917	1.3970
费雪公式	100	1.0809	1.2899	1.3941
马氏公式	100	1.0809	1.2898	1.3939
固定利润率公式	100	1.0781	1.2869	1.3874

注：以下各表均用多位小数计算求得，如用表列数计算尾数略有出入。各表同此不另注。

由于设置的资料各年产销量和销售利润率的变动都比较大，因而计算出来的指数也有明显差异，除 L 氏公式与固定销售利润率公式第二年比第一年的环比指数和第三年比第一年的定基指数以外，其他指数各不相同。表中的产销数量资料和企业财会数据完全相同，只因计算时使用不同时间的企业财会数据，由于不同时间企业财会数据的结构不同而造成指数的差异。正是这个原因，不变销售利润率的销售额计算发展速度采用固定在一个时间点的企业财会数据，就可以避免销售利润率结构变化对指数的影响。

三、理论公式的检验

市场经济环境下，企业生存与发展所依附的竞争性与开放性是同时并存的，准确而及时的信息优势成为企业在市场上竞争制胜的重要法宝，会计与统计是企业获得经济信息的两大渠道，二者缺一不可，其中，会计凭借价值形态，统计通过实物概括出价值运动。正是在这样一个复杂系统中，会计统计系统基本上各自独立，自成一家，信息不能共享。不过，会计与统计整合的必要性也随着经济发展阶段的升高、管理水平的提升，渐渐地表现出彼此之间的互动与共进。因为，会计学与统计学在方法与理论上的整合主要源于二者之间的同根同源。随着人类认知能力的提高而带动科学的发展和社会分工，这些分支又会产生更多的分支，以致如今的诸多学科就像一棵参天大树，枝枝叶叶之间看似独立，却有着一脉相承的联系。不论是统计，或者是会计，我们都会看到对方专业方法的影子。这样，我们应该在前述会计与统计融合的基础上，应用统计的专业理论方法进一步阐述与分析。

本源是一切的源泉，天地万物都有本源，与会计、统计息息相关的指数也不例外①。从指数的基本原理看，尽管与会计各有千秋，但并不是水火不容。上述 L 氏公式、P 氏公式、费雪公式、马氏公式和固定利润率公式等五种指数综合公式都符合相关的原理设计，我们是难以直接区分其优劣的。不过，理论界对指数的探索始终没有停止。各种指数的特征总是有所差异的。费雪提出了基期与报告期权数兼用的指数公式，同时也提出了指数综合公式“恰当性检验”的方法。他认为 L 氏公式和 P 氏公式都不能通过恰当性检验，只有费雪指数公式能够完全通过恰当性检验，因此将公式称为“理想公式”。

一个指数能不能准确无误地反映出企业财务某一种特性的前后变化特征，每个人都可能存在着不同的观点，学者们的争论也一直没有停止过。指数专家们从一开始便尝试着提出有待自圆其说的检验方式来进一步取信于大众。费雪提出的恰当性检验是以指数的综合公式为研究对象的，恰当

---

① 历史源远流长，早在原始社会，就有了结绳记事、刻石计数的人类活动，其实这便是一种简单的统计方法，《统计大辞典》中这样写道：“关于结绳记事的方法，郑玄在《周易正义》中的注解说：‘为约，事大，大结其绳；事小，小结其绳。结之多少，随物众寡’。这就说明，当时已经产生了简单的分组（大事，小事）与简单的分组总量指标（大事件数，小事件数），成为我国统计的萌芽。”很多人亦把这一现象作为会计的起源。当人类有了剩余生产物并需要对其进行记录、计算和反映时，会计便出现萌芽。会计的产生除了生产力发展到一定阶段这个先决条件外，另一重要条件就是有了记录、计算和反映的方法，这记录、计算和反映的方法便是原始的统计方法。有了原始的一系列的统计方法，又在社会生产力发展的先决条件下，会计才得以产生发展。所以说会计源于统计，会计的本质是统计。会计从统计中分离出来后，随着时间的推移，慢慢地有了自己的一套理论和方法。与此同时，统计也在逐渐地发展与进步，两者在不同的道路上不断发展壮大，形成了如今两门相对独立的学科。

性检验是根据单个指标的特性提出的，用来检验按照指数公式计算的指数是否也具有这种特性。包括三种检验内容，前两种是费雪提出的：一是“时间互换检验”，二是“因子互换检验”，第三种是后来提出的“循环检验”。可以这样说，能否通过检验说明该公式是否具备某种特性。对于财务指数公式而言，能不能顺利通过“时间互换检验”和“因子互换检验”，在实际工作中的作用不是很大，而能不能顺利通过“循环检验”，却拥有相对重要的作用。让我们对恰当性检验的内容及其意义作一些剖析。

（一）时间互换检验

对于单个项目来说，报告期比基期的指数乘以基期比报告期的指数，其结果等于“1”。

例如，根据公开信息披露，2010 年中国铝业股份有限公司主营业务收入为 1209.95 亿元，1996 年为 702.68 亿元，据此，我们可以分析：

报告期比基期的指数为 172.19%，即（1209.95 ÷ 702.68 = 172.19%）；

基期比报告期的指数为 94.19%，即（702.68 ÷ 1209.95 = 58.07%）。

两个指数的乘积等于 100%，即（172.19% × 58.07% = 100%）。

这种基本的数学关系，对于财务读者来说都非常熟悉，并没有什么陌生的地方，对于单个商品、单个企业来说不成为问题，因为它相当直观、简洁。不过，事情往往在转眼间变得错综复杂起来。我们面对的新问题则是，对于多种商品综合计算的盈利指数、或者多个企业综合计算的财务指数来说，是不是依然具备这种特性？各种公式的表现又是怎样的情况呢？这是需要认真思考的问题。还是让我们通过表 3 - 1 来说明在企业相关财会数据下，按照基期销售利润率公式、报告期销售利润率公式、费雪公式、马埃公式、固定销售利润率公式等五种综合公式，分别计算报告期比基期和基期比报告期的指数，并且计算两个指数相乘的积，观察它们是否能够通过时间互换检验。如表 3 - 3 所示。

表 3-3 盈利指数的恰当性检验

（时间互换检验） 单位：%

项目	报告期比基期	基期比报告期	指数的乘积
L 氏公式	110.768	90.222	99.937
P 氏公式	110.837	90.279	100.063
费雪公式	110.802	90.251	100.000
马氏公式	110.803	90.251	100.000
固定利润率公式	110.768	90.279	100.000

从表 3-3 中可以看出，报告期比基期的指数与基期比报告期的指数之乘积，费雪公式、马氏公式和固定销售利润率公式均等于 100%。说明这三种公式能够通过时间互换检验。L 氏公式和帕氏公式均不等于 100%。说明两种公式不能通过时间互换检验。实际上影响时间互换检验的因素是销售利润率结构的变化。

（二）因子互换检验

因子互换检验也是由单个商品、单个企业的特性引申出来的，单个商品、单个企业报告期比基期，销售额之比乘以销售利润率之比等于价值量之比。以 L 氏公式为例，可用下面的公式表示这种关系。

$$\frac{Q_1}{Q_0} \times \frac{P_1}{P_0} = \frac{Q_1P_1}{Q_0P_0} = \frac{V_1}{V_0}$$

V_1，V_0 表示报告期与基期的价值量即商品销售额与销售利润率的乘积。

我们使用表 3-1 中甲商品为例计算如下：

$$\frac{1923}{1886} \times \frac{45.2}{43.4} = \frac{1923 \times 45.2}{1886 \times 43.4} = \frac{86919.6}{81852.4} = 1.0619$$

上述五种计算指数的综合公式按照其基本原理，既可以计算商品销售收入指数，又可以计算销售利润率指数。因子互换检验的要求是：该种公式报告期比基期的商品销售收入指数与销售利润率指数的乘积等于利润指数。总利润指数可用以下公式表示：

$$V_{1/0}=\frac{\sum Q_1P_1}{\sum Q_0P_0}$$

下面列出各种公式的商品销售收入指数和销售利润率指数的公式，从公式的推导过程观察其乘积是否与利润指数相等。

其一，L 氏的商品销售收入指数与销售利润率指数公式分别为：

$$Q_{1/0}^{La}=\frac{\sum Q_1P_0}{\sum Q_0P_0} \text{ 和 } P_{1/0}^{La}=\frac{\sum P_1Q_0}{\sum P_0O_0} \text{ 其乘积不等于 } V_{1/0}=\frac{\sum Q_1P_1}{\sum Q_0P_0}$$

其二，P 氏的商品销售收入指数与销售利润率指数公式分别为：

$$Q_{1/0}^{pa}=\frac{\sum Q_1P_1}{\sum Q_0P_1} \text{ 和 } P_{1/0}^{Pa}=\frac{\sum P_1Q_1}{\sum P_0O_1} \text{ 其乘积不等于 } V_{1/0}=\frac{\sum Q_1P_1}{\sum Q_0P_0}$$

其三，费雪的指数公式建立在 L 氏和帕氏公式的基础上，分别为：

$$Q_{1/0}^{F}=\sqrt{\frac{\sum Q_1P_0}{\sum Q_0P_0}\times\frac{\sum Q_1P_1}{\sum Q_0P_1}} \text{ 和 } P_{1/0}^{F}=\sqrt{\frac{\sum P_1Q_0}{\sum P_0Q_0}\times\frac{\sum P_1Q_1}{\sum P_0Q_1}}$$

其乘积可以等于：$V_{1/0}=\frac{\sum Q_1P_1}{\sum Q_0P_0}$

其四，马氏和埃氏的销售商品销售收入指数与销售利润率指数公式分别为：

$$Q_{1/0}^{ME}=\frac{\sum Q_1(P_0+P_1)}{\sum Q_0(P_0+P_1)} \text{ 和 } P_{1/0}^{ME}=\frac{\sum P_1(Q_0+Q_1)}{\sum P_0(Q_0+Q_1)}$$

虽然兼用报告期和基期的企业财会数据，但其乘积也不能等于 $V_{1/0}=\frac{\sum Q_1P_1}{\sum Q_0P_0}$

其五，固定销售利润率的指数综合公式是将销售利润率固定在基期，实际工作中需要使用销售利润率指数时，一般采用利润指数除以销售商品收入指数计算求得。这种计算求得的销售利润率指数，恰是用报告期主营业务收入计算的销售利润率指数，因此固定销售利润率计算的销售商品销售收入指数与其配套的销售利润率指数应当是用报告期主营业务收入加权计算的销售利润率指数。我们可以按照固定销售利润率指数与基期比较的公式进行推导。其商品销售收入指数与销售利润率指数公式分别为：

$$Q_{1/0}^{G}=\frac{\sum Q_1P_0}{\sum Q_0P_0}\text{和 }P_{1/0}^{G}=\frac{\sum Q_1P_1}{\sum Q_1P_0}$$

固定基期销售利润率计算的商品销售收入指数与固定报告期主营业务收入计算的销售利润率指数的乘积，完全等于总利润指数：

$$V_{1/0}=\frac{\sum Q_1P_1}{\sum Q_0P_0}$$

总之，从以上各种公式的推导中，可以引出一个有意义的发现，L 氏公式和 P 氏公式虽然未能通过因子互换检验，L 氏盈利指数与 P 氏销售利润率指数的乘积等于利润指数；P 氏盈利指数与 L 氏销售利润率指数的乘积等于利润指数。这个关系给我们研究经济现象带来方便。这两种关系可用以下公式表示：

$$\frac{\sum Q_1P_0}{\sum Q_0P_0}\times\frac{\sum Q_1P_1}{\sum Q_1P_0}=\frac{\sum Q_1P_1}{\sum Q_0P_0}$$

$$\frac{\sum Q_1P_1}{\sum Q_0P_1}\times\frac{\sum Q_0P_1}{\sum Q_0P_0}=\frac{\sum Q_1P_1}{\sum Q_0P_0}$$

对于因子互换检验的计算情况，仍然使用表 3－1 中的资料按照五种公式的要求，分别计算商品销售收入指数和销售利润率指数，再将两者相乘求得其乘积，此外还计算了 L 氏盈利指数与 P 氏销售利润率指数的乘积，P 氏盈利指数与 L 氏销售利润率指数的乘积。各种乘积与总利润指数进行比较，其差额为“0”的，说明能够通过因子互换检验，否则就不能通过因子互换检验。如表 3－4 所示：

表 3-4　　盈利指数的恰当性检验

（因子互换检验）　　单位:%

项目	商品销售收入指数	销售利润率指数	指数乘积	销售总利润指数	差额
	1	2	3 = 1 × 2	4	5 = 3 - 4
L 氏公式	110.768	101.131	112.021	112.091	-0.071
P 氏公式	110.837	101.185	112.162	112.091	0.071
费雪公式	110.802	101.163	112.091	112.091	0.000
马氏公式	110.803	101.165	112.093	112.091	0.002
固定利润率公式	110.768	101.195	112.091	112.091	0.000
拉（生）×帕（价）			112.091	112.091	0.000
帕（生）×拉（价）			112.091	112.091	0.000

从表 3-4 中可以看出，只有费雪公式和固定销售利润率公式能够通过因子互换检验。马埃公式虽然属于报告期和基期企业财会数据兼用的公式，但也不能通过因子互换检验。L 氏和 P 氏公式虽然不能通过检验，但是 L 氏商品销售收入指数乘以 P 氏销售利润率指数等于利润指数，P 氏商品销售收入指数乘以 L 氏销售利润率指数等于利润指数。它们又符合因子互换检验的要求，而且在实际工作中有作用。

费雪认为各种公式中只有费雪公式能够通过以上两种检验，因而称为理想公式，是最优秀的指数公式选择。事实上指数公式能否通过上述两种检验，在实际工作中的意义并不是很大。

（三）循环检验

和统计学的定期发展速度与环比发展速度之间所内在的逻辑关系相类似，一个指数在定期与环比系列之间也存在着一定的关系。利用定基指数与环比指数的换算关系来检验财务指数的合理性，就是一种循环检验。这种特性在实际工作中有着重要作用。

具体而言，环比指数相乘等于定基指数；相邻时期的定基指数相除等于环比指数；相应时期的定基指数相除即可改变指数基期。特别是在月度指数的使用中往往需要将本月生产情况与上年同月比较，与上月比较，与上年或本年最高月比较等等。如果每一种比较都要重新调用主营业务收入、销售利润率、然后再进行比较计算，不仅浪费大量精力和时间，而且一旦资料调用不当还会发生差错，实在不是明智之举。循环检验就是验证各种指数的综合公式是否具备这种特性的方法。循环检验是按照各种公式计算第二年比第一年的指数，第三年比第二年的指数，然后将这两个指数的乘积与第三年比第一年的指数比较，如果两者相等说明通过了循环检验，如果不相等说明该公式不具备上述特性。我们仍使用表 3 - 1 中的资料，按照五种公式计算循环检验的情况。如表 3 - 5 所示。

表 3 - 5　　　　盈利指数的恰当性检验　　　　单位:%

项　目	第二年比第一年	第三年比第二年	第三年比第一年		差额
	1	2	3	4 = 1 × 2	5 = 3 - 4
L 氏公式	110.768	113.666	126.020	125.905	0.115
P 氏公式	110.837	113.783	124.120	126.114	-1.994
费雪公式	110.802	113.725	125.066	126.010	-0.943
马氏公式	110.803	113.733	124.920	126.019	-1.100
固定销售利润率公式	110.768	113.770	126.020	126.020	0.000

从表 3 - 5 中可以看出，只有固定销售利润率公式能够通过循环检验，其余四种公式均不能通过。正是因为这个原因，不变销售利润率总产值计算发展速度采用了固定销售利润率综合公式，使用起来比较方便。其他公式虽不能通过检验，但是还可以采取一定措施使其具备上述的特性，即定基指数采用环比指数相乘的办法计算。

以上理论性的分析似乎没有结合实际工作，但是我们可以从中了解到指数综合公式的基本原理及其特性，就是计算不同时期盈利指数必须使用同一时期的企业财会数据加权；计算销售利润率指数必须使用同一时期的商品销售收入指标加权。通过各种公式在恰当性检验中的表现情况，了解了各种公式的特性。但是不能依据是否能通过这三种检验而评价指数公式的优劣，也不能作为选择应用公式的重要依据。选择盈利指数实际应用的公式还要考虑其他一些条件，这将在下面盈利指数公式的选择中进行讨论。

基于统计指数理论存在的问题，以费雪代表的指数测验理论被提出来，并先后提出了各种各样的指数测验方法。我国能见到的有时间互换检验、因素互换测验和循环测验，并统称之为“三大测验”。然而这“三大测验”木身并不是统一体，因为循环测验与时间互换测验以及因素互换测验是相互矛盾的，即使是费雪的“理想公式”，也只能满足其中两个测验，而不能同时满足“三大测验”。综上所述，无论哪一种指数理论，都不可避免地存在这样或那样的问题，其根本原因就在于迄今为止，还没有任何一种宏观经济理论能对商品价格变动和商品数量变动及它们之间的关系作出圆满的解释。既然我们对商品价格的运动规律没有很好的认识，那么，指数理论的研究不可避免地带有很多假说成分，而这些假说成分只有在经济实践中才能加以验证。所以，出现一些理论与实践相背离、指数理论与经济理论相背离的地方也就在所难免。

第三节

基础财务指数之加权平均数

其实，实际工作中计算财务指数使用最多的并不是综合指数公式，而是加权算术平均数公式。财务指数的计算，首先将不同时期的同类财务指标对比计算为个体指数，这时各种指标值均以百分比表示，度量单位相同，然后再加权计算类指数和总指数，这就是加权算术平均数的公式。这类公式是我们现在讨论的重点，也是世界各国在实际工作中经常采用的指数公式。

加权算术平均数指数公式与指数的综合公式有着密切关系，有一种说法认为，加权算术平均数公式是指数综合公式的变形，这种说法有一定道理，有的公式也可以进行数学推导。但是财务指数的加权算术平均数公式与指数综合公式在使用中表现的特性则不完全相同，所以应当认为是既有联系又有区别的两类盈利指数公式。

一、加权算术平均数公式的类别

基本框架的变形，常常产生许多新的应用。各种加权算术平均数公式的主要区别是使用的“权数”不同。它们与综合指数公式一样大致也分为四类：第一，基期权数为标杆的算术平均数指数化公式，第二，报告期权数为标杆的算术平均数指数化公式，第三，基期与报告期权数兼用为标杆的算术平均数指数化公式，第四，固定权数为标杆的算术平均数指数化公式。现分别说明如下：

（一）基期权数为标杆的算术平均数指数化公式

基期权数为标杆的算术平均数指数化公式，简称为基期权数公式，从基期要素看，显然会符合 L 氏公式。一般用以下公式表示：

$$Q_{1/0}^{La}=\frac{\sum\frac{Q_1}{Q_0}W_0}{\sum W_0}\text{或}Q_{1/0}^{La}=\frac{\sum\frac{Q_1}{Q_0}Q_0P_0}{\sum Q_0P_0}$$

W_0、W_1 分别表示基期权数和报告期权数。在这种基期权数为标杆的指数公式中，需要使用基期的主营业务收入资料和企业财会数据来计算权数，用以加权报告期主营业务收入比基期主营业务收入的个体指数，就其时间属性分析，由于指数计算与资料整理工作总是在报告期之后提出，而此时基期统计资料早已确定并获得，故计算权数的工作就比较容易推进。

（二）报告期权数为标杆的算术平均数指数化公式

报告期权数为标杆的算术平均数指数化公式，简称报告期权数公式。

由于在权数选择中尊重了报告期权数为标杆，因而也称为P氏公式。一般用以下公式表示：

$$Q_{1/0}^{Pa}=\frac{\sum\frac{Q_1}{Q_0}W_1}{\sum W_1}\text{ 或 }Q_{1/0}^{Pa}=\frac{\sum\frac{Q_1}{Q_0}Q_1P_1}{\sum Q_1P_1}$$

报告期权数为标杆的指数化公式是指使用报告期的主营业务收入和企业财会数据计算权数，用以加权报告期主营业务收入与基期主营业务收入相比的个体指数，计算盈利指数的公式。在这个公式中，要求报告期要取得计算权数的各种资料，并作为计算报告期相关指数的先决条件，而现实中，由于计算权数所需资料多、时间紧，很难在短时间内完成，故其可操作性较差。

（三）基期与报告期权数兼用的算术平均数指数公式

有的学者认为基期权数公式和报告期权数公式都存在着一定的偏差，不能通过有关的检验，因此将基期与报告期的权数公式综合起来采取一个折中的思路，用不同方法来平均计算其盈利指数。例如：费雪提出基期权数指数与报告期权数指数的几何平均数公式（即L氏公式与P氏公式的几何平均数）。按照其原理可用以下公式表示：

$$Q_{1/0}^{F}=\sqrt{\frac{\sum\frac{Q_1}{Q_0}Q_0P_0}{\sum Q_0P_0}\times\frac{\sum\frac{Q_1}{Q_0}Q_1P_1}{\sum Q_1P_1}}$$

又如：马歇尔和埃奇沃思提出的指数公式的权数是基期与报告期的算术平均数。按照其原理可用以下公式表示：

$$Q_{1/0}^{ME}=\frac{\sum\frac{Q_1}{Q_0}(Q_0P_0+Q_1P_1)}{\sum(Q_0P_0+Q_1P_1)}$$

以上基期权数与报告期权数兼用的公式，认为基期权数与报告期权数的不同是造成指数差异的原因，因而要将两者平均一下来消除偏差，实际上反而增加了指数计算的复杂性，降低了可操作性，如果在实际工作中应用往往会遇到许多困难。

统观上述四种算术平均数指数化公式，在权数确定方面具有共同的特点，即每次改变指数基期都要使用相应的权数，即每计算一次指数都要使用新权数作为标杆。造成实际工作量很大，困难很多，故世界各国计算月度盈利指数均使用固定权数为标杆的算术平均数指数化公式。

（四）固定权数为标杆的算术平均数指数化公式

财务指数除了计算报告期与基期相比的指数之外，更重要的是计算若干时期的财务指数动态时间数列。对于年度指数是若干年连续的定基指数，便于用相除的办法计算环比指数和改变指数基期。对于月度指数至少要有本年各月和上年各月共 24 个月的定基指数，才能便于计算隔年环比盈利指数和任意月份的盈利指数进行互相比较。为了区别不同时间计算公式的差异，在指数公式中符号的右下标用 1，2…n－1，n 表示不同时期，固定权数的算术平均指数公式，首先用于计算权数基期与指数基期相同的定基指数。可用以下公式表示：

$$Q_{1/0}^{G}=\frac{\sum \frac{Q_1}{Q_0}Q_0P_0}{\sum Q_0P_0};Q_{2/0}^{G}=\frac{\sum \frac{Q_2}{Q_0}Q_0P_0}{\sum Q_0P_0};Q_{N/0}^{G}=\frac{\sum \frac{Q_N}{Q_0}Q_0P_0}{\sum Q_0P_0}$$

以上公式表明，通过固定权数为标杆的算术平均数公式，可以计算今后若干时期的定基盈利指数，也就是说，确定一次权数，借用这个标杆，就可以在连续若干个会计期间使用这个权数标杆，同时也可以很方便地计算环比指数和改变指数基期。显而易见，这就给财务指数的计算提供了方便。

固定权数公式第一种（基期权数）、第二种（报告期权数）公式相比，都有明显区别，可以从多个时期的指数公式可看出其差别：

在基期权数为标杆的算术平均数公式下，一般用于计算环比盈利指数，该公式的原理是权数随着指数基期的变化而改变，指数基期与权数基期保持一致。可以用以下公式表示：

$$Q_{1/0}^{La}=\frac{\sum\frac{Q_1}{Q_0}Q_0P_0}{\sum Q_0P_0};Q_{2/1}^{Pa}=\frac{\sum\frac{Q_2}{Q_1}Q_1P_1}{\sum Q_1P_1};Q_{n/n-1}^{La}=\frac{\sum\frac{Q_n}{Q_{n-1}}Q_{n-1}P_{n-1}}{\sum Q_{n-1}P_{n-1}}$$

在使用报告期权数为标杆的算术平均数公式下，每次计算指数时，必须先编制报告期的新权数，然后才能计算盈利指数。我们也列出不同时期的公式：

$$Q_{1/0}^{Pa}=\frac{\sum\frac{Q_1}{Q_0}Q_1P_1}{\sum Q_1P_1};Q_{2/1}^{Pa}=\frac{\sum\frac{Q_2}{Q_1}Q_2P_2}{\sum Q_2P_2};Q_{n/n-1}^{pa}=\frac{\sum\frac{Q_n}{Q_{n-1}}Q_nP_n}{\sum Q_nP_n}$$

以上公式表明，基期权数为标杆、报告期权数为标杆的算术平均数指数公式，其权数是随着报告期的改变而改变，而且只能与前一个时期对比计算指数，即计算环比指数。这对于月度盈利指数来说，只是与上月对比的指数，其经济意义受到限制；如需要与其他月度对比就要重新计算，势必出现相当麻烦的计算过程。

二、加权算术平均数公式与综合公式的差别

财务指数的综合公式和加权算术平均数公式，其目的都是计算不同时期多种规范性与数量指标的综合变化情况。但是同度量单位（或权数）不同。实际应用中，综合公式与加权算术平均数公式的计算结果有相同之处，也有不同之处。综合指数公式是以企业财会数据为同度量单位（起着权数作用），因此不同时期的企业财会数据是影响各种公式唯一的差异因素。加权算术平均数公式的权数一般是由主营业务收入和企业财会数据构成，不同时期的主营业务收入和企业财会数据都成为影响各种公式权数变化的因素。报告期与基期主营业务收入和企业财会数据只要有一个不同，其计算结果就会产生差异。因此，使得财务指数的加权算术平均数公式的特性与综合公式比较也有所不同。

在调查范围一致，使用资料相同的情况下，财务指数的综合公式与加权算术平均数公式的计算结果大部分不同。现设置一张资料表（主营业

务收入和销售利润率与表 3－1 相同），并计算出各种权数，以下各表均按此表取数据计算。如表 3－6 所示。

表 3－6　　盈利指数计算资料表

项目	基期年			第二年				第三年		
	销售额	销售利润率	权数	销售额	销售利润率	权数	半权数	销售额	销售利润率	权数
农发置业	1886	43.4	39.06	1923	45.2	37.00	35.95	2224	77.6	48.23
光华制造	763	32.5	11.83	1246	31.2	16.55	17.44	1868	33.8	17.65
机电设备	5478	5.8	15.16	6868	6.4	18.71	17.16	7264	7.2	14.62
大兴房产	3687	19.3	33.95	3542	18.4	27.74	29.45	3355	20.8	19.50

依据表 3－6 中的资料，按照六种公式分别计算报告期比基期和基期比报告期的指数并进行比较。如表 3－7 所示：

表 3－7　　各种公式财务指数的差别及时间互换检验　　单位：%

项目	综合公式		加权平均数公式		指数的乘积	
	报告期比基期	基期比报告期	报告期比基期	基期比报告期	综合公式	平均数公式
L 氏公式	110.768	90.222	110.768	90.222	99.937	99.937
P 氏公式	110.837	90.279	114.858	92.984	100.063	106.799
费雪公式	110.802	90.251	112.794	91.539	100.000	103.311
马埃公式	110.803	90.251	112.813	91.603	100.000	103.340
固定权数公式	110.768	90.279	110.768	92.984	100.000	102.996
半可变权公式			110.768	90.279		100.000

表 3－7 中综合公式与算术平均数公式计算的财务指数比较只有 L 氏公式和固定权数公式报告期比基期指数相同（110.77%），P 氏公式与固定权数公式基期比报告期指数相同（90.28%）。其他公式计算的指数各不相同。说明两种公式的性质有一定差别，其计算结果也不完全一致。

三、加权算术平均数公式比综合公式具有更大的灵活性

财务指数的综合公式①只能选用一种同度量单位（如销售利润率、工时产能等）进行指数的计算。加权平均数公式的权数由主营业务收入乘以同度量单位组成。权数具体计算过程有多种计算方法，选择的余地较大。不变销售利润率的利润总额要依靠企业计算然后汇总，财务指数法一般由综合部门直接计算，也可以将企业计算的指数加权计算求得地区的总指数，显得更灵活一些。此外，我国长期使用的通过全面调查取得的不变销售利润率的利润总额计算的发展速度，它是依据综合指数公式的原理得到的。因而有人认为综合指数公式适合全面调查，加权算术平均数公式适合非全面调查。事实上，两种计算公式都可以用于全面调查和非全面调查，也都可以使用不同的同度量单位。

四、不同公式计算财务指数差异的分析

由于财务指数的计算公式不同，使用同一套统计资料计算的财务指数有些差异，为了表现不同公式的差异，现在设置一套变化较大的统计资料，目的是能够明显地反映出不同公式计算结果的差异。如表 3－8 所示。

表 3－8　　各种算术平均指数公式的财务指数计算表

项目	2010 年			2011 年			基期权数指数	报告期权数指数	兼用权数指数
	销售额	销售利润率	权数	销售额	销售利润率	权数			
农发置业	268	42	26.2	336	44	29.29	32.84	36.73	34.73

① 财务指数的综合公式，在这里仅仅是一种理念上的象征，即由两个因素（一个质量指标与另一个数量指标交叉互动）所构成的一个广义而经典的综合指标，主要是从统计指标分析角度阐述其功能构成与基本原理，并不实质性地代表某一种特定的指数公式。有兴趣的读者可以参阅相关统计学专著。

续表

项目	2010年			2011年			基期权数指数	报告期权数指数	兼用权数指数
	销售额	销售利润率	权数	销售额	销售利润率	权数			
光华制造	185	48	20.67	238	47	22.16	26.59	28.51	27.53
机电设备	536	25	31.19	482	28	26.74	28.04	24.05	25.97
大兴房产	786	12	21.95	786	14	21.80	21.95	21.80	21.88
合计，指数	42968		100.00	50470		100.00	109.43	111.09	110.25

注：兼用权数的指数公式是使用费雪公式。合计数为商品价值量指标，表中数据均有多位小数，故尾数有出入。

表3－8中基期权数的财务指数为109.43%，报告期权数的财务指数为111.09%，费雪公式的财务指数介于两者之间为110.25%。说明不同权数计算的财务指数有一定差别。

这些不同的指数公式为什么会产生相应的差异？这种差异之间有没有内在的规律可以探求？通过分析财务指数的综合公式，可以看出，其影响因素是报告期与基期两个会计期间的商品销售利润率差异所造成的。从两个会计期间的比较看，从基期到报告期，商品销售利润率水平与基期比较，结合产业经济学的原理，一种产品市场发展快、投资者就多，引起竞争加剧，价格趋低，利润降低，即发展快的商品销售利润率变动幅度降低，就会出现L式指数（基期为基准）高于P氏指数（报告期为基准）的情形。这种情形在计算指数时也应该加以注意。

加权算术平均数公式的影响因素不同于综合公式。加权算术平均数公式的差异集中表现在权数这一标杆性因素上。权数有主营业务收入和销售利润率两个方面，销售利润率因素对权数的影响不是销售利润率水平（各种销售利润率等比例上涨或下降），而是各种商品之间价比关系的变化，即个别商品或企业的销售利润率的变动幅度与平均水平比较有的较高，起到增大报告期权数的作用，有的较低则起到拉低报告期权数的作用。在相邻的会计期间（如相近月份），市场上或企业内的价比关系变化通常不会太悬殊，故影响权数变动的作用也较小。

表3－9中计算了分商品类别或品种的指数，从其原理而言，这种指数是由主营业务收入的个体指数乘以该类商品或该种商品相应的权数求得。某种或某类商品指数显然是总指数的组成部分，直接影响总指数的高低。生产发展较快的甲类商品、乙类商品，报告期权数的指数高于基期权数的指数，其在总指数中拥有渐渐强劲的影响力；而生产发展较慢的丙类商品，其报告期权数的指数低于基期权数的指数。因此，不同指数公式计算指数高低的主要影响因素是权数中的主营业务收入变动，即商品或企业的规模效应是最终决定因素。

五、基础财务指数实用公式的选择

讨论各种公式的理论问题，是指结合基础统计学关于综合指数的原理，分析各因素的功能作用、各种公式计算结果的差异，以及能否通过各种检验的情况。目的是了解指数理论的发展变化，各种公式的特性以及各种公式之间的关系。指数公式能否通过各种检验不能成为评价财务指数公式优劣的唯一标准。财务指数在实际工作中使用，要求财务指数公式符合指数的原理，计算的指标含义明确，还必须具有可操作性强、时效性好等特点。

（一）选择公式的原则

在实际工作中，选用财务指数公式应考虑以下一些原则：

1. 体现准确性原则，防范误伤与异动

如何发挥指数的作用，显然需要最大限度地消除其负面影响，即防范指数被不当地解读，并造成不正确的理解与信赖。一个指数的走向如果与多数企业的情况或多数人的实际观察结果相反，则可能产生不良的受众感觉。实际工作中采用的财务指数公式的计算结果应当能够反映交易或事项发展的实际情况，也就是说，正确反映交易或事项成果的变化情况，不能掺杂其他变动因素，如销售利润率变动因素等等。虽然各种公式之间使用不同时期的企业财会数据，使得计算结果存在着差异。每一种公式本身均使用同一种企业财会数据，这就排除了销售利润率变动因素。因此上述各种公式均符合财务指数的基本原理。

2. 遵循时效性原则，力争产生互动

财务指数的计算资料尽可能易于取得，计算过程不能过于复杂，使得报告期后能够尽快地提供财务指数。特别是我国要求月度财务报告在下月前十天内出来，而如果以此再计算的指数出台时间过于迟延，时过境迁了，指数的应用价值也就降低了。因此，许多工作要安排在报告期之前完成，必须尽可能简化报告期的工作，减少报告期的计算工作量。这种报告期权数和基期报告期兼用权数的财务指数公式，就可能面临操作可行性的挑战，因此，如何在指数编制的操作可行性与权数取得的时效性之间取得合理的平衡点是值得注意的问题。

3. 可操作性原则，确保能够实施

仅从理论上求证权数，是一项很复杂的计算工作，所以，可以通过事前的专门调查活动取得相应的权数。P 氏公式、费雪公式、马埃公式均需在报告期临时收集计算权数的资料，计算出权数后才能计算财务指数。为了避免临时计算权数或频繁计算权数的困难，就要将权数计算工作在计算财务指数之前完成，这就要使用固定权数的指数公式。正是因为如此目前多数国家使用基期固定权数加权算术平均数公式，简称固定权数公式。也有使用报告期权数（P 式）的做法，即每年改变一次权数。但是计算月度指数时不是每月改变权数，而是使用上年的权数计算各月的指数，对于月度指数来说仍然是固定权数指数公式。

4. 方便应用原则，扩大实用范畴

财务指数的作用是反映交易或事项的变动情况，研究各种经济问题。多数情况下是由经济管理者和专家学者使用，为了给他们提供方便，最好的办法是提供定基指数数列，使用者可以方便地进行各种加工和比较，计算环比指数和改变指数基期。固定权数公式最容易计算定基指数数列。

（二）选用公式的表达算式

实际工作中选用的财务指数计算公式，依据准确性高，时效性强，可操作性要求简单，便于使用等条件，只能选用基期固定权数的指数公式，它在各种检验中表现性能最好。固定权数的定基指数计算公式如下：

$$Q^{G}_{N/0}=\frac{\sum \frac{Q_N}{Q_0}W_0}{\sum W_0} \text{ 或 } Q^{G}_{N/0}=\frac{\sum \frac{Q_N}{Q_0}Q_0P_0}{\sum Q_0P_0}$$

从以上公式看出，计算各时期的财务指数均使用基期的主营业务收入和基期企业财会数据计算的权数，如果计算几个时期的财务指数，就可以组成指数基期与权数基期相同的定基指数数列。即以权数基期为100%的定基指数数列。财务指数的权数一般是依据某一年的资料计算。国外有时在年度生产异常时，也使用三年的平均值计算权数或作为指数基期的基数。

固定权数使用的时间较长，现实的群体结构不断变化，使得报告期的群体结构与基期的群体结构发生差异。因此，制定一次权数使用时间不宜过长，一般使用五年就应重新计算新权数，这也是为了调整样本企业名目和企业财会数据。在一个权数基期内也会发生群体结构不同的问题，这种差别在计算环比指数和改变指数基期时会给财务指数带来误差，这种误差称为“结构性误差”。因此在一个权数基期内计算环比指数和改变指数基期应使用半可变权数公式。半可变权数就是权数的群体结构与指数基期的群体结构相同，从而消除了指数中的群体结构误差。半可变权数理论对于计算月度财务指数十分重要，会给计算工作带来许多方便。半可变权数的环比指数公式和不同指数基期的指数公式，可用以下公式表示：

$$Q^{B}_{N/N-1}=\frac{\sum \frac{Q_N}{Q_{N-1}}Q_{N-1}P_0}{\sum Q_{N-1}P_0} \qquad Q^{B}_{N/T}=\frac{\sum \frac{Q_N}{Q_T}Q_TP_0}{\sum Q_TP_0}$$

上式中 Q_N、Q_{N-1} 和 Q_T 分别表示报告期的主营业务收入、报告期的前一期的主营业务收入和改变指数基期时指数基期的主营业务收入。

总之，在实际工作中，财务指数计算公式的权数选择思路，可以是基期固定权数的算术平均数，可以是基期固定权数并结合半可变权数，甚至还可以是其他方法（如本书第五章阐述的层次分析法）。只要本身保持选择的合理性与相对稳定性即可。

综上所述，对财务指数各种公式的特性进行广泛深入的分析比较，对于改进和完善财务指数的计算办法、研究和探索发展速度的计算方法，都是有益的。

第四章

财务指数编制：分类指数集成框架

如果说上一章是借鉴统计学对指数的原理性论述，那么，从本章开始，我们则要转入针对企业财务指数问题的应用性讨论了。设计一整套关于财务指数的体系是一个比较复杂、涉及面较广的问题，仅就其原始数据取得的技术层面而言，也需要科学而合理地设置一系列的配置环节。因此，一个总体框架的科学搭建是必不可少的。通过一个总体框架作为计算财务指数的操作性方案，明确相关原则，统一有关方法，是十分需要的。特别是在全国各地区均计算财务指数的情况下，总体方案更应规定得具体，计算过程应该实用与科学，以便各地区参照执行。本章将论述财务指数总体框架的内容以及制订财务指数总体方案的基本原则和办法。

第一节

财务指数的逻辑框架

一、梳理逻辑框架

我们已经对微观个体范畴的企业财务分析体系相当熟悉了，但是，长期以来，对宏观管理范畴的财务指数却少有关注。相信随着企业主体对外联系的进一步深化，一些原本并不关注企业的人群也开始基于各种原因或多或少地关注起企业的经营情况了，或是股市的投资人群，或是其他间接相关人群，或是政府监管工作的深入与细化，企业好坏与越来越多的社会成员的关系显得越来越密切。这一新趋势值得关注。

（一）单个企业——行业内企业——地区内企业的逻辑思维

关注一个企业，其实并不难。但是，关注一群企业，情况就有所不同了。在一个企业内部，产品生产如何？销售动态如何？利润实现好坏？都是一目了然的事情，但是，当多个企业融合在一起时，怎么判断其整体运行情况的好与坏呢？这也是一个重大的现实问题。因为当今的经济环境下，投资、贸易等经济活动已经深深地将各部门、各地区、各企业联系在一起了。因此，我们必须跳出单个企业财务态势分析的传统圈子，基于“单个企业层面——整个行业的企业群体——整个地区的企业群体”的逻辑来分析不同企业之间、不同行业和不同地区的运行特征。掌握全局才能决胜千里。只有透视中国企业整体的主流态势，才能真正对症下药。中国企业的综合财务指数就是这样一个透视整体态势的有力工具。请不要担心，财务指数对每一个个别主体而言，都具有适应性与参考价值。因为，面对浩如烟海的企业群体，“大数法则依然故我”，在随机现象的大量重复试验和观察中，会出现某种几乎必然的规律性，这是千真万确的事实。如在掷钱币时，每次出现正面或反面是偶然的，但大量重复投掷后，出现正面（或反面）的次数与总次数之比却必然接近常数1/2。这是最早发现的大数法则之一。所以，观察企业群体的发展变化态势也是这个道理。下面简要分析财务指数面对的“单个企业层面——整个行业的企业群体——整个地区的企业群体”三维立体逻辑图。

由图4-1可见，在纵截面维度上，是成千上万的企业个体，这是综合财务指数的现实基础，它源于对传统财务分析指标的演绎，一个又一个企业个体的“点”组成了“企业群体”。在水平面维度上，是众多的差异化行业，这些行业也包容着数量不等的各类企业，一类企业就是一条产业

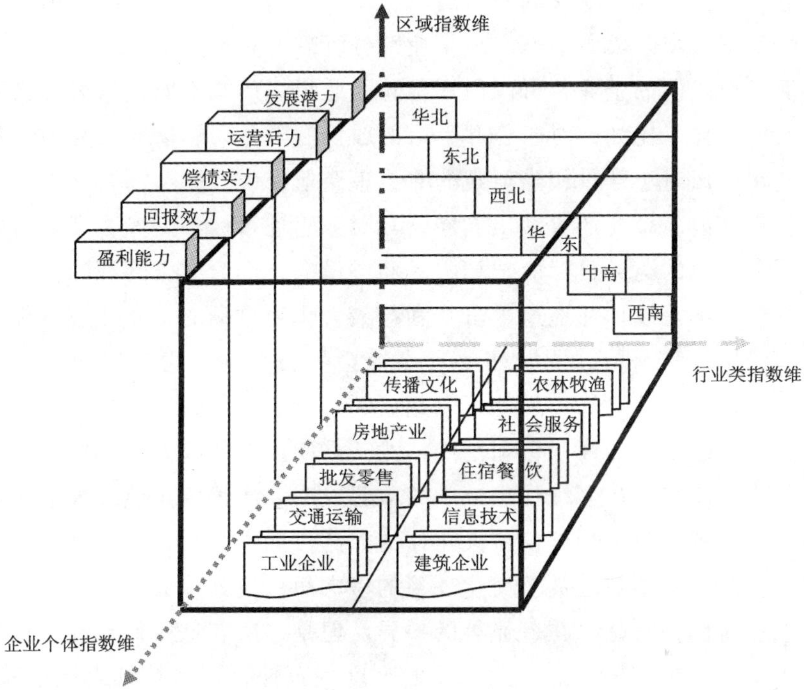

图 4－1　综合财务指数三维示意图

流水“线“，可以说，就整个国家来看，“点”与“线”的融合就自然构成了众多的系统或行业；在横截面维度上，则是根据行政区划或经济结构生成的多个区域性组织。总之，三维结构筑就了中国企业综合财务指数的使命。

（二）企业运行差异性与一致性的逻辑关系

事物总是在差异性与一致性的嬗变中实现进步的。财务管理也是这样。20 世纪 50 年代是西方财务学史上的一个重要分水岭，是现代西方财务学形成和发展的起始点。在这一转折时期，西方财务学从单纯的微观分析走向微观分析与宏观分析相结合，从一门简单的技术性学科逐步发展成一门包含有丰富的理论与方法的完整学科，并成为现代管理理论的重要组成部分之一。这也带给我们一些启示，使得我们科学地思考在中国社会主义市场经济初步阶段，如何实现企业财务管理的转型升级。

而环视我们的企业，可以说，尽管企业组织形式不同，其财务指标体系也有所差异，比如，对于公开上市的股份有限公司，需要关注与计算每股收益率，而对于数量相当可观的非上市企业来说，则不需要计算这些指标。再比如说，企业产权性质不同，其财务管理目标和财务管理观念也不同，国有企业的财务目标应把相关者利益最大化作为财务管理的目标，因为国有资本不是以单纯地追求自身利益最大化为目标的，其利益目标是国有资本的保值和增值，同时还要考虑社会的公平和正义，如社会公平分配、保障职工权益等等；另外，以相关利益者最大化为目标还可以充分发挥各方的积极性，加强监督和制约，尤其是职工、债权人、小股东的监督有助于降低国有资产多级代理链中的监督成本。而民营企业或外资企业则一般将所有者或股东的价值最大化作为财务目标。当然，也会为了基于某种法律规范、道德规范甚至文化环境的考虑而行使其社会责任，但是，与国有企业对比，总是存在着显著的差异。但是，所有这些差异性，都更加证实了企业作为市场经济法人主体的高度一致性，即可持续发展的观念。一个可持续发展的财务观必定表现为盈利能力、偿债实力、营运能力和发展潜力的有机统一。因此，财务指数就是基于考核差异性和一致性的整合而推进的，从评价考核目标上进行整合、从评价考核方法上进行整合、从评价考核流程上进行整合，经过整合，一致性更加凸现，对于每一个企业概莫能外，因此，综合全国各地区、各行业、各企业的财务运行态势情况，也就是顺理成章的事情了。

（三）企业样本代表性——大数法则的逻辑推理

编制财务指数是借助于样本的代表性原理来推定整体企业态势的。样本企业所占比重越大其代表性越强，其依据的原理是“大数法则”。一方面，可以在选择样本企业时强调样本企业的代表性，选择那些与总体发展速度相近的商品作为样本企业。如：在一个行业中选择一家或几家与该行业发展速度相近的企业作为该行业的样本企业。只要取样合适，就既可以减少工作量，又可以保证财务指数的准确性。样本企业的发展速度是否与总体相近，通过历史资料观察确定，只要历史资料中该企业的发展速度与总体相近，即可选为样本企业。

二、确立样本企业

编制综合财务指数自然需要来自于企业一线的数据，但是，面对浩如烟海的企业群体，既没有可能也没有必要对每一个企业进行调查。所以，选择样本就自然是一个重要的关键环节了。明确了样本的代表性关系后，如何确保样本代表性则显得极为重要。样本企业确定以后在一个权数期内一般不再变动。因此，样本企业名目是否妥当，涉及财务指数的准确性，涉及计算指数的工作量，涉及基础资料取得的难易程度和资料的准确性等方面。一般要经过反复试算研究后才能确定。

（一）样本企业的要求

"样本企业"是一个专业领域长期使用并形成的"只可意会，不可言传"的习惯性用语，不能仅从字面上理解它的含义。实际工作中，"样本企业"通常是依据其在整体中的相对重要性选择的。在综合财务指数的语境下，对于全国总体来说，就是将主要行业均选取为样本行业，使其在总体规模中占有绝大比重，依据"大数法则"规律，占价值总量绝大比重的行业能够代表总体反映发展进程中的变动趋势；对于一个行业来说，就是将主要企业均选取为样本企业，使其在总体规模中占有绝大比重，依据"大数法则"的基本要求，占价值总量绝大比重的企业能够代表总体反映发展进程中的变动趋势；对于一个企业来说，就是将主要商品均选取为样本商品，使其在总体规模中占有绝大比重，依据"大数法则"规律，占价值总量绝大比重的商品能够代表总体反映发展进程中的变动趋势。这是一个普遍的道理。可以概括一下，所谓的"样本"其实质就是全部的主要标本。

具体选定时，当然选择样本企业时还需要考虑到各种条件和要求。计算财务指数的首要环节就是要建立一个样本企业名目。

一个科学、合理的样本企业方案，对整个中国企业的综合财务指数的正常编制与效能发挥具有相当重要的基础价值，简单地说，包括三个方面：一是便于统一样本企业。全国统一制定样本企业名目供各地区使用，并允许各地区补充本地区的样本企业后，形成本地区的样本企业名目。在全国范围内样本企业名目体系基本保持一致，以保证上级与下级财务指数的衔接和横向可比。二是便于规范样本企业。各个企业在国民经济中的地位和作用不尽相同，需要对企业进行系统的科学分类和编排顺序，形成规范的样本企业名目、分类和各种分组，便于计算机识别。因此，样本企业名目是收集财务基础资料，包括产销资料的依据，也是计算财务指数的基础。三是便于基础资料的收集。建立了样本企业名目才能有针对性地进行资料的收集、整理，才能从大量的统计资料中收集有用的统计数据。样本企业名目要与年报、月报的商品目录关联起来，实现资料共享，形成一个有价值的商品目录库。

编制样本企业名目是一件复杂而细致的工作，通过样本企业覆盖率研究其代表性；研究样本企业的分布是否合理，系统分析一个行业在整体经济结构中的位置、一个企业在整体行业结构中的位置。在经过一些必要的计算研究后，我们才能将样本企业名目确定下来。

（二）样本企业的种类

样本企业也是仁者见仁，智者见智的问题。为节省篇幅，我们仅以全国范围对行业的选择为例，阐述其种类构成的相关内容。

先从目前的主流观点中，简要介绍几种关于企业归类的做法，当然，这种分类做法是一种参考，实际工作中，完全可以寻找新的标杆进行分组分析：

1. 综合部门针对全社会经济主体的分类

根据国家统计局关于国民经济行业分类的规定，可以将国民经济行业划分为如下 20 门类：农、林、牧、渔业，采矿业，制造业，电力、燃气及水的生产和供应业，建筑业，交通运输、仓储和邮政业，信息传输、计算机服务和软件业，批发和零售业，住宿和餐饮业，金融业，房地产业，房地产业，租赁和商务服务业，科学研究、技术服务和地质勘查业，水利、环境和公共设施管理业，居民服务和其他服务业，教育，卫生、社会保障和社会福利业，文化、体育和娱乐业，公共管理与社会组织，国际组织。总计 20 个产业门类。

2. 专业机构针对上市公司的分类

根据中华全国工商业联合会经济部、中华财务咨询有限公司在联合发布中华工商企业财务指标指数时转引的申银万国针对企业划分标准，我国企业目前反映行业内市场特征的相似和行业间市场特征的差异的行业分类标准为：农林牧渔业，包括林业、农商品加工、农业综合、饲料、渔业、种植业；采掘业，包括煤炭开采、其他采掘、石油开采；化工业，包括化工新材料、化学纤维、化学原料、化学制品、石油化工、塑料、橡胶；黑色金属业，包括钢铁、金属制品；有色金属业，包括金属新材料、有色金属冶炼；建筑材料业，包括建筑材料、建筑装饰；机械设备业，包括电器设备、普通机械、仪器仪表、专用设备；电子元器件业，包括半导体、其他电子器件、元件、显示器件；交运设备业，包括非汽车交运设备、汽车服务、汽车零部件、汽车整车；信息设备业，包括计算机设备、通信设备；家用电器业，包括白色家电、视听器材；食品饮料业，包括食品加工、食品制造、饮料制造；纺织服装业，包括纺织、服装；轻工制造业，包括包装印刷、其他轻工制造、造纸；医药生物业，包括化学制药、生物制品、医疗器械、医药商业、中药、医疗服务；公用事业业，包括电力、环保、燃气、水务；交通运输业，包括港口、公路运输、航空运输、机场、路桥、水路运输、铁路运输、物流；房地产业，包括房地产开发、园区开发；金融服务业，包括信托、银行、证券、保险；商业贸易业，包括零售、贸易；餐饮旅游业，包括餐饮、景点、酒店、旅游综合；信息服务业，包括传媒、计算机应用、通信运营、网络服务；金融服务行业业，包括信托、银行、证券、保险；其他类，上述分类以外的行业。

3. 部门针对国有企业的分类

而在国资委对国有企业进行绩效评价时，通常将国有企业分类为十大行业，即工业、建筑业、交通运输仓储及邮政业、信息技术服务业、批发和零售贸易业、住宿和餐饮业、房地产业、社会服务业、传播与文化业和农林牧渔业等。

4. 其他特定企业群体的分类

这种特定企业群体的分类，完全根据分析与研究工作的范围、要求和条件等具体情况确定。

当然，除了上述对样本企业的三种分类之外，还可以参考其他依据，如财政部预算收入科目的企业分类、工商总局企业注册类型的分类。等等。

三、样本企业选取的原则

样本企业的选取是财务指数计算中的重要工作，它直接关系到财务指数的准确性和日常工作量的大小。因此，样本企业的选择工作应仔细进行，最好是进行一些必要的计算，如在样本企业某一标志（通常为主营业务收入、利润总额、资产规模）等价值量或其他标志占整体的比重及各行业企业个体覆盖率的基础上进行选择。因为，样本的选择科学与否对整体财务指数能不能反映主流趋势具有举足轻重的权衡作用。样本企业的选取，应该尊重如下原则：

（一）为确保通过样本群体来表达企业整体，坚持样本选择的底线原则

样本选择的底线原则包括质量标准与数量标准，二者是辩证统一的要素，彼此缺一不可才能增强指数的说服力。

关于质量，绝对不能滥竽充数。样本的底线原则可以引申为：客观代表性、主观规范化。在财务指数选择样本的两重底线中，客观代表性是基础中的基础，决定了样本选择的实质，决定了样本在长期发展中的社会接受程度；主观代表性则需要与社会责任、契约责任结合起来作为一个整体考虑的信息是真实存在的、准确无误的。企业对财务指数的配合，应该是

理解为一种社会责任，能够满足社会上不同类型投资者的需求等等，也是对员工、对客户、对社区和环境的社会责任，是一个非常广泛的责任概念。

关于数量，规模必须是可靠的。使用样本企业计算财务指数是依据“大数法则”，样本企业所占总体的比重越大其代表性越强，准确性越高，误差越小。因此，要将重要的企业甚至重要的商品，即占总体比重大的企业或经营重要商品的企业全部选为样本企业，以增加样本企业的覆盖率，这是选取样本企业时最重要的原则。在实际工作中，当一个企业所拥有的价值量（或资产规模、或创造利税、或制造商品）占总体的比重达到0.05%以上时，一般都应选为年度的样本企业。只有这样，才能确保使得样本企业的覆盖率达到能够带动、影响整个行业、地区企业的整体运行态势，也才能够相应地保证财务指数的准确性。

（二）为确保相关各方都能体现于其中，必须奉行覆盖面平衡原则

样本企业的分布应当照顾到各个方面。最好是分地区、分行业都能找到其代表。其中，分行业选择样本企业，即每个有商品生产的重要行业均应选出一定数量的样本企业，并使样本企业的价值量占该行业增加值较大的比重，而且各行业的覆盖率应比较接近，做到样本企业的覆盖面分布比较均衡；分地区选择样本企业，即每个企业经营的重要地区均应选出一定数量的样本企业，并使样本企业的价值量占该地区经营活动较大的比重，而且各地区的覆盖率应比较接近，做到样本企业的覆盖面分布比较均衡。

（三）为确保通过指数运转高效快捷，必须保证样本企业数量的合理限度

样本企业的数量要依据需要和可能的原则确定。“需要”是指能够满足正确计算财务指数的各方面要求；“可能”是指企业日常流转工作能够承受的工作量。因此，样本企业数量不能过少，样本企业过少则可能满足不了财务指数各种分组的要求，难以反映各种现象内存规律的变化（如：分地区、分行业等），影响财务指数的准确性。不过，在一定条件下

（如：现实的工作人员、项目经费条件、运转系统的效率与有效调动能力等）样本企业数量也不能过多，否则工作量过大，影响财务指数的时效性和准确性。月度财务指数一旦样本企业过多，工作量过大，日常工作难以承受。因此，样本企业的数量要掌握适度的原则。

样本企业的数量决定于对财务指数的要求，主要有两方面；一是要求财务指数分组的精细程度；二是对于反映整体内的分组不同步变化的要求。笔者通过多次试算研究认为：如果要求财务指数能够按行业“小类”分组，并且尽可能解决指数内的不同构成的不同步变化问题，样本企业应选择多一些，相应的工作量较大。如果要求只反映主要的行业“中类”，只解决最重要的企业内的不同步变化问题，样本企业可适当减少一些，以便工作量相对小一些。由此可知，应当设置两套样本企业名目，一套目录样本企业少一些，反映的内容粗一些，适应报告期频度较高的报表使用，例如：用于月度财务指数的计算。另一套目录的样本企业较多，反映的问题多些、细些，财务指数相对更加准确一些，适应报告期间隔较长使用，例如：用于年度财务指数的计算。长期的财务指数，可以对短期的财务指数起到验证作用，必要时也可以对短期财务指数进行调整。当然，样本企业群体一经确定，在一定时期内应该保持相对稳定，只有这样，才能确保根据相同群体编制出来的综合财务指数是具有可比基础的，是可以体现其发展变化轨迹的。

四、指数样板的分组

为了观察经济内部构成的发展变化情况，综合财务指数要作必要的分组。当然，前面已经具体阐述的盈利能力、回报效力、偿债实力、运营活力、发展潜力等五力系列是综合财务指数内部结构组成的一种内涵式分组，也是一种基本分组。而现实分析研究工作中经常使用的面对具体分析对象的分组，则是一种外延式分组，即按行业特征、产权关系等外在特征的分组，这种分组也是分析工作的重要根据。因为，财务指数只反映整体发展速度是远远不够的，这就要对财务指数进行各种分组。这些分组在总体方案中都应作出规定，以便在计算机程序设计中实现。通过财务指数的分组，可以实现相应的分析价值。因为，财务指数分组的目的是进一步观察研究经济构成中各部分的发展变化情况；反映经济各部分之间的经济联系及比例关系的变化；检验政策措施执行的效果，例如：要求发展快或者发展慢的部分，是否达到预期的效果等。

（一）按照企业主导产业分组

按照企业从事的主营业务在国民经济行业分类中属于哪一种行业的行业标志为依据，进行不同行业的分类，是一种可比基础明显、也容易实现的分类原则。在这个问题总体方向下，具体可以有以下各种分组：

第一种，按照产业大类分组。这种分类，可以观察第一产业、第二产业、第三产业及其比例关系的发展变化。

第二种，按行业分组。这种分类，按行业分组共分为大行业、中行业和小行业三个层次。反映各种不同行业类型的发展变化情况。这也是现实中经常被采用的分类标志。

第三种，按各种产品在经济中的不同作用分组。这种分类，更加具有经济分析的深度，一般分为矿产品、原料产品、投资类产品、消费品以及再分为耐用消费品和非耐用消费品等等。它们的发展变化可用于分析经济的发展是否协调健康，对今后经济的发展变化进行预测。

第四种，按产品的新技术含量分组。以产品的技术含量为标志，将产品划分为若干类型，分别计算各类型的发展速度，观察经济中的技术水平和新技术的发展情况，例如：分出高新技术产品，劳动密集型产品等。

（二）按照企业法人标志分组

按照企业法人特点的标志分组，就是按照企业法人自身注册取得的某些特征进行了分类。按企业标志有以下各种分组：

第一种，按经济类型分组。按照企业所有者的特性分为国有企业、集体企业、合营企业、私营企业。有时还分出股份制企业以及其不同的控股情况等等，观察不同经济成分的发展变化情况。

第二种，按生产规模分组。按照企业规模分为大型企业、中型企业、小型企业，有时还进一步细分，如分为特大型、大一型、大二型等等，观察不同生产规模的企业在经济发展中的作用。

第三种，按主管系统分组。按照企业的所属系统分为中央企业、地方企业、县属企业、乡镇企业、村办企业等等，观察各种类型企业的发展变化情况。

第四种，按技术状况分组。按照企业的资金、技术设备、劳动力技术状况等标志，将企业分为劳动密集型、资金密集型、技术密集型等类型，观察企业生产技术水平和发展情况。

（三）按照不同区域标志分组

区域差异是一种客观存在，如何实现动态平衡的发展，需要分析和掌握不同区域的财务指数。区域财务指数针对不同区域的差异进行分析，反映各区域的整体财务态势，这种分类，既可以按照目前国家行政规划的省、自治区、直辖市进行，也可以按照范围更广的区域标志进行分析。了解地区间财务指数，可以揭示不同区域间经济发展的不平衡性，达到科学管理、指导与扶持，从而有效规范各地区经济发展的目的。

第一种，行政区域的分类。全国划分为六大行政区域。具体包括的省级主体构成如下：华北地区（包括北京、天津、河北、山西、内蒙古共5个省、市、区）、东北地区（包括辽宁、吉林、黑龙江、大连共4个省、市）、华东地区（上海、江苏、浙江、安徽、福建、江西、山东、宁波、夏门、青岛共10个省、市）、中南地区（河南、湖北、湖南、广东、广西、海南、深圳共7个省、区、市）、西南地区（包括重庆、四川、贵州、云南、西藏共5个省、区、市）、西北地区（包括陕西、甘肃、青海、宁夏、新疆共5个省、区）。

第二种，按经济带划分类。中国经济区域划分，有时候，可以划分为三大地带，即东部地带包括北京、天津、河北、辽宁、上海、江苏、浙江、福建、山东、广东和海南等11个省市；中部地带包括山西、吉林、黑龙江、安徽、江西、河南、湖北、湖南等8省；西部地带包括重庆、四川、贵州、云南、西藏、陕西、甘肃、青海、宁夏、新疆、广西、内蒙古等12个省、自治区。有时候，也将经济区域分为八大区域，即东北地区，北部沿海地区，东部沿海地区，南部沿海地区，黄河中游地区，长江中游地区，西南地区，大西北地区。

财务指数的分组是总体方案的重要组成部分。进行哪种分组，该分组内的层次如何设置；使用哪个指标或者使用哪几个指标作为分组的标志指标；各种分组的关系与联系，如轻、重的分组是由小行业分出来，还是由样本企业直接分出来；各种分组的计算输出形式，如有的随财务指数表一起计算输出，有的必要时单独计算输出等等，在财务指数的总体方案中都要作出明确的规定，以便在计算机程序编制中组织实现。

第二节 财务指数计算的通用模型

计算财务指数的思路可有许多种选择，这是一个仁者见仁，智者见智的问题，不同的人从不同的立场或角度去看有不同的看法。但是，如何选择相对比较成熟、如何在既定方法与思路下推进具体的编制工作，则需要有严格规定，需要依据一定步骤进行。讨论财务指数的计算办法，先设一例说明财务指数的计算过程，再讨论这样计算的原因。

一、财务指数的通用表达式

财务指数是反映企业财务状况、经营成果和现金流量的发展变化态势的综合指标，它根据所确定范畴的各种样本企业报告期与基期的资料对比求得的个体指数，再使用各种样本企业的权数进行加权计算综合指数，来反映整体综合变动程度。

我国计算财务指数，应该统一使用以主营业务收入、利润总额、资产规模或其他标杆计算的权数，也就是规模量权数。当然，也可以借助于其他基础性、权威性数据（如 GDP）数据来作为测试权数的综合标杆。鉴于计算权数工作量较大，故而采取固定权数法，即一次计算的权数一般使用五年再改换权数。年度指数与月度指数的样本企业有差别，其产品权数也有差别，但其行业权数一致，以便使月度指数与年度指数能够衔接。

样本企业主营业务收入的个体指数是计算财务指数的基础，它是各种产品报告期与基期主营业务收入对比计算的动态指标，其计算公式为：

个体财务指数 = 报告期专项绩效性指标 ÷ 基期专项绩效性指标 ×100%

财务指数是依据个体指数加权计算的综合指数，可分为类指数和总指数。对某一类别的样本企业进行加权计算，即可求得类指数；对全部样本企业进行加权计算，即可求得总指数。全部类指数使用类权数加权，也可以计算出总指数。其通用的计算公式为：

$$Q_{1/0} = \frac{\sum \frac{Q_1}{Q_0} Q_0 P_0}{\sum Q_0 P_0}$$

上面的公式也可以用文字表示：

$$财务指数（\%）= \frac{（代表产品个体指数 \times 该产品权数）之和}{各代表产品权数之和} \times 100\%$$

以下简单地试算月度财务指数，说明总指数和类指数的计算过程，如表 4－1 所示。

表 4－1　　月度财务指数计算表　　单位：%

财务指标	权数基期年		上年各月实绩			报告期各月实绩		
	实绩	权数	一月	二月	三月	一月	二月	三月
综合财务指数		1.0000						
盈利能力指数		0.2938	1.0241	1.0262	1.0234	1.1245	1.3356	1.3992
销售利润率	8.42	0.1247	8.72	8.38	8.83	9.16	7.80	9.42

续表

财务指标	权数基期年		上年各月实绩			报告期各月实绩		
	实绩	权数	一月	二月	三月	一月	二月	三月
成本费用利润率	47.25	0.0632	47.00	46.82	48.65	51.70	54.80	54.88
总资产报酬率	3.68	0.1059	3.79	3.99	3.65	4.37	7.08	6.89
回报效力指数	×	0.1539	×	×	×	×	×	×
债权人报酬增长率	×	0.0601	×	×	×	×	×	×
职工薪酬增长率	×	0.0694	×	×	×	×	×	×
股东权益增长率	×	0.0244	×	×	×	×	×	×
偿债实力指数	×	0.2250	×	×	×	×	×	×
流动比率指数	×	0.1849	×	×	×	×	×	×
现金比率指数	×	0.0194	×	×	×	×	×	×
资产负债率指数	×	0.0207	×	×	×	×	×	×
营运能力指数	×	0.2747	×	×	×	×	×	×
应收款项周转率指数	×	0.0991	×	×	×	×	×	×
流动资产周转率指数	×	0.1087	×	×	×	×	×	×
总资产周转率指数	×	0.0669	×	×	×	×	×	×
发展潜力指数	×	0.0526	×	×	×	×	×	×
研发投入率指数	×	0.0140	×	×	×	×	×	×
近三年销售增长率指数	×	0.0154	×	×	×	×	×	×
近三年总资产增长率指数	×	0.0232	×	×	×	×	×	×

本表中各财务指标的权重系数的具体工作论证过程不再阐述，方便起见，以假定数据为准。

表4－1中，作为总指数的综合财务指数，其下由五个类指数组成（盈利能力指数、回报效力指数、偿债实力指数、营运能力指数、发展潜力指数）。现在，依据报告期与基期的盈利能力率指标，加权计算（上年各月实绩）一月份的定基指数。其计算过程如下：

$$\frac{\frac{8.72}{8.42}\times 01247+\frac{47}{47.25}\times 0.0632+\frac{3.79}{3.68}\times 0.1059}{01247+0.0632+0.1059}=102.41\%$$

进一步地，表格中，企业报告期销售利润率与基期销售利润率相比计算的个体指数，乘以该指标权数并求和，除以三种指标权数之和（也就是该类指标的权数），即为盈利能力的定基指数。回报效力指数、偿债实力指数、营运能力指数、发展潜力指数的计算过程与此相同。如果将全部类指数按上式计算，就可以求得定基总指数。使用各分类指数加权也可以计算总指数，两种计算结果完全相同。使用分类指数计算总指数，一月份定基指数的计算过程如下：

计算比上年同月的隔年环比财务指数，使用报告期定基指数除以基期定基指数求得。

二、财务指数的规范化计算特点

上例说明了财务指数的计算过程，也表明财务指数规范的计算方法是：首先计算以权数基期为指数基期的定基指数，改变指数基期、计算环比指数以及不同时间指数的对比，均依据定基指数数列的相关数据计算求得。

关于环比指数、改变指数基期等财务指数的计算办法，国内外都有人主张：直接使用相应两个时期的主营业务收入（如隔年环比财务指数则使用报告月与上年同月的主营业务收入）相比计算个体指数，然后用基期权数加权计算类指数和总指数。这种办法会带来群体结构误差，操作不便，弊病较多，不是可取的方法。这里再将这种方法与规范方法比较，说明规范计算办法主要有以下几方面优点：

（一）消除了结构性误差

前面已经说明，由于企业财务状况、经营成果和现金流量的发展变化态势结构在不断变化，基期权数代表基期的群体结构，随着时间的延续，当前的企业财务状况、经营成果和现金流量的发展变化态势结构距离基期时间越远变化越大。使用固定权数直接计算远离基期的环比财务指数，就会发生明显的群体结构误差。而通过使用半可变权数理论才能较好地解决。按照半可变权数理论，消除群体结构误差的计算办法，首先计算以权数基期为指数基期的定基指数的时间数列（定基指数由于指数基期与权数基期完全相同，不存在群体结构误差）。当改变指数基期、计算环比指数以及不同时期指数的对比，均依据定基指数数列中相关时间的定基指数相除计算求得，这时基期权数中的群体结构改变为指数基期的群体结构，从而消除了群体结构误差。

（二）计算操作比较简便

定基财务指数计算出来以后，在实际应用过程中还要进行多种计算和分析，即利用以权数基期为指数基期的各个时期的定基财务指数数列，可以进行各种指数的计算和对比研究。如季度财务指数需要计算与上年同月的隔年环比财务指数，只要将本月定基指数除以上年同月的定基指数就可以求得。同样，与上月比较的月环比指数、与本年最高月比较的指数、与年初比较的指数等等均可通过一次计算完成。通过定基指数加工计算各种指数的方法简单易行，统计部门只要公布了定基指数，这种对比计算不需要再依靠统计人员，任何人都可以操作，因此，为统计资料使用者提供了方便条件。

（三）避免由于个别主营业务收入波动较大使财务指数发生扭曲

经济发展过程中，一些企业的主营业务收入在短期内有可能发生较大波动，在个别主体甚至个别地区，这种情况更为严重。例如：新开办一个公司或一个存量公司不再经营了，例如，一地区新建一大型企业，致使某种主营业务收入骤然增加；或由于企业转产，新产品投产后主营业务收入大幅度增长，原来生产的产品明显减少；或由于企业定期检修或自然灾害、重大事故等造成一段时间停产，甚至于有些企业可能没有主营业务收入而只有不规则的非经常性收入。这种情况对于企业财务状况、经营成果和现金流量的发展变化态势来说均属经常发生的现象。规范的财务指数计算办法能够正确反映这种现象在综合指数中应有的作用。

如果使用主营业务收入环比个体指数直接加权计算环比财务指数，对于大幅度增产的产品或企业，由于其个体指数很高，就会使得总环比指数超过合理限度而大幅度增高，产生较大误差，致使财务指数不能反映生产发展的实际；对于上年同月没有主营业务收入的产品，由于报告月的主营业务收入除以上年同月主营业务收入“0”，个体指数为无限大，无法计算出总指数，使财务指数的计算失败。

（四）可以降低个别主营业务收入差错对总指数的影响

对于各样本点或各基层样本点上报的各种资料，要经过审查、查询、订正等工作之后才能计算财务指数，尤其在季度上报时间很紧张的情况下，难免有个别企业的数据差错因漏审而不能及时发现和纠正。这时初步计算的财务指数，须通过计算“影响率”进一步审查发现。财务指数的规范计算办法与直接加权法计算的隔年环比财务指数，在个别产品数据存在差错的情况下，直接影响到指数计算结果的准确。同时，也可能存在个别企业数据的差错对不同办法计算的指数，影响程度也不尽相同，在多数情况下，先计算定基指数再计算环比指数，其基础是权数基期的主营业务收入，因而主营业务收入的差错相对减弱。直接加权计算的环比指数是两个时期的主营业务收入直接对比，数据的差错对个体指数影响很大，因而对环比总指数的影响程度相对较大。

通过以上分析说明，财务指数的计算必须按照规范的办法进行，即首先计算以权数基期为指数基期的定基指数，计算环比指数或改变指数基期均通过相应时期的定基指数相除计算求得。直接加权环比个体指数计算环比指数的办法，弊病太多，实际工作中不宜使用。

三、季度财务指数与年度财务指数的衔接

如同财务报告编制与披露周期一样，我国财务指数需分别计算年度财务指数和季度财务指数。年度财务指数是依据企业年度财务报告的资料计算，主要反映企业财务状况、经营成果和现金流量的发展变化态势的长期动态变化；季度财务指数则根据月报资料计算当月及当月止累计指数，通常与上年同期进行对比，用于反映企业财务状况、经营成果和现金流量的

短期发展变化态势。年末的12月止累计财务指数反映全年的生产发展动态，应当与年度财务指数基本一致。季度与年度财务指数虽然计算原则相同、但是在样本企业的数量和年报与月报的资料等方面有一定差别，使得12月止累计指数与年度财务指数不能完全一致。需要研究形成这种差异的原因，并采取措施使得两者能够做到基本衔接。

其中的差异原因，可能是由于企业年终集中性结算相关成本费用（如一次性计提折旧、利息等）、发放奖金、交纳税金，等等。此类因素有时对企业财会数据的正常态势会产生明显的影响。

（一）样本企业名目的差别

年度财务指数的时效性不十分紧迫，为了取得详细的分行业财务指数资料，年度的样本企业一般依国民经济行业分类的细类选取，使财务指数能够按行业细类分组。轻、重分组和按产品使用方向分组均依据细分行业划分，比较协调。同时，为了反映产品内的品种规格结构的变化，年度样本企业名目尽可能将大类产品内品种、规格变化较大的，使用其品种规格作为样本企业，以便反映品种规格结构的变化。因而年度财务指数的样本企业较多，一般在11种以上。年度样本企业多，计算工作量较大，一般依据每年年报资料计算一次。多年的定基指数可以形成年度定基指数数列，便于各年环比指数的计算以及不同指数基期的年度财务指数的换算，有利于观察企业财务状况、经营成果和现金流量的发展变化态势长期变化的规律性。

季度财务指数的使用频率较高，时效性很强。为了不使日常工作量过大，并及时计算出财务指数结果，故样本企业不宜太多。所以一般使用类产品作为样本企业（取消了年报中大部分反映类产品内品种规格结构变化的样本企业），同时也取消了次要小行业中的次要样本企业，季度财务指数的样本企业有400多种。因此，不能再按行业细类分组，只能按照中类行业进行分组，并能计算轻、重等分组指数。但是受到季度样本企业较粗和分不出小行业的影响，季度指数各种分组的细致程度受到一定影响。由于使用类产品为样本企业，产品内部的品种规格结构的变化不能更多地反映出来，对于财务指数的准确性也有一些影响。从理论上讲季度指数不如年度指数准确，实际工作中只要样本企业选取准确，具有较高代表性，两者结果还是十分接近的。通过对历史数据的测算，我们已证明这一点，减少样本企业不会影响季度财务指数的应用。

（二）季度与年度财务指数衔接的措施

为了季度与年度财务指数能够做到基本衔接，需采取以下措施：

1. 季度与年度财务指数都遵循相同的财务指数计算原理和规范的计算方法，不可采用不同的计算办法，以保障季度与年度财务指数的衔接。

2. 季度与年度财务指数采用同一个权数基期，并以权数基期作为季度和年度计算定基指数的指数基期。季度与年度财务指数使用同一个权数基期和指数基期，是季度与年度财务指数进行对比衔接的基本条件。

3. 季度与年度使用的行业权数相同。季度与年度财务指数均采用行业权数，即一定范畴内公认的各行业权数。该行业权数可依据专项普查或一次性调查数据得出，或在年度样本企业和附属产品数据基础上计算求得，以保证行业权数的准确性。鉴于季度样本企业较少不能计算出准确的行业权数，故直接使用年度的行业权数。行业权数相同说明该行业在经济中的地位和作用相同。样本企业中类产品与属于该类产品的细产品权数之和也相同，例如煤炭开采业季度财务指数的样本企业为原煤，年度财务指数的样本企业为无烟煤、褐煤等四种，四种样本企业权数之和等于原煤的权数。有些行业中季度指数选取的样本企业少于年度指数，未选取的产品权数附加到季度样本企业上，其在经济中的地位和作用与众多的年度样本企业相同。如果采用分层权数，行业权数依据年报资料计算，则季度与年度的行业权数也相同。

4. 样本企业的基期主营业务收入相同。季度与年度财务指数共有的样本企业，其基期主营业务收入相同。有些产品季度使用类产品为样本企业，而年度使用类产品内的品种为样本企业，如果年度的各品种全都列出来，各主营业务收入之和也等于类产品的主营业务收入。

综上所述，年度财务指数和季度财务指数是两种不同用途的财务指数，不能互相代替。一方面原因是，使用12月止累计的财务指数代替年度指数，势必需要增加季度样本企业的数量，在我国企业单位数多、月报时效性要求强的现实情况下，其增加的工作量，基层企业一般无法承受。另一方面，如不增加季度样本企业，使用12月止累计的财务指数代替年度指数，则不能反映行业细类的生产发展变化，不能反映品种规格结构的变化对财务指数的影响，亦不能使用年度指数印证季度财务指数，用以推算各种分组的财务指数时，可能增大误差。因此，目前可行的办法是使用季度资料计算季度财务指数，使用年度资料计算年度财务指数，既满足月报及时性的需要，又可提供较全面、准确的年度资料。两者互补，相得益彰。

第三节 财务指数计算的技术原则

财务指数计算和描述企业投资、筹资和经营活动的财务状况、经营成果和现金流量态势。因此，必须对于财务指数的计算原则和方法作出统一规定。

一、统一原则方法的目的

编制一个行业或者一市一省甚至全国范围内的财务指数，显然需要步调一致，操作统一，才真正能够编制一个指数。因此，必须进一步明确基本的出发点：

（一）规范统一的财务指数计算原则和方法

财务指数法在特定范围内编制，必须事先规定一系列计算原则和方法。一方面做到财务指数计算规范化，避免各行其事引起的混乱，从而可能影响财务指数的可比性；一方面对各指数基层单位起到指导作用，增强财务指数的可操作性，减少各地对某些方法的重新研究和摸索过程。

（二）便于财务指数局部与总体的衔接

上一级编制机构的数据范畴是由下一级编制机构的群体数据所构成的。在全国各级编制部门都要计算财务指数的情况下，国家与各省级，省级与各市级的财务指数必须协调，不能发生矛盾现象。统一权数基期、统一使用全国的企业财会数据、统一样本企业名目，是使上下级财务指数能够衔接的必要保障。

（三）便于月度与年度财务指数的衔接

在按月为周期编制指数的前提下，月度财务指数中 12 月止累计指数与年度财务指数应当十分接近，有必要特别关注月度与年度财务指数的衔接。为此，月度指数的行业权数使用年度指数的行业权数，两者保持一致即能避免差异；月度指数的样本企业虽然较少，但月度样本企业名目多使用大类产品，囊括了年度指数的细产品，只是在反映品种规格结构的变化方面略显不足。有了这些规定，在月度主营业务收入没有重大遗漏的情况下能够做到基本衔接。

（四）可进行各地区之间发展速度的比较

用财务指数法计算发展速度，各地区、各部门之间发展的动态变化可以比较。互相比较的前提条件是权数基期、企业财会数据、样本企业名目等基本一致，以减少不可比的因素，便于计算统一的定基财务指数动态数列，分析动态变化的趋势和规律。

二、具体的统一技术原则

财务指数法是依据各种企业投资、筹资和经营活动的财务状况、经营成果和现金流量态势的个体指数，然后加权平均计算出企业财务运行态势的技术方法。采用财务指数法同样也要满足各级政府宏观管理的需要，因此财务指数不仅要在国家一级，而且还要在省一级甚至有些地市一级编制，虽然是各级独立计算财务指数，但同时又要求计算出的财务指数彼此间能够协调，即能够达到上下级的财务指数基本衔接，各地区之间的财务指数能够比较。因此，必须制定统一原则，上述要求才能得到保证。为此规定了四统一原则，即：统一计算方法、统一权数基期、统一企业财会数据、统一样本企业名目。这四个统一，基本可以保证地区指数与总体指数的衔接，有益于各地区之间的横向比较，便于编制财务指数动态数列。

（一）统一计算原则和方法

全国都要执行统一规定的财务指数计算原则和方法，各地区不得自行变动。财务指数计算原则包括：采用基期固定权数算术平均数公式；使用能够公开获得的权威性数据（如正常年度内的企业资产规模、收入总额或者利润总额等，以下简称“规模化总量指标权数标杆”）来作为计算权数的同度量标杆；月度权数使用年度的行业权数，不允许使用月度的样本企业计算月度的行业权数；首先计算以权数基期为指数基期的定基指数，然后用定基指数相除的方法计算环比指数和改变指数基期；以及规模化总量指标权数标杆的行业调整办法、计算权数时产品的附加办法、产品的行业归类和财务指数的基本分组要求等等。已有规定的办法均要按照规定执行，不允许改变。

（二）统一权数基期

权数是反映单个企业财务指标和单个行业财务指标在总体中地位和作用的尺度，计算财务指数一般都采用固定权数，在一段时期内权数不变。固定权数是以某年度的资料计算权数，要求计算权数使用的各项资料都是同一年度的，同时以这一年度为指数基期计算定基指数，该年称为权数基期年。权数使用一定时间后受销售商品构成和销售利润率构成变化与现实产生差距，就需要重新计算权数，一般五年更换一次权数基期。

全国执行统一的权数基期，各地区也尽可能采用同一权数基期年，如果权数基期不同则所计算报告期的财务指数相差甚远，谈不上总体与局部的衔接及各地区之间可比的问题。同时，计算权数往往需要进行专门调查，统一权数基期有利于使用同一次调查资料。

月度财务指数的权数可以与年度财务指数的权数使用同一个权数基期年，也可以每年改变一次权数基期。后种做法遇到的问题是：第一、当年的企业财会数据不易取得，仍需使用权数基期的企业财会数据；第二、由于每年改变权数，对于上年各月的财务指数需要使用新权数重新计算，以便报告月与上年同月可以比较；第三、年度指数与月度指数的权数不同，年度与月度财务指数的衔接可能受到一些影响。因此，我们主张月度与年度仍使用同一个权数基期为好。虽然月度权数的使用频率高，相隔时间长，但依据半可变权数理论仍然能够正确计算隔年环比财务指数。当然，一个务实的选择是，在县级及县以下单位整理综合指数时，也可以不受统一权数基期的限制，适当灵活运用。

（三）统一企业财会数据口径

企业财会数据是使用规模化总量指标权数标杆的重要内容，计算权数时的同度量指标，即综合计算各种产品在总体中的地位和作用。企业财会数据虽然不直接用于财务指数的计算，但它是计算权数必需的数据，作用十分重要。

很明显，计算财务指数使用的企业财会数据应该拥有坚定的可靠性与可比性。这对财会系统来说并不陌生。财会数据可靠性要求企业应当以实际发生的交易或者事项为依据进行确认、计量和报告。如实反映符合确认和计量要求的各项会计要素及其他相关信息，保证财会数据真实可靠、内容完整。财会数据要有用，必须以可靠为基础，如果财务报告所提供的财会数据是不可靠的，就会给投资者等使用者的决策产生误导甚至损失。企业的会计核算应当按照规定的会计处理方法进行，会计指标应当口径一致，相互可比。这就是会计核算基本原则中的可比性原则。因此，企业财会数据依据全国资料计算求得全国平均值，由中国企业的综合财务指数研究与开发中心提供给全国各地区及各部门共同使用，在一个权数基期内固定不变。企业财务原始信息是计算单位产能增加值的依据，单位产能增加值是用于各种产品综合的同度量单位，它与主营业务收入相乘的价值量用于计算权数，以确定该产品在经济中的地位和作用。

（四）统一样本企业名目

财务指数计算是建立在若干样本企业所构成的企业群体基础之上的。为了做到总体与局部财务指数能够衔接，样本企业也必须做到衔接，也就是说总体与局部的样本企业要基本一致。为此，由全国制定统一的样本企业名目，各级的样本企业名目必须包括在全国目录中。当然，从局部的财务指数编制来看，为了真实、全面落实地体现本地区所有范围内企业（包括行业）的财务运行态势，有的企业或商品即使本地区体量很小，对计算财务指数的作用不大，本地区的代表产目录也必须包括，以保证上级能够取得全面的统计资料。因为，如果本地区的样本企业名目只限于上级制定的样本企业，往往不能完全适应当地企业财务状况、经营成果和现金流量的发展变化态势的实际情况，有可能当地很重要的商品而在上级的样本企业名目中属于次要商品未列入样本企业名目，那么允许各地区将本地区的重要商品纳入当地的样本企业名目，使得样本企业体系符合当地的企业财务状况、经营成果和现金流量的发展变化态势结构，有利于计算本地区的财务指数。由于各地区是在全国样本企业名目基础上补充样本企业，而且补充的样本企业一般不多，相关规模价值量所占的比重也不大，不影响全国样本企业名目的结构和体系，与上级的样本企业名目仍能保持基本一致。因此，对于财务指数总体与局部的衔接不会产生大的影响，能够做到基本衔接，各地区之间可以对比。这就是在统一原则下样本企业名目的灵活性。

三、统一前提下的灵活处理

在既有总体统一框架下，如何面对下一级的差异化情况，也是需要客观协调的。因为，中国地域辽阔，情况复杂多样，各地区都有各自特殊情况。因此，四个统一的原则不能统死，在保持统一的大前提下还要允许有一些灵活处理的余地。但这种灵活不是随意的，而是在一定条件下，按照一定办法进行操作，以解决各种特殊问题。在四个统一中，统一计算原则和方法灵活处理的余地较小，其余三个统一都可以在一定条件下灵活处理。

（一）关于权数基期的灵活

固定权数适用于企业比较稳定、企业分布比较均匀的地区，因为权数一经确定下来使用五年不再变动，通常，对于省级以上编制点来说，体系相对全面，采用固定权数一般没有困难。但是就一些更新换代特别快的行业来说、就县级以下和某些欠发达的市区来说，往往企业与商品变动比较频繁，使用固定权数则可能出现一些困难。因此，统一权数基期是指大类产业或地市以上指数编制机构，按统一规定的权数基期计算财务指数。而对于细分后有产业或县级以下的企业群体，如果企业或商品改变频繁，必要时可中间改变一次权数基期，也允许使用可变权数计算财务指数，即每年或隔年改变一次权数基期。可变权数操作起来比固定权数难度大，需要每年根据当年的产销量计算权数，由于计算权数需要多种商品、多种行业，这就要每年进行较多产销等规模标杆量（包括样本企业和相关商品）、较多企业类型的调查。每次改变权数基期还要使用新权数重新计算上年各月的财务指数，以求报告期的财务指数与上年同期可比。用可变权数只能计算年度的环比指数，各年度环比指数连乘计算定基指数数列。改变权数基期时，如果仍使用原来权数基期的企业财会数据，改变权数基期只是起到调整样本企业名目的作用，实际上是按半可变权数理论计算财务指数。

（二）关于样本企业名目的灵活

这是一个地区性问题，在某些地方编制本地区财务指数时，需要考虑这一因素。全国的样本企业名目是依据各种产业与企业的重要性制定的，在全国范围内统一执行。而对地区性财务指数编制而言，应按本地区的行业或产业处理；某些在本地区比较重要的商品或企业未列入全国样本企业名目，对此可以补充进入本地区的样本企业名目中；计算直接权数时如果有的行业覆盖率较低，又没有重要产业或企业可以补充，可以在该行业中补充一些附加小类企业，用以增大行业权数，提高该行业的覆盖率；也可将某些小类企业划细以其中的细分类作为样本企业，便于反映产业或行业结构或企业类型的变化。各细分小类产销量之和应等于原类产销量，不可用部分细分小类代替原类企业，如果细分小类产业或企业类型过多，在列出几个主要产业或类型后可将剩下的小类产业或企业归纳一起列为“其他”项补齐。细分小类产业或企业类型设置好之后，要把相应类的产业或企业去掉，以避免重复计算。补充以后即成为符合本地区实际情况的样本企业名目，用以计算本地区的财务指数。

第四节
样本企业的代表性

财务指数是采集样本而推算的总体结果，样本之代表性如何，直接决定着财务指数的质量高低。而这种代表率又常常是与选取样本的代表性联系在一起的。不过，基于实质重于形式的财务思维，我们不得不强调，代表性也是需要推敲的。因为，“代表性”是常常会被简单化地用定量指标来衡量，而代表性则是隐藏于群体内存肌体的内含价值。也就是说，“代表性”就是指样本普及在整体企业、行业、地区等群体之中，代表性与代表率是有区别的两个概念，有的调查样本大，但深入度不够，数据价值也就不强，从而代表性不高。在计算财务指数开始阶段，代表性的计算和研究是一项必不可缺少的工作。

一、样本企业代表性的意义

改革开放以来，中国经济持续、高速、稳定地发展着，社会经济统计活动也越来越多地推进着，统计样本的术语、数据和资料也开始被人们谈讨，如某上市公司的财务报告、证券信息，国家权威机构发布的各种统计数据。在统计领域，样本代表性是一个具有双重内涵的相对性概念：其一是相对于总体实际情况而言，样本群体所反映的情况只能接近总体的真实状态，永远也不能完全代表总体；其二是一个具体样本代表性的“好”与“不好”只有在比较不同设计方案下、不同目标指数下才有意义。可见，务必认真思考，切不能不加思虑地照搬应用，而应该根据实际问题的具体状况和本欲达到的分析目标去进行鉴别，正确有效地运用数据来为人民服务，为社会作出更大贡献。在本文研究语境下，所谓“样本企业代表性”是指样本企业增加价值量占增加值总体的比重，简称为“代表性”。

样本企业代表性是财务指数总体方案设置的重要参考指标。因此，当样本企业初步确定以后，就要依据有关资料计算样本企业代表性，以验证样本企业的选择是否恰当，各种有关资料是否准确无误。对于各地区来讲计算样本企业代表性尤为重要，可根据代表性的大小确定补充样本企业的数量及检验各种资料的准确性。

除了观察全部样本企业代表性以外，主要观察分行业的代表性，因为计算代表性的范围越小反映出来的问题越具体，分析问题和发现差错越准确。

代表性是行业或企业的价值量与总量指标之比。企业财务状况、经营成果和现金流量的发展变化态势的总量指标有增加值和总活动量两个，按理两个总量指标均可以用以计算代表性，但总活动量的代表性很难准确计算。这是因为，各个企业内没有重复计算的因素，而行业总活动量内包含各企业之间重复计算因素，而且各行业重复计算的程度不同，行业内的主营业务收入、资产规模总额、利润总额或地区间的 GDP 数据，可以造成彼此之间口径不同，不完全可比，计算出的代表性往往很高。跨行业生产产品的总活动量的行业调整工作也难进行，故总活动量的代表性计算难以准确，并且意义不大。因而这里主要论述增加值的产品代表性。

二、样本企业代表性的合理判断

样本企业的代表性高低，通常会受多种因素影响，各种数据可能也很难做到十分理想。因此，要对初步计算出来的代表性是否合理进行必要的分析判断，不合理的一定要找出其具体原因。各个行业、各个企业可能都有许多特殊的情况，无论代表性高一些或低一些，只要找到原因，能够作出合乎情理的解释，就可认被认为是合理的解释。只有掌握了这些纷繁的情况，才能对编制出来的综合指数给出能够令人信服的解释，这也是增强指数生命力的现实基础。

（一）整体代表性审查的数量与程序属性

那么，究竟应该如何评估一个具体样本群体的代表性？当然原则是兼顾“需求”与“可能”，或者说，答案只有一个：审查和评估一个样本群体的方法不是依据该样本的特征，而是依据其抽取的过程。对这个过程的评估涉及多个方面，比如：抽样框是否明确，样本规模有多大，样本的抽取是否严格遵循了概率抽样程序，在具体的实施过程中，有没有未应答现象，应答率是多少，等等。为了计算权数，需要认真审查行业代表性，这在执行中也经常遇到一些具体问题。代表性受多种因素影响，有个别行业代表性稍高，也可能略超过 100% 。这种情况多发生在产品比较单纯的行业。如果超过得不多，并且找不出明显差错时可以认为代表性合理。如果不属于产品单纯的行业或代表性超过过多，说明某项数据有差错，应按前述方法查找差错，并予以改正。

（二）产品单纯的行业代表性应当较高

有些行业内产品单纯，只有一个或几个大产品，且都被选为样本企业。例如，煤油、煤炭、电力、牙膏等以及以主导产品价值量为样本企业计量单位的行业，其代表性应在95%以上。如果代表性过低，可能是行业过于分散，且行业样本群体调整有问题，或是由于主营业务收入数据、企业财会数据有差错，应找出原因，对于差错给予更正。

（三）行业代表性偏低

行业代表性一般应达到70%左右，有时行业内产品比较多而且比较分散，所选的样本企业代表性可能达不到要求。对于这种低代表性样本，除情况特殊以外，应当认为样本企业不足，应考虑增补样本企业。如果没有比较重要的产品可供增补，则应增加较多附加产品，提高行业代表性，使得该行业权数不致过小。

（四）非代表行业的影响

有时小行业的样本企业代表性并不低，而所属大中行业的样本企业代表性却较低，往往是由于该大中行业内有非代表行业，例如：包括了服务行业或选不出样本企业的其他行业，行业内只有样本企业的价值量，而行业的增加值则包括非代表行业的增加值，因此样本企业的代表性可能较低，这时可以扣除非代表行业后计算样本企业代表性观察有无问题，或增补一些附加产品，使该行业的代表性也达到70%左右。

以上情况是对于行业样本企业代表性合理性的判断，根据具体问题具体分析的方法来确定。只要求符合原则，不强求完全划一。制定全国财务指数方案要求比较严格，按照上述原则和方法进行操作，使代表性达到规定的要求。各地区计算和研究样本企业代表性，只要求达到消除基础数据中的差错，适当补充样本企业的目的即可，对样本企业代表性的高低不必过多计较。

财务指数总体方案的制定是十分重要的工作，它规范全国计算财务指数的原则和办法。财务指数总体方案制定得完善与否，涉及财务指数工作推行的成败问题，所以需要十分谨慎。

三、代表性的计算公式

增加值①代表性是使用样本企业的增加值价值量（主营业务收入乘以该产品的单位增加值），与同口径增加值之比，计算出样本企业增加值代表性。增加值行业代表性的计算公式为：

$$\text{行业代表产品覆盖率}(\%)=\frac{\sum(\text{代表产品产量}\times\text{该产品单位增加值})}{\text{行业工业增加值}}\times 100\%$$

计算代表性使用的行业规模量，必须是经过行业调整后的行业规模量。因为，各行业是按各种产品的特性划分的，企业财务状况、经营成果和现金流量的发展变化态势的总量指标是由企业计算的，按照企业主要产品性质划分该企业所属的行业，属于基本原则。由于很多企业跨行业生产产品，所以同一行业的产品价值量与该行业规模量指标的口径范围并不吻合。经过增加值的行业调整，将本行业生产的其他行业产品增加值调整到该产品所属的行业中去，将其他行业生产的本行业产品增加值调整到本行业中来，使得行业内的产品价值量与增加值的口径一致，即做到该行业内增加值为该行业内全部产品和劳务增加值价值量之和。只有与样本企业价值量的口径一致时才能计算行业样本企业代表性。行业内样本企业的价值量占行业规模量的比重就是行业的样本企业代表性。

四、样本企业代表性的应用

样本企业代表性是财务指数计算过程的必要步骤。代表性具有多方面

---

① 此增加值可以是利润增加值，也可以是销售收入增加值，甚至可以是资产规模增加值。当然，基于人们对经济价值增量的普遍理解，有时也称之为产品或商品的增加值。其内涵价值就是关系到企业生产经营活动所倡导的某种能以价值增量体现的新创造额。

的作用，主要有确定样本企业、验证行业调整是否准确、检查计算财务指数的基础资料中有无差错等。

（一）反映样本企业的代表性是否合理

前述选择样本企业最重要的原则是分行业选取占总体比重大的产品，以增强其代表性。在样本企业太多的前提下尽量提高样本企业代表性，样本企业代表性越高，表示样本企业的代表性越强。由于各行业的情况不同，各行业样本企业代表性的高低不能要求一致，应根据各行业不同情况分析确定。有的行业只要 1－2 种样本企业，其代表性即能接近 100%。有的行业虽然选定了多种样本企业，但代表性仍达不到 70%。对于那些行业集中度极低的企业来说，代表性过低的行业如果基础数据没有差错，说明样本企业数量不足，应适当补充样本企业，没有适当重要的产品可供补充时，则可以选择一些附加样本企业，以提高行业代表性，增加该行业的权数。虽然各行业的代表性不能一致，但各行业代表性越平衡越好，行业代表性越协调，则所计算的权数越会趋于合理。

（二）反映行业规模量调整的效果

事实上，造成行业代表性不合理有多种原因，例如，增加值行业调整是否有错。行业代表性过高，往往是该行业调出过多或调入不足；行业代表性过低，往往是调出过少或调入过多。检查该行业分细项的调入调出资料，对于调入的要检查是从哪几个行业调入，共调入了哪几种产品，其主营业务收入、单位产能增加值和价值量是否合理；对于调出的要检查调出了哪几个产品，是否属于本行业跨行业生产的产品，其主营业务收入、单位产能增加值和价值量是否合理。行业代表性发生不合理，多数情况是由于调入和调出的主营业务收入有错，因为调入和调出主营业务收入都是该生产企业的非主要产品，企业填报报表时最容易发生差错。通过分项检查，一般很容易发现不合理的调整项，予以改正即可。样本企业代表性对准确进行行业调整工作具有很大帮助。

（三）反映基础数据中的差错及其纠正办法

样本企业代表性依据行业内主营业务收入与行业调整后的增加值计算，两种口径是一致的，应当比较协调。计算产品价值量的同度量单位是单位产能增加值，多数产品的单位增加值是由产品的单位销售利润率与增加值率计算求得。因此，一旦行业代表性不合理就会涉及行业规模量、样本企业主营业务收入、产品销售利润率、行业规模量率和单位产能增加值等五个指标，其中只要有一个发生较大的差错，就会导致代表性产生不协调的情况。遇到代表性过高或过低又不是样本企业不足造成时，应从以下几方面检查原因，查出差错并予以改正：

1. 样本企业主营业务收入的问题

首先检查主营业务收入的数据与计量单位是否相符合，两者不符合则判断为主营业务收入数据有差错，然后检查主营业务收入数据有无虚增或遗漏，主营业务收入虚增则代表性过高，主营业务收入遗漏则代表性过低。一般通过检查分地区或分企业上报的原始数据，很容易发现差错，往往只改动个别地区或个别企业的数据，即可纠正差错，使代表性趋向合理。

2. 样本企业平均销售利润率过高或过低

单位产能销售利润率是通过调查取得的资料，也是计算单位产能增加值的依据。销售利润率过高则代表性也高，销售利润率过低则代表性也低。这时要检查分地区产品的平均单价以及产品主营业务收入和销售收入等指标，通过各地区平均销售利润率的比较，发现某个地区的平均销售利润率极高或极低这种重大差错会影响整体的平均销售利润率。这时可改正有差错的数据。另一办法是由于销售利润率是个平均值，修改时也可以将有差错地区的主营业务收入和销售收入剔除，使用其余地区资料计算平均销售利润率，即可取得合理的平均销售利润率。

3. 检查增加值率

样本企业的单位产能增加值直接参与代表性的计算，单位增加值过高或过低都会使得代表性不合理。单位产能增加值是个计算指标，它由单位产能销售利润率乘以小行业规模量率求得。其公式为：

单位产能增加值 = 单位产能销售利润率 × 小行业规模量率

当单位产能销售利润率经审查基本准确的条件下，就要考虑增加值率是否有问题。小行业的增加值率偏高，单位增加值也高，则代表性必高。反之，小行业的增加值率偏低，单位增加值也低，则代表性必低。

行业规模量率也是计算指标。其计算公式为：

行业规模量率（%） = 小行业规模量 ÷ 小行业总产值 ×100%

一般行业的增加值率没有问题，只有特殊的行业由于群体结构影响可能有偏高或偏低的情况。例如：行业内深加工的联合企业比重较大时，由于其中间产品（自产自用产品）不计算总产值，使得总产值相对偏小，对增加值没有影响，这样计算出来的增加值率就偏高，造成单位产能增加值也偏高。在一些行业，其产品需要经多个企业广泛协作加工共同完成，其中间周转的产品经多个企业重复计算总产值，使得总产值偏大，这样计算出来的增加值率就偏低，造成单位产能增加值也偏低。还有一种情况，在同一小行业内的产品加工繁简程度差异较大（增加值是产品在加工过程中增加的价值，故加工的繁简程度决定其增加值的大小），例如；煤炭洗选行业中，洗精煤与选煤的加工繁简程度就相差甚远。在同一行业内加工繁简程度差异很大的产品，使用同一个增加值率计算单位产能增加值，就会发生不合理的情况。遇到样本企业代表性不合理，而且是由于以上三种情况造成的，应分析具体情况依据有关数据适当调整增加值率或直接调整单位产能增加值，使代表性趋于合理。这种调整工作难度较大，应当由对生产情况十分熟悉的人员谨慎进行。各地区计算财务指数使用全国平均的单位产能增加值，故对于增加值率只需了解上述原理，可不做调整工作。

4. 检查行业规模量

行业规模量和总活动量的数据质量一般高于其他指标，但有时也会发生差错。过去由于跨行业生产，产品价值量与主营业务收入不同口径，对于价值量指标与主营业务收入的关系只能进行逻辑审查，差异不大即可。经过行业调整后的行业规模量与产品价值量口径取得了一致，所计算的代表性是同口径的。代表性是对主营业务收入和增加值数据质量最严格的审查，增加值稍有差错就会从代表性中反映出来。如果主营业务收入和单位产能增加值都没有疑问，应考虑到增加值可能存在差错，查找原因给予改正。

以上计算和使用代表性是为了制定财务指数的总体方案。各项工作主要是在全国进行，同时取得准确的数据提供全国各地区使用，故要求比较严格。各地区也要进行这一系列的工作，目的是查出和改正地区基础数据中的重大差错，对于代表性不合理的情况只需找出原因，作出合理解释即可。

五、各地区计算和检查样本企业代表性

各地区必须计算和检查样本企业代表性，其目的是为了纠正当地基础数据中的差错，计算出正确的权数，以便准确地计算财务指数。各地区进行行业调整和计算行业样本企业代表性时，必须使用当地的企业财会数据，因为只有当地的主营业务收入、单位产能增加值和增加值的口径范围一致，才能发现问题。针对发现的问题，进行上述一系列调整、检查和纠正工作。由于各地区正式计算权数时，是用全国的单位产能增加值计算，因此，对于各地区只要求通过计算代表性改正基础数据中的明显差错，查找代表性等指标不合理的原因。

例如：本地区某行业中主要生产企业是一个严重亏损的企业，该行业的增加值必然较低，而单位产能增加值是各企业的平均数，由此计算出来的产品价值量就会高于增加值，使得该行业的代表性很高，属于这种情况，不必要也不应该修改数据。

由于本地区的单位产能增加值与全国平均单位产能增加值有一些差距，样本企业价值量与增加值的口径发生不一致，但使用全国平均的企业财会数据计算出的权数，不受本地区偶然因素影响，能够正确反映该产品在经济中的地位和作用。各地区一旦完成对基本数据改正错误以后，正式计算权数时，企业财会数据改用全国平均企业财会数据（单位产能增加值）。此时如果各地区再计算样本企业代表性已经没有意义，故不再需要计算代表性，直接使用全国的单位产能增加值计算权数即可。

第五章

财务指数编制：权数测试确定

综合财务指数使用加权算术平均数指数公式，权数是必要的指标。尽管指数的权数虽然可以多年计算一次，但因其涉及的问题较多，计算起来也有一定难度。本章重点讨论权数的性质和权数计算的有关问题。权数的计算分为两个类别，一类是一个企业主体内部，基于财务运行规律而确定的各个个体指数与相关指标彼此之间的轻重缓急所决定的权数①；二是基于规模大小不同的企业、行业，它们在总体经济活动所占的决定效能的大小所决定的权数。不过，我们还需要进一步厘清指数编制的操作路线和权重的价值所在。

本书所阐述的中国企业的综合财务指数，应该是微观基础上，渐次组成中观，最后形成宏观层面的。其中，可以选择的路径包括两类：一类是统一编制，同类项先相加，再计算同一主体的指数，即将样本企业群的各相关原始财会数据（主要是绝对数）的直接加总来计算上一级主体的同类财务指标，即先加总来自于各企业个体的原始财务指标，形成上一级主体范畴所对应的原始财务指标，再按照同一企业主体内部各个财务指标之间的相互关系和规定的计算和编制方法来编制上一级主体范畴的财务指数；另一类逐层编制，是在计算和编制下一级主体财务指数的基础上，通

① 权数，掌握权力的要术与轻重，故又称权重。在统计与分析中，用来衡量总体中各单位标志值在总体中作用大小的数值。

过构成整个行业或整个地区总体内部的各部分结构标杆，通过相应的权数来计算和编制这一主体对应的综合财务指数，以此类推，直到编制形成中国企业的综合财务指数。

当然，不论是先取得是下一级主体原始财会数据再直接在本级主体层面计算得出其相应的综合财务指数，还是逐级编制下一级综合财务指数后，根据行业或地区构成权数来编制本级层面财务指数，都需要通过两个视角的权数测度来完成财务指数的编制。即：既要测度针对企业内部各个财务指标如何通过权数集成为针对一个企业的综合指标体系，又能要通过行业或地区构成之间的权数来使得财务指数跨越到针对一个行业或一个地区的所有企业群体。

如图5-1所示，要编制由不同企业、不同行业或地区所构成一个整体性中国企业的综合财务指数，必须确立一个三维视角的立体处理系统。尽管上述两种思路都可以达到编制总体范围内中国企业的综合财务指数的目的，不过，如果考虑到不同层面（如国资委等主管机构等）基于其自身管理与控制的需要而考虑拥有相应的指数作为分析标杆时，我们认为，应该采取第二种思路，即逐级编制模式。

在逐级编制的思路下，应该首先考虑企业内部各个财务指数之间的权数关系，即同一企业、同一行业在不同指标之间的权数轻重，再考虑在许多企业群体中同一指标在不同行业、不同企业之间的权数主次。这就是说，应该首先确定企业内部单项财务指标的权数测度，再确定企业群体组成结构之间的权数测度。

基于权数的重要性和复杂性，本章将在第二节对权数的共同价值进行分析的基础上，在第三节专门探索针对企业内部单项财务指标的权数测度，在第四节专门探索企业群体组成结构之间的权数测度。

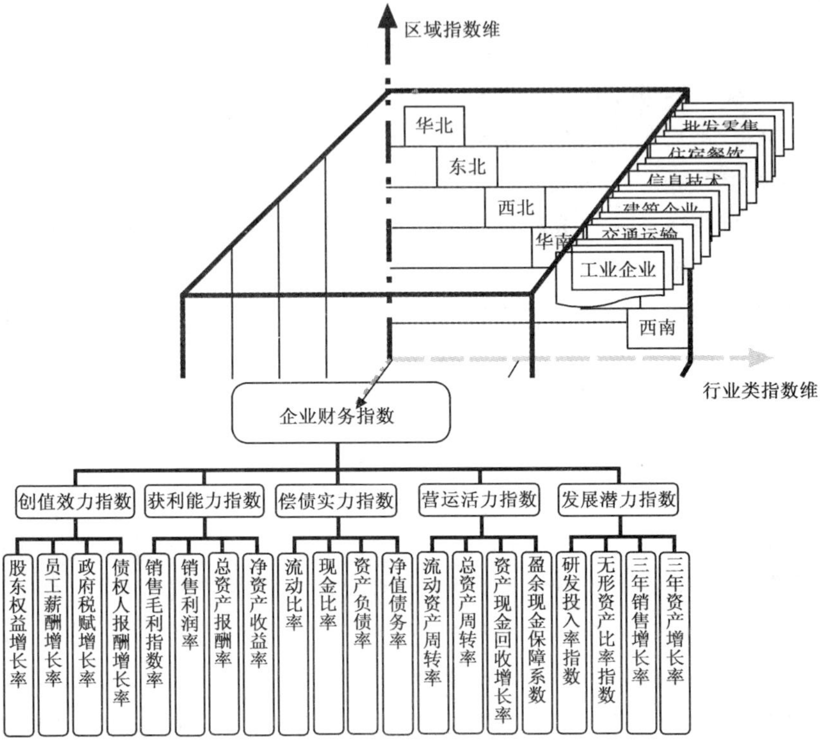

图 5－1　综合财务指数编制的逻辑思路示意图

第一节

指数权数的价值分析

权数，顾名思义，是一种能够在全局驾驭上发挥着轻重缓急的法码效能的标杆性数字。中国企业的综合财务指数的权数自然在计算财务指数中起着重要的标杆性功能，没有准确的权数自然难以计算出正确的综合财务指数。

一、权数的基本内涵

权数又称权重，在考查某一个事物的集合时，它反映集合中个体对总体的作用程度的指标，也就是衡量个体重要性的指标。权数以数值来表示，个体的权数越大，表明该个体越重要，对总体的影响程度越大；个体的权数越小，表明该个体越次要，对总体的影响程度也越小。其实，这与当今世界十分引人瞩目的话语权是相同的道理。人们常说，一个位高权重的人，把握着决策权利，其话语权力对社会的影响巨大，一旦这些角色失信，必然导致地区性或部门性的工作损失，人民遭殃，所以，这些角色更加受到相关各方的关注。综合财务指数中的权重也是这个道理。

综合财务指数从本质上讲，是通过不同历史时期财务指标的变动情况，反映不同时期企业财务状况、经营成果和现金流量的发展变化态势（包括趋势和幅度）。考察某一地区的总指数时，这个地区的所有样本企业的个体指数就是一个集合，每个企业的个体指数就是集合中的个体。同样，考察某一行业的总指数时，该行业内所有。企业的个体指数就构成一个集合，而行业内每个企业的个体指数就是集合中的个体。每个样本企业在经济中的重要性有着很大的差异，有些企业的个体指数变化很大，但对总的企业财务状况、经营成果和现金流量的发展变化态势发展影响并不一定大，有些企业的个体指数的变化很小，但对企业财务状况、经营成果和现金流量的发展变化态势发展影响可能很大，也就是说，它们对经济发展变化的作用不同，不能等同对待，必须加以区别。标志它们区别的就是财务指数的权数，权数就是反映各个企业在经济中不同地位和作用的指标。

具体来说，财务指数是对集合内所有样本企业的个体指数的加权算术平均数。即计算某一行业的财务指数，就是对该行业内所有样本企业的个体指数进行加权平均；计算本地区总的财务指数，就是对本地区所有样本企业的个体指数进行加权平均。因此，综合财务指数的计算，权数是必不可少的指标。

(一) 权数的特点

综合财务指数的权数是计算财务指数的基础。权数有以下特点:

1. 原始基础性

只要计算综合财务指数，就必然用到权数。权数是计算指数的基础，大到各个行业、小到各种商品甚至各种指标。计算综合财务指数之前先要计算权数，没有准确的权数就计算不出来准确的综合财务指数。不同的权数计算出不同的指数，权数的性质决定财务指数的性质。此外，有些权数是相对固定的规律性数值，如各个分期财务指标在综合财务指数中的要重系数，由于使用固定权数计算财务指数，权数一经确定后几年不变，由此可见权数是计算综合财务指数基础资料之一。

2. 数值客观性

综合财务指数的权数应该反映企业财务状况、经营成果和现金流量的固有发展与变化规律，以及各种指标在经营运动中的比例关系，这种内在关系是经济本身固有的，使用有关资料通过严格计算求得。外延行业权数和内涵分组权数也是按一定办法计算求得，反映了经济中的结构的实际状况。当然，在实际工作中，有一些权数也可能通过专家们评定的数值经平均计算求得，这类权数包含了人们主观意识。但是这种主观性必须建立在尽可能符合客观规律的基础上，仅仅是简化处理而变通获得的，从长期看，依然是客观现象的写照。

3. 相对稳定性

综合财务指数计算采用固定权数，一次制定的权数一般使用几年不变，因为财务指数的权数反映指标逻辑关系和经济结构，在一个国家内经济结构是逐步变化的，短期内一般变化不大，故权数可以固定一段时间不变。财务指数的计算是首先计算以权数基期为指数基期的定基指数数列。综合财务指数计算采用的权数的相对稳定性为财务指数计算提供极大方便。

4. 指标隐蔽性

综合财务指数的权数只是权衡样本企业个体指数在总体中的作用，对综合财务指数的高低不起直接作用，譬如各种样本企业均以同样速度增长，则经加权计算总指数的增长速度也与各类别的增长速度相同。只有在各样本企业的发展速度不同时才显出权数的作用，权数较大且发展速度较快的样本企业起到提高总指数的作用，相反，发展速度低的样本企业则起到拉低总指数的作用。因此说财务指数权数的作用不是非常明显的、一目了然的。它对财务总指数的作用是隐蔽性的、综合性的。

（二）权数的基本分类

综合财务指数的权数，可以依据其性质、作用和计算方法等标志进行多种分类，不过，这里主要介绍按照权数的性质与计算方法进行分类，即反映单项财务指标权重的分类、反映单个行业权重的分类。

1. 按权数的性质分类，可分为规模性权数和营业额权数

第一种是规模性权数，反映各相关财务指标在综合指数中位置的权数，是一种基本的权数。

产生于企业绩效指标的权数自然是指绝对数权数，它是根据权数基期的主营业务收入或利润总额等绩效指标来计算得出的。该权数反映各单项财务指标在综合财务指标生成过程中产生的权衡轻重程度，对综合指标具有直接决定、重要影响的单项财务指标，同样数量的变化其贡献的价值影响力较多，其权数相对较大；而对于综合指标的相关性较低、影响力较弱的单项财务指标，同样数量的变化其贡献的价值影响力较少，其权数也相对小些。权数的这一特点自然反映到财务指数中去。规模巨大的主体，其相对作用大，规模较小的主体，相对作用小。因此，按最终相关规模大小计算的权数，反映行业地位与作用的特点，使用其计算的财务指数也反映规模量的特点，故也称为规模性权数。

第二种是营业额权数，反映各主要行业在整体指数中位置的权数。

业务周转量包括指销售量权数，它是依据企业的主营业务收入和销售利润率计算的故称为营业周转量。依据单位销售利润率计算的权数，有些加工过程简单、原材料比重大的商品的权数有可能相对较大，对指数的作

用相对也大一些。相反加工复杂的原材料比重小的商品权数有可能相对较小，对指数的作用相对小些。生产周转量的权数计算样本企业覆盖率等使用总产值为总量指标。使用这种权数计算的财务指数反映了总产值的特点。故也称为总产值权数。

两种权数均可用于计算财务指数，由于两者性质不同，计算的财务指数也略有差异。国外多数国家使用增加值权数计算财务指数，也有的国家同时使用两种权数来计算财务指数，以便互相参照。

2. 按照权数使用时间的长短，可分为固定权数、可变权数

固定权数使用的时间最长，制定一次权数一般使用五年，每隔五年重新编制新的权数。计算年度财务指数和月度定基财务指数均使用固定权数。由于权数事先算好，不必临时计算，故计算财务指数比较方便，保证了财务指数的时效性。同时，由于计算权数所需要的基础资料甚多，计算复杂，工作量大，使用固定权数，减少了计算权数的频次，同时由于能够使用较详细准确的资料，有利于提高权数的质量。

可变权数是指每年改换一次权数（每月改变权数难以实现），即每年初依据年度资料计算权数，供计算下一年度和下年月度财务指数使用，实质上对年度来说它是可变权数，对于年度内则是固定权数。每年年初都要计算一次权数，为使财务指数与上年可比还要使用新权数将上年的各月度财务指数重新计算。因此，只有地区的样本企业频繁变化时才采用这种办法。由于计算权数需要众多基础资料，是一件复杂的工作，故对月度财务指数来说，使用可变权数的要求只能停留在理论上，实际工作中无法做到。

除了固定权数与可变权数之外，也可以设置半可变权数。半可变权数是指权数中的单位商品增加值结构不变，而主营业务收入结构随指数基期的变化而改变。就是说权数的群体结构与指数基期的群体结构一致。这种情况是在财务指数计算过程中自然形成的，即使用定基指数计算环比指数或改变财务指数基期时，权数的群体结构自行与指数基期的群体结构取得一致。当然也可以按照半可变权数理论，有意设置半可变权数计算环比指数，其计算结果与使用定基指数相除结果相同。

3. 按权数的计算过程划分

财务指数的权数按计算过程不同，可分为直接权数和分层权数两种：

第一种，直接权数。直接权数的计算过程是在样本企业名目确定以后，依据样本企业的主营业务收入和单位商品增加值，首先计算各样本企业的权数，根据样本企业的权数归纳计算各行业和各种分组的权数。为了减少资料收集和财务指数计算的工作量，样本企业数量不能过多，有限的样本企业在各行业中分布不可能很平衡，商品种类较多的行业样本企业覆盖率可能偏低，这时就要在该行业中选取若干商品作为附加商品，以提高该行业的样本企业覆盖率。因此，直接权数与商品附加是联系在一起的权数计算办法。美、日等国家采用直接权数计算财务指数。直接权数的优点是：计算原理和方法简单明了容易理解；绕开了由于跨行业生产商品须要进行行业调整的难题；财务指数的各种分组建立在商品上，比建立在行业上准确。其存在的问题是：由于样本企业在各行业的分布不平衡，虽经商品附加各行业的覆盖率仍不可能一致，因而直接权数与增加值各行业之间比例关系比较，商品简单的行业权数略高，商品复杂多样的行业权数略低。

第二种，分层权数。分层权数是依据商品的总量指标（规定使用增加值为总量指标）计算，首先计算大行业的权数，依次计算中行业和小行业的权数，最后将行业权数分配计算到行业内的样本企业上。计算分层权数有些行业内没有样本企业，这类行业的价值量要附加到性质相近的行业上去。也就是分层权数必然要进行行业附加。欧洲多数国家采用分层权数计算财务指数。

分层权数的优点是：分层权数的计算原理简单明了；增加值分层权数能够与经行业调整后的增加值中各行业之间的比例关系基本一致。存在的问题是：多数企业跨行业生产商品，为了计算出商品与行业性质相同的增加值，要依据基层企业的统计资料对行业规模量进行行业调整，这是一件比较复杂的工作；总产值不包括企业内部自产自用的中间商品，而商品价值量则全部计算，两者口径不同，不能进行行业调整。包含跨行业生产商品的总产值不能计算出来准确的行业权数；联合企业较多的行业总产值相对偏少，其权数偏小，商品由各企业分散生产情况较多的行业总产值偏多，其权数偏大。因此，总产值权数不宜使用分层权数法计算。

（三）权数计算的基础信息审查

企业财会数据是计算权数最难取得的资料，其难处在于；一是要包括样本企业和附加商品，商品数量很多；二是日常报表中往往不统计企业财会数据，为了取得全国平均的企业财会数据须依靠全面调查取得，工作量较大。

取得企业财会数据一般是与普查结合，或者专门进行权数基期的基础资料调查。调查表中设置按各种商品分类的“主营业务收入”和“商品销售额”两个指标。按商品汇总以后，将销售额除以主营业务收入求得全国平均的单位商品销售利润率。

单位商品销售利润率是通过计算求得的指标，计算依据的两个指标只要有一个指标有差错，就会使平均销售利润率发生差错。因此，对资料的审查非常重要。审查企业财会数据最有效的办法是审查分地区单位商品的平均销售利润率。每种商品各地区的平均销售利润率都比较接近，如果发现该商品某地区的销售利润率特高或特低，说明该商品数据有差错，有准确资料时可以改正之后再计算平均销售利润率。如果一时查不到准确资料，也可以将特高或特低的一两个地区扣除以后再计算平均销售利润率。由于企业财会数据是一个反映水平的数值，缺一两个地区的资料不影响平均企业财会数据的准确性。

单位商品销售利润率是计算总产值权数的同度量单位。可以与主营业务收入相乘计算总产值直接权数。

二、指标权数的确定方法

俗话说，遇事要权衡，要权衡其轻重缓急、权衡其利弊得失等。这个道理用在多指标分析领域，一个指标的权重也就是该指标在整体评价中的相对重要程度。这种相关性有差异总是需要通过权重来衡量的。在其他条件相同时，对综合指标影响的大小主要取决于权重的高低，所以权数是一个相当重要的参数，必须谨慎对待。

在指数编制领域，权数按照其表现形式，可以分为绝对数权数和比重权数，通常的主流形式则选择以比重权数为主，并且是经过归一化处理后的权数。按权数的性质（影响因素）分为实质性权数、估价权数、信息量权数和系统效应权数等四种。其中，实质性权数，包括标志值次数、指数同度量因素，它们与被加权的因素的乘积是有实质性意义的社会经济统计指标，权数是构成这个指标的一个实质性因素；估价权数，是从评价者的角度认定各评价指标（项目）的重要性程度大小而确定的；信息量权数，是根据评价指标所包含的对评价对象分辨信息量的多少区分度、或相似度来确定，如标准差或相关系数加权；而系统效应权数，则是从评价指标与被评价事物总水平的关系来确定。

权数怎么确定，通常可以分为主观赋权法和客观赋权法两种方法，以下简单分析权数确定的技术方法。

（一）主观赋权法

主观赋权法的研究相对客观赋权法而言具有较长的历史，发展相对成熟，其共同特点是由专家根据自己的经验和对实际的判断进行赋权。当然，选取的专家不同，得出的权重系数也会不尽相同。这类方法的主要缺点是主观随意性大，这一点并未因采取诸如增加专家数量、严格挑选专家等措施而得到根本性的改善。因此，在某些个别情况下，应用单一一种主观赋权法所得到的权重结果可能与实际情况存在较大差异。不过，瑕不掩瑜，而这类方法的优点是专家可以根据实际问题，较为合理地确定各指标之间的排序，也就是说，尽管主观赋权法不能直接准确地确定各指标的权重系数，但在通常情况下，可以在一定程度上有效地确定各指标按重要程度给定的权重系数的先后顺序，从而进行权重系数的确定。

常用的主观权数确定法具体包括：

1. 德尔菲法（专家法）

这实际上是组织各位专家可以根据自己的理解选择不同的标准。为了提高各评价指标权数确定的准确程度，定量评价往往需要聘请评价对象所属领域若干专家对各个评价指标的重要程度进行评定，给出权数。一般程序先是由各个专家单独对各评价指标的重要程度进行评定，然后由定量评价分析人员对各个专家的评定结果进行技术性综合，计算出权重系数。这种方法也称为德尔菲（Delph）方法。

2. 层次分析法（AHP）

层次分析法是通过各种评价指标两两相互比较确定出各自的相对重要程度，然后通过一定的数学计算来确定各评价指标权数的方法。

层次分析法的程序有三个步骤，渐次推进：第一步，两两指标比较，建立判断矩阵；第二步，根据判断矩阵，计算权数向量；第三步，对判断矩阵和计算结果进行一致性检验。层次分析法的具体应用将在本书后面结合案例进行详细阐述。

（二）客观赋权法

客观赋权法的原始数据来源于评价矩阵的实际数据，使系数具有绝对的客观性。该方法视评价指标对所有评价方案的差异大小来决定其权重系数的大小。这类方法的突出优点是权重系数客观性强，但有时会与实际不符。在实际情况中，依据上述原理确定的权重系数，最重要的指标不一定具有最大的权重系数，最不重要的指标可能具有最大的权重系数。客观赋权的常用方法有：变异信息构权、相关信息构权和熵信息构权等。

1. 变异信息构权（离散/方差信息构权）

指标的区分度越高，对排序的影响就越大。基于这种观点，以区分度（方差）信息量为权重。目前，主要有两种方法：一种是根据标准差大小来确定权数——直接将各评价指标的标准差（系数）向量进行归一化处理而得。另外一种就是主成分分析法（PC 构权法），即根据方差矩阵计算特征根及特征向量，并以特征向量为权重。但事实上这种权数与原始变量的方差并不成正比，所以，严格地说，它反映的是变量之间的相关信息，而非方差信息。方差信息构权最主要的问题——方差信息是否真正全面反映了定量评价的价值。因此，有人提出，应该将方差信息权与重要性权结合起来。

2. 相关信息构权

复相关系数法是针对每个被选指标，根据其余指标对它的复相关系数来确定权数。相关系数总和法是对其他指标的相关系数的总和，再作倒数处理并归一化。

3. 熵信息构权

熵有不同定义，相应有不同评价方法。它本质上仍然是离散程度大——熵值小——权大。它只是定义了一个新的测度变异情况的指标（=1-熵值）。由此，任一相对变异指标都可用来定权。

需要补充说明的是，上述主观赋权法中的专家意见法，其内在实质也是长期客观经验积累的专家判断能力，并不是真心实意纯正的主观设想，客观基础才是最重要的；而一些客观赋值法，也是统计调查的数据中引申而来的。

第二节 企业内部单项财务指标的权数测度

权数的计算是编制综合财务指数的一个相当重要的环节。因为，即使对于同一个企业而言，各种不同的基础指数，其在企业整体生存与发展的使命中，所发挥的作用也是不同的，即各个基础指数在企业当中的重要性和地位是有差别的，因此，其权重自然是有区别的。本节专门阐述对这些基础指数的权数确定问题。

对于常用权数分析方法，前面已经进行了简单的描述，本节具体应用层次分析法来测度企业基础财务指数的权数。

层次分析法（Analytic Hierarchy Process，简称 AHP）是一种可用于处

理复杂的社会、政治、经济、技术等方面决策问题的现代决策分析方法，主要是利用不确定的和多标准的特征来解决决策问题。其决策的过程是把复杂问题分解成各个组成元素，按支配关系将这些元素分组，使之形成有序的阶梯层次结构，在此基础上通过两两比较的方式判断各层次中诸元素的相对重要性，然后综合这些标准确定诸元素在决策中的权重。利用AHP方法解决相关决策问题，一般分四个步骤进行：首先构造出多因素递阶层次结构图，然后针对影响因素构造两两比较矩阵，逐行逐列进行比较，给定重要程度的标度，第三步进行层次单排序计算处理，计算最大特征值及相应的特征向量，最后进行判断矩阵一致性检验。

以下具体探讨我国企业财务运行中，由各种财务指标所处的地位和作用所决定的在总体态势中的优先级层次问题。我们将分成三个层面逐步进行推理：一是从层次分析法视角来解读在企业生存与发展的使命中，是什么因素构成微观、中观和宏观的各级决策者所共同关注的焦点；二是利用层次分析法，对经过面向相关人士（企业经营层、政府管理层、学术研究者等）的排序观点，进行理论上的系统推算，从而综合得出理论排序；三是转化为实际指数推算过程中的经验型权数标准。

一、财务运行态势决策影响因素的考虑

利用AHP对企业群体的财务运行态势影响因素进行决策，其总体目标是选择最优方案，财务运行态势的选取往往是决定一个在一定时期内、全国范围内企业财务运行成败的关键性影响因素。根据对我们所获取的财政部、中央和地方国资委关于企业财务绩效、学术界对企业财务运行与财务预警等相关性目标体系，在综合评述的基础上，选择了20个指标作为候选指标，提供给某省十七家企业集团的8位董事长与总经理、18位具有高级财务师职称的财务部总监（经理）；5位财务主管机构、国资主管机构的学者官员；7位专门从事财务管理研究的教授，邀请其从中选择最应该作为考核财务运行态势的指标。

根据这些专业人士的判断意见，我们整理并归纳成5类20个指标。

从这些多年财务实战与研讨者的专业经验分析，一定条件下企业群体财务运行态势成功与否，主要取决于四个标杆性因素，即企业作为经济主体的保值增值性（为简要表述方便，通常可以省略保值的保守目标，而以增值性作为通用目标属性）、企业作为社会主体的周转持续性（企业作为经济和社会大机器中这一全局链条的一个有机环节，需要时空观并行）、企业运营的应用机理（传统的“勤进快销”应该在新时代下有创新的应用目标，要活灵活现地周转、而不是沉淀与淤积）所赋予的经营活动流畅性、企业基于未来挑战下的主动应战所要求的市场化可扩展性。各要素的基本内涵主要是：

在回报效力方面，企业是一个价值创造平台。与价值创造相对的是价值分配，劳动者出让劳动力获得工资，土地所有者出让土地所有权获得地租，借贷资本与股权资本分别获得利息与利润。同时，政府提供国防、环境治理等公共产品，为企业的正常经营提供安定的宏观环境，政府也应当参与新创价值的分配。因此，价值分配依据“要素分配理论”的思想形成了这样的分配格局：支付给职工的增值额等于“支付给职工以及为职工支付的现金”加上“应付职工薪酬”本期增加额；支付给债权人的增值额对应利息支出；支付给政府的增值额包括营业税金及附加、所得税；支付给企业股东的增值额等于股利，属于留存收益。这个目标的测度，可以分解为债权人报酬增长率、职工薪酬增长率、政府税赋增长率和股东系数等四个下属指标。

在盈利能力方面，主要是分析企业利润的实现情况。追求利润最大化是现代企业管理的直接目标，企业实现利润的多少最能反映企业的经营成效。因此，对企业盈利能力的分析是现代企业财务分析的核心内容。通过分析要揭示企业利润的构成情况，影响利润发生增减的因素及每个因素的影响程度等。这个目标的测度，经常可以集中表达盈利能力，还可以分解为主营业务利润率、资本收益率、总资产报酬率和盈余现金保障系数等四个下属指标。

在偿债实力方面，偿债能力的大小直接关系到企业持续经营能力的高低，是企业各方面利害关系人最关心的财务能力之一。在我国还未引起应有的重视。实际上，在市场经济条件下开展经营活动的现代企业，偿债能力是衡量企业财务管理的核心内容。因此偿债能力的分析应成为现代企业财务分析的核心内容之一。周转持续性这个目标的测度，经常可以集中表达偿债实力，还可以分解为流动比率、现金比率、资产负债率和有形式净值债务率等四个下属指标。

在营运能力方面，营运能力是指企业基于外部市场环境等约束，通过内部人力资源和生产资料的配置组合而对财务目标所产生作用的大小。资产、负债和所有者权益不仅从总额上反映企业的生产规模，而且从相互联系的比例上，反映企业资金的周转情况、企业经营的稳定程度以及企业的支付能力。经营流畅性这个目标的测度，经常可以集中表达营运能力，还可以分解为应收账款周转率、流动资产周转率、资产现金回收率、总资产周转率等四个下属指标。

在发展潜力方面，企业扩张能力是指企业未来发展趋势与发展速度，包括企业规模的扩大，利润和所有者权益的增加等。分析时，既要看企业经营、利润、各种资产、资本的增长情况，更要对企业的经营前景进行预测分析，找出企业发展的着眼点和着力点，并就企业发展的前景进行财务预测和论证，充分揭示企业扩展经营中的不利因素及预计影响程度，引导企业正确把握经营方向。未来扩展性这个目标的测度，经常可以集中表达营运能力，还可以分解为新创价值占比、研发投入占比、销售收入增长率、总资产增长率等四个下属指标。

二、财务运行影响因素层次分析的过程

在上述分析的基础上，我们依据四个因素作为实现决策目标的决策准则。首先需要分析四个因素之间何者更加重要的排队问题，其次再据此分析四种财务运行态势的优化选择问题，从而获得关于四种财务运行态势的排队顺序。其具体的分析与决策过程：

（一）搭建多因素梯阶层次结构图

多因素梯阶层次结构图的最高层通常只有一个元素即决策目标，中间层次是既定的标杆性决策准则，处于最基层的是决策方案层。其中，准则也可以有多层，准则受着决策目标的支配，下一级准则又受上一层次准则支配，梯阶式层次结构体现了这种从上到下的支配关系。我们把出资者监管领域的梯阶式层次结构描绘如图 5－2 所示。

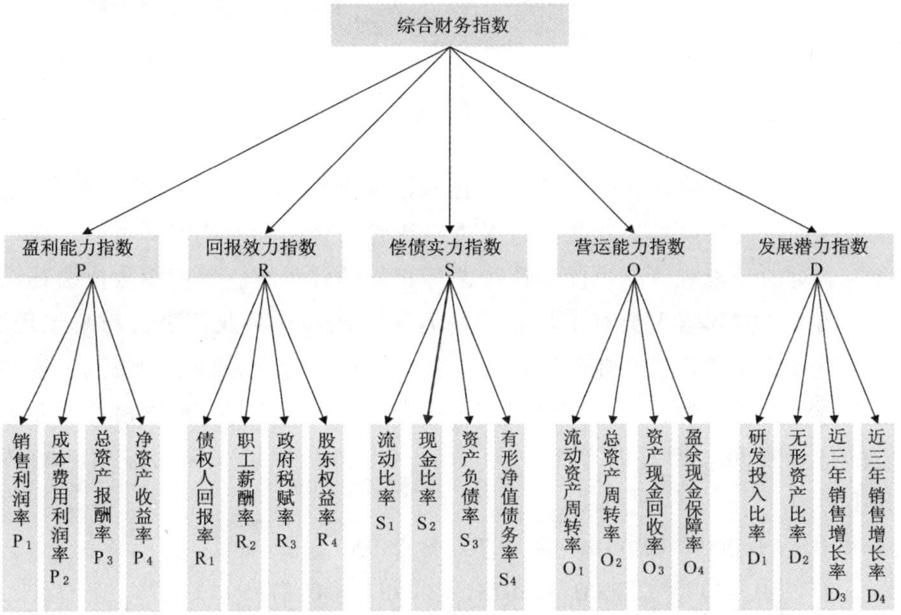

图 5－2　企业财务运行态势选择梯阶式层次结构

（二）构造两两比较判断矩阵

建立了梯阶式层次结构之后，上下层之间元素的隶属关系就被确定了。根据系统决策的四个准则必须作出以下比较：主体增值性与周转持续性、主体增值性与经营流畅性、主体增值性与未来扩展性、周转持续性与经营流畅性、周转持续性与未来扩展性、经营流畅性与未来扩展性。为了构造两两比较矩阵，需要借助于专家组已经确认的相关因素相互比较的重要性描述关系，通常，层次分析法中采用九级分制给判断矩阵的元素赋值。如表5-1所示。

表5-1　　九级分制说明表

1	a 与 b 重要程度相同
3	a 比 b 略重要
5	a 比 b 重要
7	a 比 b 重要很多
9	a 非常重要，b 根本不能和它相比
2，4，6，8	赋值在相邻两整数之间折中

这种评分的确定，往往跟个人在长期实践中所积累的经验判断有关，也可以利用头脑风暴法对数值等级进行比较切合实际的选定。当然，要给这些成对的元素赋值，也就是说把两两相比的轻重缓急程度用数值描述出来，相关各方当事人会有不尽相同的看法，比如，企业董事长与总经理、企业财务高层经理、专业研究员等，各有理性的考虑和自己的观点，这些观点有时是相通的，有时却差异明显。本文主要从综合38位相关专业人士的打分视角，经过简单平均计算后，得出目标层—准则层判断矩阵如下：

$$A=\begin{bmatrix}1.0000 & 2.1109 & 1.9876 & 3.2198 & 3.2598\\ 0.4737 & 1.0000 & 1.0231 & 0.9871 & 0.8765\\ 0.5031 & 0.9774 & 1.0000 & 1.0113 & 0.9879\\ 0.3105 & 1.0131 & 0.9888 & 1.0000 & 0.9011\\ 0.3067 & 1.1409 & 1.0122 & 1.1097 & 1.0000\end{bmatrix}$$

（三）层次单排序及其一致性检验

实际操作中时，由于客观事物的复杂性及人们对事物判别比较时的模糊性，可能很难构造出完全一致的判断，成对比较的数量比较多，很难做到完全一致的判断矩阵。事实上，当矩阵不严重违背重要性的规律，即如甲比乙强，乙比丙强，不应产生丙比甲强的情况，人们在判断时还是多半可以接受的。为了避免前后冲突，解决一致性问题，AHP 方法提出满意一致性的概念，即用 λ_{max} 与矩阵阶数 n 的接近程度来作为一致性程度的尺度。

对其一致性检验的步骤如下：

首先，求判断矩阵的一般一致性指标 CI（Consistency Index）：

$$CI = \frac{\lambda_{max} - n}{n - 1}$$

检查决策者判断思维的一致性。

其次，为了度量不同阶判断矩阵是否具有满意的一致性，我们还需引入判断矩阵的平均随机一致性指标 RI 值。对于 1－11 阶判断矩阵，RI 值如表 5－2 所示：

表 5－2　　　　1－11 阶矩阵的随机一致性指标

矩阵阶数	1	2	3	4	5	6	7	8	9	10	11
RI	0.00	0.00	0.58	0.90	1.12	1.24	1.32	1.41	1.45	1.49	1.51

在这里，对于 1，2 阶判断矩阵，RI 只是形式上的，因为 1，2 阶判断矩阵总具有完全一致性。当阶数大于 2 时，判断矩阵的一致性指标 CI 与同阶平均随机一致性指标 RI 之比称为随机一致性比率，记为 CR。当 $CR = \frac{CI}{RI} < 0.10$ 时，即认为判断矩阵具有满意的一致性，否则就需要调整判断矩阵，并使之具有满意的一致性。

上述平均随机一致性指标 RI 是这样得到的。用随机方法构造 500 个样本矩阵，具体构造方法是，随机地用 1－9 标度中的 1，2，3，4，5，6，7，8，9，主对角线各项数值始终为 1，对应转置位置项则采用上述对应位置随机数的倒数。分别对，$n = 1 - 11$ 阶各 500 个随机样本矩阵计算其一致性指标 $(\lambda_{max} - n)/n - 1$，然后平均，即得到上述平均随机一致性指标。

在本文中所构造的判断矩阵，其相应的一致性指标和随机一致性比率分别为：

$$\lambda_{\max} = 5.04163, \ w_a = \begin{bmatrix} 0.3938 \\ 0.1539 \\ 0.1588 \\ 0.1416 \\ 0.1520 \end{bmatrix}, \ CI = 0.01, \ CR = 0.009 < 0.10$$

即矩阵 A 通过了单层一致性检验。

类似地，得出了关于各个二级分类指数的判断矩阵、最大特征向量、对应的特征值，其具体情况如下：

1. 盈利能力二级指数的判断矩阵、最大特征向量、对应的特征值，分别如下：

$$B_1 = \begin{bmatrix} 1.0000 & 3.3020 & 3.1232 & 2.0201 \\ 0.3331 & 1.0000 & 1.2366 & 0.6876 \\ 0.3202 & 0.9647 & 1.0000 & 0.7211 \\ 0.4950 & 1.4543 & 1.3863 & 1.0000 \end{bmatrix}$$

$$\lambda_{\max} = 4.075, \ W_{B1} = \begin{bmatrix} 0.4694 \\ 0.1605 \\ 0.1507 \\ 0.2194 \end{bmatrix}, \ CI = 0.03, \ CR = 0.03 < 0.10$$

2. 回报效力二级指数的判断矩阵、最大特征向量、对应的特征值，分别如下：

$$B_2 = \begin{bmatrix} 1.0000 & 2.1043 & 5.2456 & 7.2114 \\ 0.4752 & 1.0000 & 5.7650 & 6.6771 \\ 0.1906 & 0,1734 & 1.0000 & 0.9871 \\ 0.1386 & 0.1497 & 1.0130 & 1.0000 \end{bmatrix}$$

$$\lambda_{\max} = 4.0807, \ W_{B4} = \begin{bmatrix} 0.5123 \\ 0.3520 \\ 0.0719 \\ 0.0638 \end{bmatrix}, \ CI = 0.027, \ CR = 0.03 < 0.10$$

3. 偿债实力二级指数的判断矩阵、最大特征向量、对应的特征值，分别如下：

$$B_2 = \begin{bmatrix} 1.0000 & 4.8142 & 5.6379 & 3.2106 \\ 0.2077 & 1.0000 & 0.9064 & 0.8053 \\ 0.1713 & 1.5031 & 1.0000 & 0.5875 \\ 0.3115 & 1.2418 & 1.7021 & 1.0000 \end{bmatrix}$$

$$\lambda_{max} = 4.114,\ W_{B2} = \begin{bmatrix} 0.5849 \\ 0.1194 \\ 0.1225 \\ 0.1731 \end{bmatrix},\ CI = 0.04,\ CR = 0.04 < 0.10$$

4. 营运能力二级指数的判断矩阵、最大特征向量、对应的特征值，分别如下：

$$B_3 = \begin{bmatrix} 1.0000 & 3.3235 & 2.4322 & 1.2103 \\ 0.3009 & 1.0000 & 0.8034 & 0.4251 \\ 0.4112 & 1.2447 & 1.0000 & 0.5524 \\ 0.8062 & 2.3525 & 1.8103 & 1.0000 \end{bmatrix}$$

$$\lambda_{max} = 4.204,\ W_{B3} = \begin{bmatrix} 0.3991 \\ 0.1296 \\ 0.1644 \\ 0.3069 \end{bmatrix},\ CI = 0.07,\ CR = 0.08 < 0.10$$

5. 发展潜力二级指数的判断矩阵、最大特征向量、对应的特征值，分别如下：

$$B_4 = \begin{bmatrix} 1.0000 & 1.3122 & 1.6172 & 1.6201 \\ 0.7621 & 1.0000 & 1.1932 & 1.1039 \\ 0.6184 & 0.8747 & 1.0000 & 0.8534 \\ 0.6172 & 0.9059 & 1.1718 & 1.0000 \end{bmatrix}$$

$$\lambda_{max} = 4.183,\ W_{B4} = \begin{bmatrix} 0.3340 \\ 0.2454 \\ 0.1998 \\ 0.2207 \end{bmatrix},\ CI = 0.06,\ CR = 0.07 < 0.10$$

（四）层次总排序

计算同一层次所有因素对于最高层（总目标）相对重要性的排序权值，称为层次总排序。这一过程是最高层次到最低层次逐层进行的。若上一层次 A 包含 m 个因素 A_1，A_2，$\cdots A_m$，其层次总排序权值分别为 $a_1, a_2, \cdots, a_m$，下一层次 B 包含 n 个因素 $B_1, B_2, \cdots, B_n$，它们对于因素 A_j 的层次单排序权值分别为 $b_{1j}, b_{2j}, \cdots, b_{nj}$（当 B_k 与 A_j 无联系时，$b_{kj}=0$），此时。层次总排序权值由表 5－3 给出。

表 5－3　　总排序权值的计算

层次 A	A_1	A_2	…	A_m	B 层次
层次 B	a_1	a_2	…	a_m	总排序权值
B_1	b_{11}	b_{12}	…	b_{1m}	$\sum_{j=1}^{m} a_j b_{1j}$
B_2	b_{21}	b_{22}	…	b_{2m}	$\sum_{j=1}^{m} a_j b_{2j}$
⋮	⋮	⋮	⋮	⋮	⋮
B_n	b_{n1}	b_{n2}	…	b_{nm}	$\sum_{j=1}^{m} a_j b_{nj}$

由此，得到本模型的总排序如表 5－4 所示：

表 5－4　　本模型总排序权值

准则层方案层	盈利能力	回报效力	偿债实力	营运能力	发展潜力	模型总排序
	0.3938	0.1539	0.1588	0.1416	0.1520	
销售利润率	0.4694					0.1847
成本费用利润率	0.1605					0.0632
总资产报酬率	0.1507					0.0593
净资产收益率	0.2194					0.0866
债权人报酬增长率		0.5123				0.0788
职工薪酬增长率		0.3520				0.0542
政府税赋增长率		0.0719				0.0111

续表

准则层方案层	盈利能力	回报效力	偿债实力	营运能力	发展潜力	模型总排序
	0.3938	0.1539	0.1588	0.1416	0.1520	
股东权益增长率		0.0638				0.0098
流动比率			0.5849			0.0929
现金比率			0.1194			0.0190
资产负债率			0.1225			0.0276
有形净值债务率			0.1731			0.0193
流动资产周转率				0.3991		0.0565
总资产周转率				0.1296		0.0184
资产现金回收率				0.1644		0.0233
盈余现金保障系数				0.3069		0.0434
研发投入率					0.3340	0.0599
无形资产比率					0.2454	0.0373
近三年销售增长率					0.1998	0.0304
近三年资产增长率					0.2207	0.0244

（五）层次总排序的一致性检验

这一步骤也是从高到低逐层进行的。如果 B 层次某些因素对于 A_j，单排序的一致性指标为 CI_j，相应的平均随机一致性指标为 RI_j，则 B 层次总排序随机一致性比率为：

$$CR_B = CR_A + \frac{\sum_{j=1}^{m} a_j CI_j}{\sum_{j=1}^{m} a_j RI_j}$$

其中 CR_A 为 A 层次（相邻上层）的总排序随机一致性比率。类似地，当 $CR_B < 0.10$ 时，认为层次总排序结果具有满意的一致性，否则需要重新调整判断矩阵的元素取值。

本模型总排序随机一致性比率为：

$$CR_{总} = CR_{目标层} + \frac{b_1 CI_{准则1} + b_2 CI_{准则2} + b_3 CI_{准则3} + b_4 CI_{准则4} + b_5 CI_{准则5}}{b_1 CI_{准则1} + b_1 CI_{准则2} + b_3 CI_{准则2} + b_4 CI_{准则4} + b_5 RI_{准则5}}$$

$$CR_{总} = 0.027 + \frac{0.3938 \times 0.03 + 0.1529 \times 0.03 + 0.1588 \times 0.04 + 0.1416 \times 0.07 + 0.1520 \times 0.06}{0.3938 \times 0.90 + 0.1529 \times 0.90 + 0.1588 \times 0.90 + 0.1416 \times 0.90 + 0.1520 \times 0.90}$$

$$= 0.0710 < 0.10$$

故该模型通过了总排序一致性检验。

三、企业财务运行因素的选择结论

根据上述层次分析法的理论推理，现可以分级确定相应的权重系数。

在一级财务指数的因素要素中，盈利能力、回报效力、偿债实力、营运能力和发展潜力的优先级系数分别是0.3938、0.1539、0.1588、1416和0.1520，可以确认的结论是，在决定财务指数这一综合指数的五个二级指数中，其权重即是这样一个顺序。企业财务态势的盈利能力的综合优先级最高为0.3938，排在第二因素的是偿债实力，其优先级是0.1588，紧随其后的是回报效力，其优先级是0.1539，第四位的发展潜力，其优先级是0.1420，最后一个要素是营运能力，其优先级系数0.1416。

同理，在二级指数的影响因素中，先后顺序也清晰可见了：

在二级指数——盈利能力指数中，四个因素的权重依次是：销售利润率0.4694、资本收益率0.1605、总资产报酬率0.1507、盈余现金保障系数0.2194。

在二级指数——回报效力指数中，四个因素的权重依次是：债权人报酬增长率0.5123、职工薪酬长率0.3520、政府税赋增长率0.0719、股东权益增长率0.0638。

在二级指数——偿债实力指数中，流动比率0.5849、现金比率0.1194、资产负债率0.1225、有形净值债务0.1731。

在二级指数——营运能力指数中，四个因素的权重依次是：应收账款周转率0.3991、流动资产周转率0.1296、资产现金回收率0.1644、总资产周转率0.3069。

在二级指数——发展潜力指数中，四个因素的权重依次是：新创价值占比 0. 3340、研发投入占 0. 2454、销售收入增长率 0. 1998、总资产增长率 0. 2207。

麻雀虽小，五脏俱全。从这一点而言，企业运转拥有相同的规律与特征，因此，各类企业应该共同遵循上述这样的权重系数。

第三节 企业群体组成结构之间的权数测度

在众多企业所构成的一个企业群体中，每个企业都应该有自己的声音，不过，事实上，各家企业能够发出声音大小显然是不同的，其影响力、控制力和辐射力也是千差万别的。话语权作为一种潜在的现实权力，更多程度上体现的是一种社会关系。对于权力的理解，以科尔曼为代表的“信任——权威”模式认为，权力只能存在于群体中，权力是个人基于利益的权衡由信任（尽管在具体个体上并不总表现如此）而出让对自身一定行动的控制所形成的外部管理约束机制，也就是说个体出于自身利益的考虑，出让自身的一部分利益由他人掌控的一种社会行为。同理，如果使用规模量为总量指标，则计算出规模量分层权数；使用总产值为总量指标，则计算出总产值分层权数。这里主要讨论有关规模量分层权数计算的问题。

一、什么是规模化杠杆

一个群体中间，每一个主体的实质性影响是不同的，如何公开地认可其影响，这就要求本着规模化核算原则，确定各自与其身份相对称的分量，即权重。权重是一个相对的概念，是针对某一指标而言。某一指标的权重是指该指标在整体评价中的相对重要程度。权重表示在评价过程中，是被评价对象的不同侧面的重要程度的定量分配，对各评价因子在总体评价中的作用进行区别对待。事实上，没有重点的评价就不算是客观的评价。

二、规模量的行业调整

规模量分层权数依据权数基期年份规模量分行业的统计资料。日常统计的规模量是按工厂法计算的，不符合计算分层权数的要求。因此，对于分行业的规模量先要进行行业调整工作后，才能进行规模量分层权数的计算。

规模量的行业调整是指在现有的分行业规模量的基础上，通过对企业跨行业生产商品的规模量价值量进行调入和调出，使按工厂法计算的行业规模量调整为按商品法计算的分行业的规模量。

经过行业调整的规模量，在计算直接权数时作为辅助指标使用，用于计算样本企业覆盖率。在计算分层权数时则作为计算依据，直接用于计算行业权数。

（一）为什么要进行规模量的行业调整

权数基期的规模量是按工厂法原则计算的，由于企业跨行业生产商品，本行业的规模量中既包括属于本行业的商品价值量，又包括本行业企业生产的属于其他行业商品的价值量。其他行业企业生产的本行业商品其价值则不包括在本行业的规模量之内。因此，行业规模量与分行业的商品价值量口径范围不一致，无法计算样本企业的权数。为了使商品与规模量的口径范围一致，以适应计算财务指数商品法的需要，就要对工厂法的行业规模量进行行业调整。这种调整是为了计算分层权数的需要，因而只是对权数基期的行业规模量进行调整，不涉及其他时期的规模量。

经过调整后的分行业规模量资料的作用，一是计算规模量分层权数的基础资料。经行业调整后的规模量符合商品法原则，与本行业的样本企业范围一致，才能用于计算分层权数。如果个别行业的规模量经过修正，就要将行业规模量重新汇总出总计，计算各行业规模量占总计的比重，就是分层权数的行业权数；二是计算样本企业的行业覆盖率。无论直接权数或分层权数都要计算样本企业覆盖率。以检验计算出的权数是否合理。计算覆盖率的规模量必须经过行业调整与样本企业的范围一致。

（二）规模量行业调整的原则与步骤

规模量的行业调整原则是：将本行业生产的非本行业商品的价值量从本行业调出去，将其他行业生产的本行业商品的价值量调入本行业。行业调整是综合部门要进行的工作，难度很大。其难度在于不能使用综合统计资料进行行业调整，必须根据各个基层企业的资料，每个行业都要汇总出本行业生产的属于其他行业商品的明细资料，用于调整。不过这种调整的频率不高，只调整权数基期的规模量资料，每五年进行一次。调整工作使用计算程序进行。大致步骤如下：

第一步：确定参与调整的商品目录，在商品目录所规定的范围内计算调整。一般可使用样本企业和附加商品的目录，目录以外的商品不进行调整。避免调整工作量过大。

第二步：依据基层企业报表汇总，按商品和行业分组的资料，指标包括商品的主营业务收入、单位商品规模量，并计算出商品价值量。有两种计算表，一是按商品划分，计算出各种商品都是由哪些行业生产的主营业务收入资料，除去属于本行业生产的主营业务收入以外，都是其他行业生产的本行业商品。属于应调入本行业的价值量。二是按行业划分，计算出本行业生产的各种主营业务收入资料，就是本行业都生产了哪些商品，除去属于本行业生产的商品外，其他商品都属于本行业生产的其他行业的商品，属于应当从本行业规模量中调出的价值量，调入该商品所属的行业。

第三步：进行行业调整的计算。在原按工厂法原则计算的分行业规模量基础上，依据第二步计算的数据，将其他行业生产本行业商品的价值量调入本行业；将本行业生产其他行业商品的价值量，从本行业的行业规模量中调到其他行业中去。行业规模量调整的计算公式为：

产品法行业增加值 = 工厂法行业增加值 + 其他行业生产本行业产品价值量 - 本行业生产其他行业产品价值量

打印规模量行业调整计算表，并检查有无差错。

第四步：计算行业样本企业覆盖率。使用调整后的行业规模量计算行业的样本企业覆盖率。覆盖率如果存在问题，按前面《覆盖率合理性判断》的办法处理。

需要注意的是：调整本地区的规模量应使用本地区的单位商品规模量。由于规模量是全地区的综合资料，故应使用本地区平均的企业财会数据，而不是企业的企业财会数据，也不是全国的企业财会数据。原始的企业财会数据差错较多，故企业财会数据应当是经过审核以后的。

根据以上资料进行行业规模量的调整。由计算机按程序进行，如对哪笔数据有疑问，可以打印出本商品由哪些行业生产和本行业都生产了哪些商品的明细表。一般从明细表中很容易检查出数据的差错。

（三）规模量行业调整的计算过程

行业规模量调整所需要的数据资料有：分企业的行业分类标志和各种主营业务收入；各商品本地区平均企业财会数据；本地区的行业规模量；已确定的商品目录（用于计算年度权数的商品目录）。现举例说明规模量的行业调整步骤和过程。

1. 计算商品分行业的主营业务收入表

利用本地区普查的分企业主营业务收入表，一般利用甲、乙、丙三类表，按照样本企业名目和确定的权数基期主营业务收入的范围。首先汇总出所有主营业务收入的总计数，再按照企业基本情况表中的企业行业标志，把每个商品按企业的行业标志分别进行分组汇总。以原煤主营业务收入为例，许多行业都生产原煤，原煤商品分行业的主营业务收入，如表5-5所示。

表 5-5　　商品分行业的主营业务收入表

商品代码	生产该商品的行业名称	生产该商品的行业代码	商品主营业务收入

2. 计算官方既有资料所体现的行业结构

前述第一种方法是利用一个特定管辖区内省、市、县范围内的主要商品分行业资料来计算其内部结构的，当然，我们也可以利用既有的官方相关统计资料分析计算特殊视角下的结构。这里，我们根据国家统计局权威发布的资料进行相应的分析计算。

首先，根据企业产权性质计算出各种企业权数，按照其工业总产值、资产规模、主营业务联系收入、利润总额等指标，计算分项权数以及四种相对数加总权数。如表 5-6 所示。

表 5-6　　根据企业产权性质计算的各种企业权数

按注册类型分	工业总产值权数	资产规模权数	主营收入权数	利润总额权数	四项合计权数
内资企业					
国有企业	0.083252	0.139125	0.086537	0.057119	0.100823
集体企业	0.017485	0.01016	0.017388	0.01847	0.015241
股份合作企业	0.00658	0.005001	0.006493	0.007006	0.006079

续表

按注册类型分	工业总产值权数	资产规模权数	主营收入权数	利润总额权数	四项合计权数
联营企业	0.002367	0.003354	0.002105	0.001505	0.002562
有限责任公司	0.220819	0.284294	0.225573	0.222483	0.241792
股份有限公司	0.09157	0.118211	0.091538	0.116756	0.100215
私营企业	0.295499	0.184681	0.288128	0.280181	0.258929
其他企业	0.003963	0.003038	0.003937	0.003908	0.003671
港澳台商投资企业					
合资经营企业	0.034064	0.03584	0.033224	0.035811	0.034361
合作经营企业	0.003111	0.002969	0.00306	0.00359	0.003061
独资经营企业	0.054084	0.046229	0.053725	0.05515	0.051593
股份有限公司	0.003979	0.005127	0.005902	0.00524	0.005001
外商投资企业					
中外合资企业	0.083498	0.075417	0.083408	0.103034	0.081422
中外合作企业	0.003781	0.004144	0.003755	0.00495	0.003908
外资经营企业	0.089449	0.073874	0.088771	0.077066	0.084211
外资股份有限公司	0.006498	0.008536	0.006456	0.00773	0.007131
合计	1	1	1	1	1

注：资料取自于《2010 年中国统计年鉴》，中华人民共和国统计局编，中国统计出版社 2010 年 9 月版。

其次，还可以依照相同的思路，选择工业行业，计算其各个细分行业的分项权数与加总权数，如表 5－7 所示。

表 5－7　　中国工业企业四项指标（产值、资产、收入、利润）权重计算表

项　　目	总产值权数	资产权数	收入权数	利润权数
煤炭开采和洗选业	0.04264603	0.065988109	0.045943797	0.086331174
石油和天然气开采业	0.023306096	0.046967757	0.024745569	0.095702239

续表

项　目	总产值权数	资产权数	收入权数	利润权数
黑色金属矿采选业	0.009232863	0.008195165	0.00887442	0.01674896
有色金属矿采选业	0.005172422	0.005430644	0.005391787	0.008791569
非金属矿采选业	0.005031683	0.003314375	0.004920078	0.006405038
其他采矿业	3.57356E-05	1.33912E-05	3.74306E-05	2.63647E-05
农副食品加工业	0.045577286	0.01949253	0.044892075	0.040614803
食品制造业	0.011800736	0.007567765	0.011488398	0.012837494
饮料制造业	0.010784622	0.010041882	0.011068164	0.018916664
烟草制品业	0.015861922	0.015992926	0.015706831	0.03409007
纺织业	0.043668851	0.027952847	0.042883993	0.033770003
纺织服装、鞋、帽制造业	0.015250141	0.007506022	0.014823482	0.013040502
皮革毛皮羽毛（绒）及其制品业	0.008233628	0.003632018	0.008016988	0.008394517
木材加工及木竹藤棕草制品业	0.01301999	0.00560183	0.012729478	0.01326513
家具制造业	0.005876572	0.003129472	0.005754481	0.005608824
造纸及纸制品业	0.012427777	0.010504645	0.012060528	0.011149627
印刷业和记录媒介的复制	0.005187682	0.004867463	0.00507233	0.006120299
文教体育用品制造业	0.003024822	0.001588472	0.002963633	0.002430824
石油加工、炼焦及核燃料加工业	0.05782632	0.033075526	0.057403295	0.038746602
化学原料及化学制品制造业	0.062738388	0.056592557	0.062246954	0.048942354
医药制造业	0.011290946	0.011762376	0.011200273	0.017564683
化学纤维制造业	0.005999621	0.005107463	0.005971183	0.004321173
橡胶制品业	0.006903669	0.004592634	0.006828064	0.007198087
塑料制品业	0.017763585	0.010375424	0.017202594	0.015198716
非金属矿物制品业	0.047619008	0.036022604	0.046245317	0.057231412
黑色金属冶炼及压延加工业	0.087196867	0.098889125	0.09216735	0.039297096
有色金属冶炼及压延加工业	0.039531594	0.033084844	0.041461793	0.023864789
金属制品业	0.02895442	0.017797091	0.028153698	0.024985816

续表

项　　目	总产值权数	资产权数	收入权数	利润权数
通用设备制造业	0.052677549	0.041357782	0.051185083	0.051535058
专用设备制造业	0.030840175	0.028489115	0.030279392	0.031496839
交通运输设备制造业	0.087595109	0.084080654	0.086288608	0.093633139
电气机械及器材制造业	0.043234355	0.031115651	0.040978537	0.039980469
通信、计算机及其他电子设备制造	0.021800731	0.023901434	0.021739609	0.016854418
仪器仪表及文化、办公机械制造业	0.005999751	0.005937327	0.005801058	0.00781133
工艺品及其他制造业	0.00746925	0.004412194	0.00745861	0.006796817
废弃资源和废旧材料回收加工业	0.002694973	0.001264639	0.002749201	0.002216743
电力、热力的生产和供应业	0.100506434	0.204130021	0.101853631	0.055097454
燃气生产和供应业	0.002940748	0.007612956	0.003157532	0.003460629
水的生产和供应业	0.002277648	0.012611269	0.002254754	-0.000477728
合　　计	1	1	1	1

有时候，需要进行相应的行业调整。在进行行业调整时，所用的单位商品规模量不是全国平均的单位商品规模量，而是采用本地区的单位商品规模量，因为当地的规模量包含的是当地的销售利润率因素，这样做可以使行业调整的结果符合当地的实际情况，如果使用全国平均的单位商品规模量，可能会使行业调整的结果与当地的实际情况不符。计算本地区的单位商品规模量，用表中每个商品的本地区商品平均单价，乘以该商品所属小类行业的本地区行业规模量，得出本商品的单位商品规模量（详见本章单位商品规模量的计算）。需要注意的是，计算权数时仍要使用全国平均的单位商品规模量。

（四）行业规模量调整结果的检查

对于调整后的行业规模量要进行检查，经过调整后多数行业的样本企业覆盖率趋向合理。也会有少数行业出现不合理的情况。如有的行业规模量过大，行业覆盖率很低；有的行业规模量很小，覆盖率很高，甚至规模量调整成为负数。这种情况往往是本行业生产的其他行业的主营业务收入填报有差错。有的是计量单位搞错，有的是“张冠李戴”。这是由于企业填报本行业生产的其他行业的商品时，对于这类商品不熟悉，容易搞错。这就需要检查本行业生产的其他行业商品和由其他行业生产的本行业商品的明细表。我们的经验说明，从明细表中很容易发现错误的所在。当确认有错但一时又无准确资料修正时，一般可采取将有差错的数据剔除的办法解决，差错纠正后覆盖率即可趋于合理。

行业调整工作由于影响因素较多，很不容易做到完善，故只要求将大的差错消灭即可。行业调整是计算分层权数和计算行业覆盖率必不可少的工作。原来以为只有我国跨行业生产的情况较多，行业调整是我国的特殊问题，最近了解到日本等国也要进行行业调整工作，可见它是具有普遍性的问题。

财务指数的权数使用计算机计算，由于权数的涉及面很广，难免因某种原因使权数发生差错，我们检查各省资料，发现许多省的权数都有重大的不合理之处，即重大差错。因此，权数计算出来以后要进行仔细地审查和研究。对于有疑问的地方要进行手工验算。如果发现的问题涉及面不仅是个别商品、个别行业的问题，则对有关部分都要改正，切不可“单打一”。

三、计算权数之前对不合理的行业规模量处理方法

分层权数必须依据规模量。正式计算权数之前，对于经过行业调整后很不合理的规模量要进行一次技术性处理。其依据是规模量是价值量指标，由于企业经营管理不善或其他特殊原因使得规模量很低甚至为负值。

财务指数是反映生产过程主营业务收入的发展变化指标，价值量只是借助的同度量单位指标，应当使用价值量指标的基本性质，排除反映价值量指标的特殊情况。为了使权数正确反映该商品的地位和作用，必须对不合理的规模量进行修正调整。需要注意的是调整规模量只与分层权数和行业覆盖率有关，对直接权数的计算不受影响。调整的办法简述如下：

1. 行业规模量为负值或明显过小。

行业规模量为负值或明显过小时，经检查数据和计算均无差错，是由于该行业的企业经营不善或政策性亏损，行业调整前规模量已是负值或很低而造成的。这种情况该行业的规模量不能正确反映该行业的样本企业在经济中的地位和作用，规模量为负数时，权数亦为负值，对财务指数起抵消作用，该商品增长越快对总指数拉低作用越大，实属无理数值。该行业生产了合格的商品，这些商品与其他地区的同种商品，在国民经济中发挥同样作用，不因由于本地区企业经营不善而降低商品在总体中的地位和作用。因此，对规模量很低或为负数的行业处理办法是用该行业样本企业和附加商品价值量（应使用全国的单位商品规模量计算）之和代替该行业的规模量，使其能够反映该行业的主营业务收入在经济中应有的地位和作用。这样经过修正调整后行业覆盖率为100%。

2. 规模量过大和行业覆盖率甚低

有时因为某种原因使行业的规模量过大，必然使覆盖率偏低。其原因可能是：行业调整不正确，原来统计的该行业规模量有错，数值很大。这时应首先检查数据中的差错，给予改正。如果肯定数据有错，一时又没有准确数据，也可以使用样本企业价值量代替该行业的规模量计算权数。

3. 行业覆盖率过高或过低

有时某些商品的主营业务收入口径范围过大，使得行业覆盖率较高。这种情况往往是主营业务收入包括了属于非部门生产的商品，例如：以井喷式发展的网购商品为代表的电子商务业，农民自产自用的大米、面粉、建筑砂石等。这些虚拟电商经济或传统分散农业都需要另当别论。这类商品有的不纳入统计范围，不计算规模量；有的属于以物易物的自然经济，按加工费计算了很少的规模量。按全部主营业务收入乘以单位商品规模量计算商品价值量和覆盖率，因而覆盖率很高。这类商品不能用商品价值量代替规模量，只能采取缩减主营业务收入的办法，使得覆盖率达到合理。如果用商品价值量代替该行业规模量，则夸大了该行业在经济中的作用。有的行业覆盖率很低，如果是包括军工商品的行业，由于样本企业商品中没有军工主营业务收入的原因，这类行业可不作处理。

附带说明，大多数亏损企业的规模量仍为正值，规模量为负数属于极特殊情况，只有该企业的亏损额大于工资、折旧、税金之和时，或者商品的单位商品销售利润率低于单位商品耗用的原材料价值时，规模量才有可能为负值。不属于上述情况，都是由于计算差错而造成的，因此，遇到规模量为负数的情况，首先应认真检查数据质量。

四、分层权数的计算公式

分层权数是依据经行业调整后的分行业规模量计算。所有的行业都有规模量的统计数据，但有的行业中没有样本企业，这类行业不能直接参与权数的计算，要将其附加到有样本企业的行业上，故称为“行业附加”。行业附加有指定附加和分配附加两种。指定附加是将该行业规模量附加到指定的行业上。例如汽车修理行业没有样本企业，汽车修理行业的规模量就指定附加到汽车制造业上，由汽车制造业代表汽车修理业计算权数，并参与计算财务指数。凡是关系密切的行业均采用指定附加的办法，指定附加的行业按指定的被附加行业进行附加。有些行业没有样本企业，又没有与之关系密切的行业，则采用分配附加的办法，就是没有样本企业的小类行业分配附加到本中类行业内的代表小类行业上，没有样本企业的中类行业分配附加到本大类行业内的代表中类行业上。计算过程中首先计算指定附加，然后再进行分配附加。在计算机程序中，分配附加不单独进行，而是在权数计算过程中同时完成。

分层权数是按大、中、小类行业的次序分层计算。其计算公式如下：

大类行业中只有其他采矿业没有样本企业，其余行业均为代表行业。

大类行业权数的计算公式为：

$$某大类行业权数量级=\frac{该行业大类增加值}{\sum 代表行业大类增加值}\times 1000‰$$

大类行业内有样本企业的行业中类计算中类行业权数。由于大类行业权数是按该大类全部规模量计算的，这时没有样本企业中类行业的规模量，就分配附加到本大类行业内有样本企业的中类行业上，成为代表中类行业的权数。中类行业权数的计算公式为：

$$某中类行业权数=\frac{该行业中类增加值}{\sum 大类内代表中类增加值}\times 本大类权数$$

中类行业权数计算以后，再计算小类行业权数。与中类行业权数同理，没有样本企业的小类行业的规模量，就分配附加到中类行业内有样本企业的小类行业上，小类行业权数的计算公式为：

$$某小类行业权数=\frac{该行业小类增加值}{\sum 中类内代表小类增加值}\times 本中类权数$$

按行业计算样本企业的权数。分层权数的行业权数已经反映了该行业的总体，故不需再设置附加商品用来平衡行业权数的高低。只需将行业权数分配计算到样本企业上即可。商品权数一般使用小类行业权数分配计算，有的中类行业中没有设小类行业，月度财务指数不分小类行业，这时就将中类行业权数分配计算到行业内样本企业上。计算样本企业权数先要计算样本企业价值量，其公式为：

样本企业价值量=样本企业主营业务收入×该商品单位商品规模量

样本企业权数的计算公式为：

$$某代表产品权数=\frac{该代表产品价值量}{\sum 行业内代表产品价值量}\times 本小（中）行业权数$$

五、分层权数的计算例证

为提供能够进一步接近差异化分析群体的准确指数信息，面向不同细化结构的分层化指数权重的计算势在必行。例如，为进一步丰富股市指数体系，为股票投资者提供新的投资标的和分析工具，上海证券交易所与中证指数有限公司编制和发布了上证行业分层等权重指数系列，包括：上证能源行业分层等权重指数、上证原材料行业分层等权重指数、上证工业行业分层等权重指数、上证可选消费行业分层等权重指数、上证主要消费行业分层等权重指数、上证医药卫生行业分层等权重指数、上证金融地产行业分层等权重指数、上证信息技术行业分层等权重指数、上证电信业务行业分层等权重指数和上证公用事业行业分层等权重指数。此外，国内的城市分层消费者指数也已经编制并发布。.

如何计算这种分层权数呢？其基本思路是：分层权数是依据既有行业的标杆值，依次计算其中从“大而全”到“小而细”的大、中、小行业的权数。所谓“标杆值”，通常是表明特定行业中某种经济活动规模或绩效特征的财务指标，如销售额或其他能够体现其业务活动量的规模值。现具体说明在行业分层背景下分层权数的计算过程，如表 5－8 所示。

表 5－8　　分层权数计算表　　单位：金额为亿元、权重为‰

行业编码				行业类别名称	规模量	大类权数	中类权数	小类权数	产品权数
门类	大类	中类	小类						
行业总计					31446	1000.00			
A				农林牧渔业	599	19.1905			
				………					
C				制造业	4905	155.9816	155.9816		
				其中：代表中类	4890				
				………					
	13			农副食品加工业	260				
	15			饮料制造业	286		9.1228		
				其中：代表小类	255				
		151	1510	酒精制造	11				
		152		酒的制造	130			4.6508	4.6508
				其中：代表产品价值	126				
			1521	白酒制造	53				1.9563
			1522	啤酒制造	27				0.9966

续表

行业编码				行业类别名称	规模量	大类权数	中类权数	小类权数	产品权数
门类	大类	中类	小类						
			1523	黄酒制造	5				0.1846
			1524	葡萄酒制造	38				1.4026
			1529	其他酒制造	3				0.9270
		153		软饮料制造	110				
				………					

注：本表行业分类参考《国民经济行业分类和代码表》（GB/T 4754－2002）。

第一层，“制造业”权数的计算。

按门类区分，经济领域可分为农林牧副渔业、采矿业、制造业、建筑业、电力燃气及水的生产和供应业、交通运输仓储和邮政业、信息传输计算机服务和软件企业、批发和零售业、住宿和餐饮业、金融业、房地产、租赁和商务服务业等数十个门类。其中，该管辖区当期“制造业”标杆值为4908亿元，基于该管辖区总体的其权数计算如下：

“制造业”的大类权数＝4905/31446＝155.9816‰。

第二层，“饮料制造业”权数的计算。

在“制造业”中，有农副食品加工业、食品制造业、饮料制造业、烟草制品业、烟草制品业、纺织业、纺织服装鞋帽制造业、皮革毛皮羽毛（绒）及其制品业、木材加工及木竹藤棕草制品业、家具制造业、造纸及纸制品业、印刷业和记录媒介的复制、文教体育用品制造业、石油加工、炼焦及核燃料加工业、石油加工炼焦及核燃料加工业、化学原料及化学制品制造业、医药制造业、化学纤维制造业、橡胶制品业、塑料制品业、非金属矿物制品业，黑色金属冶炼及压延加工业，有色金属冶炼及压延加工业、金属制品业、通用设备制造业、专用设备制造业、交通运输设备制造业、电气机械及器材制造业、通信设备计算机及其他电子设备制造业、仪器仪表及文化办公用机械制造业、工艺品及其他制造业、废弃资源和废旧材料回收加工业等43个细分制造行业。其中，“饮料制造业”标杆值为

286 亿元。故中类行业的权数依据“制造业”中的中类代表行业标杆值合计 4890 亿元计算。基于该管辖区总体的“饮料制造业”权数计算如下：

“饮料制造业”的中类权数为：286/4890 × 155.9816‰ = 9.1228‰。

第三层，“酒的制造”权数的计算。

“饮料制造业”中，有酒精制造、酒的制造、软饮料制造、精制茶加工等 4 个细分行业。“饮料制造业”中类行业中“酒的制造”小类标杆值为 130 亿元。基于该管辖区总体的“饮料制造业”权数计算如下：

“酒的制造”的小类权数为：130/255 × 9.1228‰ = 4.6508‰。

第四层，“白酒制造”产品类别或细分产业权数的计算。

在“酒的制造”中，有白酒制造、啤酒制造、黄酒制造、葡萄酒制造、其他酒制造等五个细分行业。“酒的制造”小类的标杆值为 130 亿元，行业内有四种样本企业，样本企业的权数要依据样本企业价值量合计 126 亿元计算。

故：“白酒制造”的权数为：53/126 × 4.6508‰ = 1.9563‰。同理，可计算出相同产品的分层权数如下：

“啤酒制造”的权数为：27/126 × 4.6508‰ = 0.9966‰。

“黄酒制造”的权数为：5/126 × 4.6508‰ = 0.1846‰。

“葡萄酒制造”的权数为：38/126 × 4.6508‰ = 1.4026‰。

“其他酒制造”的权数为：3/126 × 4.6508‰ = 0.1107‰。

经过上述分层权数计算，我们可以按照从细小到整体的逆向顺序得出这样的结论：

最细小的样本企业（或者产品类别或细分产业）权数之和等于小类行业权数；代表小类行业权数之和等于中类行业权数；代表中类权数之和等于大类行业权数。

总而言之，指数权数的共同要求就是能够准确地体现经济活动中不同经济成份的地位和作用、结构态势与变化情形。只要能够更加确切地追寻这一原则，权重计算所采用的标杆什则是可以具体选择的。

第六章

财务指数编制：中国实施的策略

中国企业的综合财务指数是财务系统自动披露的中国企业运营与发展态势，它承载着整个经济运行的“晴雨表”与“温度计”功能，为判断与分析中国整体经济运行基本态势与经济发展基本走向提供一个特殊视角的参照标杆。CFI是由中国财务学术界取自于各类企业的鲜活财会数据经过专业筛选、处理而复合生成，能较全面、实时地反映中国企业在一定月度或年度的财务运行态势，也就相应绘制出中国经济发展的基本内在态势，从而为政府制定政策安排、企业经营决策提供较可靠的评判依据。简言之，中国企业的综合财务指数是中国企业运营与发展态势的“影像机”，也是一本中国经济运行态势的“理财大账”。

可以说，财务指数面对着一个“相互作用的诸要素的综合体”，通过对企业运营与发展相关的态势分析，最主要的作用是向决策者提供达到目的的各种途径，就像一面镜子将各种行动方案的效益、成本等各方面的后果显示出来，为相关方面决策、判断提供各取所需的综合性、权威性信息资源。

第一节
编制财务指数的基础

一、厘定财务指数的基本定位

财务指数是基于信息化技术与市场化环境双重融合的时代产物，既是一个个企业自身运行与财务管理水平不断提升而提出的精细化透视外部信息的需要，也是政府和社会进一步适应中观经济与宏观经济管理与控制的，更加准确地提供来自一线的企业运行整体态势信息的需要。它是在既有企业内部财务管理指标基础上，偏重于外部信息使用者的分析视角，利用企业初始信息而整合编制的反映中国企业整体运行态势的综合指数。

初步认识和掌握财务指数，应该是从自身内涵要求、与外部相关指数的边界线等两个方面来具体梳理：

（一）关于财务指数的基本内涵

在动态市场环境中创造价值。这是中国企业的综合财务指数的使命所在。我们认为：财务指数在当今经济和社会发展环境下，由专业权威机构组织编制并发布的关于中国企业运行整体之财务变化态势的综合指数。它通过对覆盖各地区、各行业、主要企业的样本点的月度财务运行信息的整理与处理，披露中国企业运行的生态环境，包括盈利能力、偿债实力、营运能力和发展潜力等方面的具体量化指标，披露金融匹配环境、税收政策环境及其他相关利益协调发展态势，通过综合指数的直观性、可比性和综合性地“整体上扬”或“全线下跌”，启示政府、企业、公众各就各位，采取相应的必要措施。

有人说，出自基层财务人之手的数据是“下里巴人”，而经过专业技术编制的综合财务指数是“阳春白雪”。“阳春白雪”与“下里巴人”虽然一个高雅清丽、一个活泼灵动，但都是表达真实感情的思之声，因而得以丰富和发扬至今。借用于财务分析领域，一线企业的指标常常是活灵活现的、是原汁原味的，也是通俗易懂的内部营养品。而专业编制的财务指数则是“大众情人”。准确理解财务指数的名称和经济含义，应该充分认识到财务指数的数据来源主要是根据财务准则生成的财会数据这个特征，当然，也承载了与企业发展战略、社会责任等相关时代环境相匹配的情况，从而可以“整容”成为简单概括的指数。这就要求我们在现阶段的编制和发布时，应该统一而明确地规定财务指数的名称和构成。因为综合指数源于分类指数，而分类指数也来自相关财务指标的演绎。同时，越是基层一线的指标，越具有通俗、明确、便于理解的经济意义，而随着指数化形式的代替甚至综合指数的推出，其抽象性与代表性与日俱增，势必增加了公众理解的难度。为此，在尽量科学命名分类指数的同时，应该适度通过公共媒体加强必要的解释与宣传。要防范新的综合指数涵盖了不同性质、不同类型数据，经济含义更加复杂，可理解性更差，指数名称不适当、经济含义不明确的话语，否则会严重影响指数的推广和应用。

因此，我们有信心确认，科学、有效地组织编制和发布中国企业的综合财务指数，能够以规范化的专业渠道、系列化的专属指数、公开化的专用通道，向政府管理部门、社会公众和其他相关人士提供最新、最全、最实的中国企业运行的活生生的情况。

（二）关于财务指数与相关指数的关系定位

1. 确立务实的指导思想与设计原则

市场经济环境下，适者生存的“丛林法则”普遍存在着。尽管许多学者认为这种适者生存的达尔文主义不是人类社会所应该有的。但是，如果从另外一个角度来考虑，那么我们就会发现市场经济的“丛林法则”恰恰是必要的，这就是通过资源的再配置来提高效率。当提供一个全新的财务指数，对企业、政府、公众都呈现出积极效应的时候，我们没有任何理由质疑或迟缓。让我们每个人都为自己、为社会承担起相应的责任。

建立中国企业的综合财务指数的指导思想应该是：坚持以科学发展观统领经济社会发展全局，在继续确保微观企业自身财务分析健康有序推进的基础上，按照取数企业、科学顺畅、整体透视、运转有序、服务决策、引导大众、宏观中观微观和谐相处的总要求，从体现企业整体运营态势最关心、最直接、最现实的问题入手，以考察盈利能力为重点，以反映偿债实力为抓手，以体现营运能力为基础，坚持表达未来发展潜力之路，着力在推进宏观决策、中观监管、微观经营的和谐发展上提供及时、准确、科学的信息系统。

在中国企业的综合财务指数设计的基本原则上，应该做到：一是坚持指数管理和综合服务相结合。强化政府在市场经济条件下的社会管理和公共服务职能，把财务指数管理寓于面对更多企业的信息服务之中，大力提倡信息化管理和高效率服务；二是坚持立足企业，扎实推进。把实现社会和谐的目标与完成阶段性工作任务结合起来，重点解决好现阶段的问题，从能够办得到的事情做起，既要尽力而为，又要量力而行，积极稳妥地推进中国企业的综合财务指数工程建设，努力在财务指数工程的关键领域和关键环节取得突破；三是坚持统筹兼顾，协调推进。统筹学术研发与企业配合、部门推进与媒体推介、理论修炼与实战配套，在财务指数理论体系基本成熟后，先从一个或多个条件下比较好的行业或地方先行试点，再全面推开，并设置相应的试验期间，从而提高财务指数对各方质疑的应对能力。

财务指数的强大功能，可以集中概括为服务政府宏观管理部门、服务相关金融服务机构、服务于众多相关利益主体。这是财务作为“内当家”具备的可信性高、可靠性强的积极产出效应，也是其他相近相关指数所不能代替的。

2. 财务指数与成熟相关指数的关系

即将诞生的财务指数与已经编制并发布的公开指数（如统计局发布的 GDP 指数、CPI 指数），都是指数“大家园”的一朵朵鲜花。精彩纷呈，各取所需。相对而言，财务指数的特色是，总体上会形成更加细分化、更加精准化、更加专业化的信息，在多个政府部门或学术机构共同提供差异化指数的情况下，我们也需要进一步分析系数之间的关联性，以更加增强工作推进的主动性。尽管专业不同的指数有不同的市场操作手法，其他指数的成功不能简单地进行复制，但是成功的借鉴是相当需要的。分析这些关联性与差异性，我们应该把握：

一是指数指向的差异性。应该说，在指数指向差异性方面，GDP 偏向于计量国民经济各领域当年新创造的价值、CPI 指数专向于物价变动的动态信息、企业景气指数完全取数于调查对象人的职业判断与主观预测。而财务指数则完全依据于企业一线的“真凭实据”。可以说，除了与其他指数所指方向的侧重点差异外，数据来源的真实、准确无疑是财务指数的一大特色。

二是运转管理的差异性。GDP 是政府专业机构——统计局打造的，其遍及全国城乡的调查队构成了信息采集系统、CPI 指数也是由政府部门——物价主管机构自下而上汇总的。财务指数完全可以由财务学会与财务事务管理机构合作运作。

三是指数市场推介的差异性。各种指数都有其特定有受众人群。GDP 是政府阶层当然关心的指数，以至于形成了一个个为提升 GDP 而做的“政绩工程”；CPI 是包括普通百姓在内的消费群体普遍关注的；而 CFI 的主要受众，则是直接或间接从事经济工作的群体，主要包括：政府宏观管理部门、与企业直接关联的金融机构、其他企业群体。

当然，近年来，财务界的学术机构针对上市公司已经推出了多个系列指数，但是，这些指数仅仅是上市公司的样本，并不代表中国企业整体的态势，没有可比性。同时，上市公司的财会数据是强制公开的，可以利用这些企业的信息进行自由的深度分析，二者也没有太多的可比性。

二、编制中国企业的综合财务指数的现实基础

（一）宏观的管理与决策层面召唤中国企业的综合财务指数

编制 CFI，确保其科学性、客观性、公正性，这是至关重要的问题。

我们的措施是：

1. 编制与发布主体是独立第三方——科研机构，这种以学术与中立为特征的指数编制机制，规避了利益冲突，回避了任何商业行为，可以比较客观地反映现实情况。

2. 来自理论与实务兼容的财务界、经济界、统计界专业人士，具有广泛代表性和影响力的专家学者组成的指数专家委员会，与财务学博士及资深高级财务师组成的专业操作团队，精诚合作，全方位推进 CFI 的编制、维护、规则等方面评价和建议。

3. 拥有一支选择与控制制度明确、责任意识强烈的指数来源采集群体，优选对象经过专业职称、工作职务、执业经验的考察与选择，并有专门的机构和规章制度来保证这些调查的实施和指数编制的完成。

（二）现有的信息与资源方面支撑中国企业的综合财务指数

目前，众多的企业、行业和地区已经对财会数据实现了纵横交错的信息汇总制度，一些行业还对旗下企业的财会数据实现了网络系统的在线集中处理。所有这些传统手工系统的报表制度、现代网络连通的信息系统都为财务指数的取数提供了方便的基础。

既有的财会数据是丰富而立体的，完全满足了综合财务指数所需要的信息种类要求，只需要经过简单的培训或提供书面说明，企业就具备了提供原生性财会数据的条件。需要解决的障碍，主要是协商企业能够及时、准确地提供配合。

（三）业界的开拓与创新诉求需要中国企业的综合财务指数

通过 CFI 系列的编制和发布，我们将不断地总结经验，在一定财力支持下，扩大样本范围，在地区性指数基础上争取编制和发布全国性指数。

财务指数的编制与发布，自然是一个财务界为社会在新时期所提供的一个公共产品，是将我们所拥有的雄厚资源转化成可支持进一步发展的现实软实力的重要策略。从发改委、国资委、税务总局等政府部门，到银行、保险、证券等监管机构，以至于各级各类的企业、投资者和相关利益者，都拥有对财务指数的现实需求和内在价值。

中国正经历从计划经济向市场经济的过渡和社会主义市场经济完善的过程中，财会数据市场也正在逐步建立和完善。这种信息市场的最主要功能是提供“货真价实”的财会数据，优化资源配置。

提升中国企业的综合财务指数是社会进步的根本动力和根本目的，集聚着政府部门的执政理念和执政能力，也凝结着学术界服务企业贡献智慧的期盼。因为，一个实用、及时、准确的财务运营态势信息，势必可以引导相关政府的明智决策、相关主体的理性行为，这是社会进步的象征，也是民心归属的昭示。财务指数对企业兴旺发达、对企业困难重重的陈述，都会相应唤起环境卫生的改善、问题的解决。不断地创新，加快经济方式转变，着力夯实企业基础，是有关各方的共同使命与追求。

总之，编制并发布中国企业的综合财务指数，是一项创举，根据众多指数的成功编制经验，CFI 若要实现基准指数的功能，在编制时应遵循以下几点，一是指数功能定位明确，即基于反映市场原则，能够体现和解释经济运行和发展的总体特征，反映市场细分化的运行态势和总体态势。二是指数编制公开原则。将主体选择原则、数据采集来源、指数计算公式、数据选择、调整和加工方法定期向市场公示，并力求指数简单实用、易于理解。三是指数设计稳定实用。在有效反映经济态势前提下，编制与发布指数务求稳定运行，在实践中接受市场评判，体现中国财务人群体的普遍视野。四是指数内含适度弹性。应该把延展性与现实性相结合，以保证 CFI 既能够便于反映当前市场经济的实际情况，又能为市场发展条件下的未来指数延展打下基础。

第二节 编制财务指数的要点

一、基础指标的选择标准

我们知道，企业财务指标是根据财务报告所列示的相关信息通过一定的科学计算而来，不同报表项目的差异化组合就可以得出不同的财务指标并反映不同侧面的财务运行态势，每个方面又涵盖了若干指标，将所有指标纳入财务指数的构建既不可能也不必要。因此，面临众多财务指标，必然通过一定的标准对其进行筛选，力图找到最能真实反映企业财务状况且最具代表性的有力指标，构建出对企业整体财务态势一目了然的中国企业的综合财务指数。

（一）数据采集的可获得性与重复性

由于中国企业的综合财务指数需要面向社会公众定期编制、定时发布，具有广泛性与公正性，因此，作为指数构建所必需的财务基础指标也必需能够公开重复收集，并符合真实性目标，能够真实准确地反映各企业的实际财会数据，便于广大研究者能够通过同样的方法演绎验证，确保中国企业的综合财务指数的公正实用性。

（二）原始指标具备全面性和系统性

中国企业的综合财务指数是根据企业财务报告提供的资料，选择恰当的财务指标，设计出的一套能够较为真实全面反映企业整体财务经济态势的监测和预警系统，由于各种财务活动、各项财务指标相互联系、相互影响，单独评价或分析任何一项财务指标都难以全面反映和评价企业整体的财务经济态势，所以，中国企业的综合财务指数的基础指标应具备高度的概括性和覆盖面，对企业整体的盈利能力、偿债实力、资产营运能力、发展潜力、抵御风险能力等诸多方面进行共同评价，能够比较完整地反映预警管理和监测管理的实际效果及存在的问题；另外，不同类型的企业在不同时期有其特定的财务风险类型，这就要求指标体系必须具有高度的概括能力，能够反映企业整体最本质、最重要的特征，适应任何时期任何行业的财务综合评价。

（三）原始指标具备灵敏度和稳定性

基础指标的灵敏性是指被选择的财务经济指标要能够比较灵敏地反映财务经济运行的主要方面；而超前性是指被选择的财务经济指标应当有一定的先进性（即先行性）；稳定性是指对被选择的财务经济指标的变化幅度进行不同状态划分后，划分的标准能够保持相对稳定。灵敏性、超前性和稳定性的要求确保了所构建的中国企业的综合财务指数能够有效地对企业整体的财务态势进行评估监测和预警。应特别注意的是，计入财务经济指数的财务比率不在于数量的多寡，关键是要具有相关性和可靠性。所谓相关性，是指宏观财务比率与财务经济现实之间内在相关的一种特性，这种内在的相关性是确保财务经济监测和预警系统具有科学性的先决条件；所谓可靠性，是指宏观财务比率本身应当是真实的、不偏不倚的、可以验证的，这种自身的可靠性是确保财务经济监测和预警系统具有实际应用价值的重要基础。

（四）原始指标的非多余性和最小性原则

中国企业的综合财务指数是用一系列财务指标对企业整体进行的综合评价，那么，这些财务指标必须是分解到最根本最基础的财务指标，不能进行再次分解，这是最小性的要求；由于各财务活动、各财务指标相互关联、相互影响，在设计中国企业的综合财务指数时，应尽量减少指标间的相关关系和重叠区域，并将相关性减少到最低限度，避免重复评价，这是指标非多余性的要求。非多余性原则和最小性原则是指标选择的技术性要求，往往根据以上三种选取原则确定基础指标后的相关性分析检验结果做进一步筛选。

二、样本选定的基本考虑

在一定的专项经费支持、工作网络系统等限制条件下，如何确保中国企业的综合财务指数有质量、有效率、有信度地成功运转，我们必须思考这个组织系统的现实问题。

（一）分层逐级金字塔系统与完全集中一站式系统的选择

如果我们将指数编制的数据获得方式进行分类，可以粗略地分析两个方向的类别，一类是通过各级组织的专业机构自上而下地层层填报报表数据，一类是越过中间繁多的层次，直接面向样本对象获取数据。显然，通过前者所获得的资料较为全面可靠，但是，这种全面调查花费的人力、物力、财力较多，且调查时间较长，甚至于许多资料各级调查机构也没有法定权利自然获得，况且这种方式也常常因为时过境迁而丧失现实价值。当然，面向特定群体的问卷调查法，具有明显的特点，其优点：一是便于对调查结果进行定量评价，二是匿名性，畅所欲言，三是节省人力、时间和经费。其缺点一是缺乏弹性，很难作深入的定性调查，二是回答问题可能随便敷衍，三是填答问卷比较容易，有的被调查者或者是任意打勾、画圈，或者是在从众心理驱使下按照社会主流意识填答，这都使得调查失去了真实性；四是回复率和有效率低，对无回答者的研究比较困难。不可否认，这种带有主观性的局部调查可能会影响到数据的可靠性。但是，两利相权取其重，两害相权取其轻。

在这种错综复杂的情况下，CFI 从取数思路上，既考虑定点群体的原始数据，也考虑这一代表群体的某些具体情况，从而实现科学、合理、合作、双赢。

（二）选定样本对象的具体调整

本研究的评价对象原则上界定为中国企业，但考虑到中国数据样本的代表性与取得的可获得性，评价对象作如下调整：

第一，考虑到现行中国财务制度与统计体系，完全依靠财会数据的逐级、全面统计，几乎是不可能的，没有一个渠道能够全面、强制地取得财务原始信息。这就导致缺乏真正意义上的全面财会数据。因此，研究过程中，本书的评价对象是在随机抽样的基础上进行的。

第二，考虑到过去财会数据是已经发生的实绩，应该占据重要位置，但是，仅限于对过去的追踪，而没有对未来的研究与分析是不够的。因此，本研究的原始指标将从样本点开始即转换成为样本更愿意提供的描述运行质量的相对指标，而不要求类似于企业数据一样的绝对指标。同时，结合了调查群体对未来的分析与预期。

第三，考虑到样本的代表性，选择了包括已经在沪深两地公开披露财会数据的上市公司外，还选择了国有企业、私营企业等各类样本。各类样本点的选定比例，基本上依据于工商行政管理部门的各类企业法人数据。

三、指数体系的构建层级

评价函数本身是多属性、多目标性的，尤其当评价目的在于形成统一意见或进行群体决策时，则在确定评价函数时会产生不同的看法，因此在对系统评价之前，应该在有关人员之间进行充分的无拘束的讨论，否则难以获得有效的评价。

（一）财务指数的基本分组系列

根据财务人群体的现实状况，初步设想构建一个由两类指数复合而成的综合指数体系。其构成的框架示意图如表 6－1 所示。

表 6－1　　　　财务综合指数构成示意图

一级指数	二级指数	三级指数	权重
综合财务指数	盈利能力指数	1. 销售利润率指数	
		2. 成本费用利润率指数	
		3. 总资产报酬率指数	
		4. 净资产收益率指数	
	回报效力指数	1. 债权人报酬增长率	
		2. 职工薪酬长率	
		3. 政府税赋指数	
		4. 股东权益增长率	
	偿债实力指数	1. 流动比率	
		2. 现金比率	
		3. 资产负债率	
		4. 有形净值债务率	
	营运能力指数	1. 流动资产周转率	
		2. 总资产周转率	
		3. 资产现金回收率	
		4. 盈利现金保障比率	
	发展潜力指数	1. 研发投入率	
		2. 无形资产比率	
		3. 近三年销售增长率	
		4. 近三年资产增长率	

综合财务指数则又由五类分组指数构成，每一组质量指数在功能定位上有所区别，主要体现在指数所反映的对象上，这五组二级指数的具体构成情况如下：

A 组，盈利能力指数。这是评价创造价值回报投资人的幸福指数。旗下包容着四个三级指数，分别是：营业利润率、资本收益率、总资产报酬率和盈利现金比率。

B 组，回报效力指数。债权人报酬增长率、职工薪酬增长率、政府税赋指数、股东权益增长率。

B组，偿债实力指数。这是评价履行还本付息债务人的感恩指数。旗下包容着四个三级指数，分别是：流动比率、现金比率、资产负债率、有形净值债务率。

C组，营运能力指数。这是评价正常周转维系企业人的生命指数。旗下包容着四个三级指数，分别是：应收款项周转率、流动资产周转率、资产现金回收率、总资产周转率。

D组，发展潜力指数。这是评价做大做强心系未来人的后发指数，主要是描述企业发展的增长性态势、发展谋划实现、发展力度等态势。旗下包容着四个三级指数，分别是：新创价值增长率、研发投入率、销售增长率、总资产增长率。

对于极为典型的适度值指标，如资产负债率，我们设定以60%为参考性理想标杆，利用折算公式$1/(1+|X-60\%|)$转换为过渡性指标；对于其他一些需要设定“提示线”的指标，也可分门别类地设置相应的关注线。这些基础数据的技术转化，是由财务指数编制机构统一在对企业提供的原始数据进行相应的审核后根据统一标杆进行的后台处理。企业一线在报送数据时不应该进行任何处理，这一是为确保数据的原始性，二是为减轻企业处理工作量。

（二）财务指数的附加分组系列

除了上述基本分组之外，还可以根据管理解读的需求进行相应的科学分组。

如按照现有省市区的行政区划而计算的财务指数，即地方财务指数；按照中央企业与地方企业的级别关系而计算的中央企业综合财务指数、地方企业综合财务指数；按照产权性质而归类的国有企业综合财务指数、民营企业的综合财务指数等；按照产业或行业关系而计算的行业财务系数。等等。

四、采集样本的优化筛选

中国财务评价指数的样本，主要是选择不同产业结构、不同产权结构公司，通过这些公司提交的财会数据进行汇总分类。CFI 将首先选择特定省份，在其拥有规定财务人特质的群体中，按 1‰的比例抽取 800 户企业进行抽样调查，通过通俗易懂的问卷了解不同行业的财务人的评价与预期态度，并最终换算成标准化值。

（一）样本选择考虑

在指数编制原则的基础上，借鉴国际指数样本选择经验，结合市场现状，制定如下的样本选择标准。

1. 样本选择原则。各地区、各行业都有样本，同时要对行业中的主要企业采集样本；总量按照工商局注册企业总数的适当比例确定。

2. 样本选择结构。遵循精选、理性、合适、责任的样本对象选择标准，根据各类拟确定满足以下条件之一者，成为正式的定期信息采集样本：

第一类：国有、国有控股、国有参股公司样本；

第二类：深沪主板、深圳中小板及创业板及境外交易所公开上市的企业；

第三类：民营企业集团、股份制公司样本；

第四类，其他。

3. 样本管理。在依照上述原则初步梳理候选样本后，拟以项目组名义发出 CFI 数据采集联络信（确认信），载明要求、程序、规范、权责等相关事项，邀请对方全面审阅后签署并回复项目组，一经确认，即成为本指数的数据采集对象。样本有效期定为 2 年。

（二）取样项目设计

对于一些具备条件已经实现财会数据完全网络自动化处理的集团公司

而言，当然可能通过学习现有的财务报表系统经过简单的转化处理，即可生成符合中国企业的综合财务指数编制规范的原始数据，而对于绝大多数样本来说，通过赶写专业的财务指数调查表格则是其报送原始数据的唯一合适途径。因此，作为财务指数的编制机构，如何拟定专门的调查表格则显得特别重要。设计表格的总体要求是需要特别注意的，比如，对于熟练的填表者而言，表格的完整填写时间不应超过1小时。这些要求包括但不限于以下诸点：

1. 明确与所需要的财务指数相关的内容，再设计表格。

2. 确保表格中的每个调查项目都是必要的，经过必要的审核删除不必要的调查项目，以提高调查问卷的有效性和实用性。

3. 请不同规模、不同性质的企业，事前填写表格样本，倾听反馈意见，了解表格设计是否合理。

4. 要求语言标准，问题简单明确。

5. 把相关的问题放在一起。

6. 尽量采用指标化项目，尽量减少表中文字书写量。

7. 保证留有足够的书写空间。

8. 使用简单的打印样式以确保易于阅读。

9. 如果觉得有帮助，可注明填表须知。

10. 充分考虑信息处理的简便性和正确性。

11. 如果表格收集的数据使用OCR和OMR处理，这两种方法使信息可以自动读入计算机，表格则需要非常仔细的设计，保证准确的完成数据处理。

现将我们初步拟定一个面向企业的调查用表格列示出来，供参考，见附件。

五、指数计算的要点关注

（一）原始数据的无量纲化处理

不同的指标往往具有不同的量纲，为了使分析指标具有可比性，必须将原指标进行无量纲化处理。

（二）相关指标的权重

计算步骤为在采用专家法（主观赋权法）和熵值法（客观赋权法）得到权重的基础上，利用组合赋权法来确定指标体系的组合权重，并对财务专业人士就经济态势的看法进行定量评价。

财务指数构成综合指数的二级指数与构成二级指数的三级指数的权重，通过专家意见，利用层次分析法确定，本专著第五章第二节即专门探讨；而对于来自于企业、行业的数据，则可以按照统一确定并审定的规模化权数确定，本专著第五章第三节即专门探讨并有参考结果。

（三）其他的操作事项

1. 提供操作指南。为确保一线财务人员能够及时、准确、高质量地提供原始资料，必须在专业上给予指导培训、发放指南与说明；在工作上提供必要的便利，协助单位领导相应安排适当的时间与条件；在考核上组织质量抽查与准确性、及时性考核，并分级给予表彰。

2. 数据处理。运用 EXECL 或 SPSS 工具统计出各个指数的审核与处理程序，提高自动化复核、处理能力，将更多的时间与精力转移到数据分析层面。

第三节　编制财务指数的运行流程

CFI 由采集到指数发布整个过程按先后顺序依次为数据采集、数据审核、指数编制和指数发布。每个环节都配有严密的工作制度，以确保每一期基础数据的客观性，处理环节的严密性从而使指数的准确性及发布的及时性得到有效保证。

一、数据采集与审核

数据采集是指数编制过程中的初始环节，是各种原始数据的收集所涉及工作的总称，该阶段需要收集来自采集系统内的相关电子信息、纸质信息等渠道的原始数据。

1. 工作机制。数据采集工作量较为繁重，因此我们取得了行业协会的支持，采用行业协会采集行业数据，市地学会、行业分会直接提交成交信息及报价信息，最后由指数编制单位集中汇总的分工合作制，以保证原始数据收集的及时性。

2. 采集方式。为使数据提报能够方便快捷地推进，指数编制单位提供网络平台直报为主，电子邮件、电话及传真提交为辅的信息传输渠道，并设立专人全程跟踪整个数据采集进程。

3. 数据标准。数据必须具备一定的时效性和统一性才可确保 CFI 的可信性。要求数据统计周期为每季最后一个月结束之后的第 2 日，即要求各类数据在数据统计周期内具有时效性，报送时间为每季结束后的第二日，即 4 月 2 日、7 月 2 日、11 月 2 日和次年 1 月 2 日。

数据审核工作主要是对采样阶段所收集的原始数据进行的保证数据正确性的所有相关工作的总称，是编制流程的第二个环节，是保证指数编制工作顺利进行的基础。

数据审核环节中，主要内容包括对已经保存到数据库的数据进行有效性检验以及数据类别检验两种类型的工作。

二、指数编制与发布

在数据审核之后，进入数据处理系统，由数据处理组导入 SPSS 或 EXCEL 系统，进行分项处理和综合处理，提供内部确认的指数编制结果。

在指数编制结果确认书出来后，约请专家组撰写匹配的指数分析报告，并定期与相关网络或专业杂志公开发布指数信息。

第四节 编制财务指数的实施策略

建立体现科学发展观的CFI体系是一项长期的探索性研究课题。在概念界定、指标取舍、数据采集等方面还存在诸多技术和实践上的困难，要完全达到科学性、系统性、全面性、可操作性的统一还需要长期的努力。同时，评价与预期应该是一个动态优化的过程，随着经济社会发展，统计制度和技术的进一步成熟，本研究的指标体系也将逐步完善。

一、初期的试点推进

在目前的工作中，课题组将就以下几个方面进行先期推进：一是选择一个或几个省市，与相关机构配合进行或指数试编工作，初步选定以浙江省为例，与浙江省会计学会合作，进行为期半年的两次试编。本研究设立了“试编制”的相关要求，在试点地区通过层层组织，将在课题组、专家组有关专家集体论证的基础上，继续参与科学发展相关评价。二是进一步推动复合性指标构建。

为及时掌握动态，提高对经济活动的监测与预警能力，及时向宏观调控和企业生产经营提供参考依据和咨询建议，应采取如下的实施策略：

1. 加强数据采集组织。要求充分认识调查工作的重要性与复杂性，加强对数据采集的领导和组织落实，在人员、设备等方面给予充分支持，认真组织好本地区的调查工作；要协调好数据采集样本企业，明确专人负责，确保源头数据采集和网上直报工作顺利进行。

2. 明确全程分工合作。在数据采集方式上，实行省学会与市级学会、行业学会分工负责制。即省学会项目组负责组织、方案设计和报表印刷、样本抽取、培训业务人员、数据处理、数据评价、指数编制、信息发布和反馈等工作；各市学会负责向调查对象布置任务、培训企业相关业务人员、组织联网直报、催报、数据审核、查询纠正问题、回访样本、向调查企业反馈相关资料等环节工作。

3. 加强双向沟通反馈。要通过各种形式，加强与调查企业的沟通与联系，落实采购经理直接填报率；要建立必要的提醒、催报等制度，利用网络、传真、电话等多种方式，保证问卷的回收；要及时向样本反馈有关汇总数据，积极向企业生产经营者提供参考依据和咨询建议。

4. 继续深度开发信息。要进一步完善各个重要工作环节的记录制度，尤其要做好报表上报、催报、查询、更正、样本调换、回访等环节的记录，使调查组织工作规范、有序。

二、未来的完善方向

在未来的评价中，课题组将就以下几个方面进行完善和探索：一是进一步完善“样本优胜劣汰”机制。并尝试在时机成熟后设立“一票否决”的相关指标，当一个样本发生重大差错事故时，将该样本剔除。二是在研究中进一步探讨国际通用类指标的科学性和数据获取的可能性。持续研发细化的指数，更好地指导更深层次的相关工作。

随着经济与社会的持续发展，一系列经济考量的方法持续创新。通过科学选择身处经济运行一线的财务人员的观点与感觉，聚集成 CFI 这一简单、量化的观察与分析指标，就如同为我们看待经济前行的灯塔和坐标。凭借 CFI 这一观察经济的“晴雨表”，解决经济发展中存在的诸多问题，指导我们更加科学地做好相关工作。

第七章

财务指数：源自 ZAG 集团的案例

指数本来是一个学术名词，但是今天“指数”正在成为大众化的流行词汇。基于指数具有简单而又通俗的功能，近年来已经走进了人们的生活，这也让很多企业经营管理者发现了指数所内含着的强大的阐释力、传播力和影响力。

ZAG 集团管理层认为，在集团框架下编制和使用财务指数就是建立评估标准，逐步获取一种使得复杂事物能够简单化、使得不确定的东西能够定量化考察的工具。从集团管理层的深层眼光看，指数之所以会得到企业相关利益者的青睐，是因为凭借着一项可以反映和测量企业群体中的某些现象和事物进展的综合指数，不仅会赢得来自直接管理财会数据的专业人士的普遍应用，还会得到资本监管、社会公众等相关机构的关注，获得非常普及的传播，甚至可能引发管理层、业务层和公众自觉自发的讨论和传播，因此，相比那些以专业概念和传统概念为诉求的传播，以指数为基础的传播渠道就有了更加广阔的影响力。

本章将在读者对前述相关理论知识体系有了一定的研读之后，现场解读 ZAG 集团近年来在财务指数领域所做的初步探索。我们当然期待，如果一个指数可以坚持下去，企业可以围绕每一期的指数提炼比较新锐的话题，从而持续地提升影响力。总之，财务指数的编制与开发使用，可以让微观、中观和宏观的企业管理者登得更高，看得更远。

当然，本章的内容是在 ZAG 集团编制报告基础上缩减整理而来的，我们节省了与本书前面内容重复的部分内容，并直接引用了本书的相关内容，如层次分析法的计算，这样做的目的，一是前后一体化，更好地说明指数编制的理论与实践，二是节省篇幅，避免相同或相近内容的前后重复。

第一节 ZAG 集团财务指数的研究意义

随着财务分析在广度与深度上的持续推进，ZAG 集团越来越深刻地认识到，传统的财务分析局限于详细化的思维模式，已经到了需要调整的关口了，他们通过多个视角的研究，渐渐理解到可以根据自身情况编制多个层次的财务分析，让更多的人接触、理解，从而自觉实现对企业经营态势的把握。

一、财务指数的管理价值

随着管理会计的兴起，财务管理人员在企业中的角色正在从过去的“账房先生”变为企业管理者的决策参谋与合作伙伴，而要完成这一角色的转变，使财务真正成为企业的决策支持系统，无论对财务人员还是企业管理者来说，财务分析都是一项基本功。这是财务职能为企业创造价值的一个重要途径。如果你想了解如何运用财务分析这一工具来“诊断”一个企业的健康状况，同时以“价值管理”为核心，开出改进“药方”并付诸实施，就应该通过深入的企业财务分析与价值管理来帮助你找到影响企业价值的关键要素，从增加股东价值的角度规划经营战略，更新财务分析的层次、视野，开拓与传统细化思维相反的全局观分析思路，找到使企业价值最大化的根本途径。

ZAG 集团财务指数是综合反映 ZAG 集团商业运行态势和景气状况，预示其商业经济走势和发展取向的一个先行指标，是判断该集团旗下企业群体商业经济走势不可或缺的“晴雨表”和“监测器”。该指数的建立一方面为集团管理层进一步优化经济资源配置，进行经济决策提供依据，另一方面可以引导旗下企业产业结构的调整和产品结构的优化、升级，促进整个集团产业结构调整，也势必引导相关利益者以及社会公众从一个新的层面把握与其相关的经济趋势和市场走向，促进 ZAG 集团健康、稳定、持续发展。

二、编制工作的组织安排

建立科学的企业财务态势测试指标体系是对研究对象进行量化反映的重要环节，进行该指标体系研究，需要遵循以下指标选取原则：

1. 综合性原则：即评价指标体系要能全方位多角度地反映 ZAG 集团商业经济的发展状况。既要包括传统的定量性财务分析指标（硬指标），如销售利润率、流动资产周转率等，也要包括能够体现现代企业竞争与发展潜质的新生分析指标，而这些新生分析指标，某种意义上意味着是软指标，是对定性指标通过调查方法进行量化反映的。

2. 重要性原则：即指标的变化对 ZAG 集团市场经济的发展有重要作用。

3. 代表性原则：即所选指标能反映 ZAG 集团商业经济的运行态势。

4. 灵敏性原则：即指标对企业经济波动的反应比较灵敏。

5. 可操作性原则：即选择现行核算制度中可以取得的指标，而不是单纯的理论探讨。指标要易于收集、加工和整理。经过反复研究比较，选取出一组比较完整的指标。

第二节 ZAG 集团财务指数指标体系的构建

一、指标体系的构建

ZAG 集团财务指数是一个综合指数体系，是对 ZAG 集团商业经济发展状况的一种综合性描述，用以说明 ZAG 集团商业经济活动的健康与活跃程度。

建立集团财务指数的逻辑思路，与本书相关章节的讨论内容基本相同，不再详细阐述，该指数的构成主要从以下五个方面考虑：

1. 盈利能力类测度指标
2. 回报效力类测度指标
3. 偿债实力类测度指标
4. 营运能力类测度指标
5. 发展潜力类测度指标

考虑到 ZAG 集团是国有集团公司，属于省国资委履行出资人职责的省级集团公司，作为历史保留的行业特征，该集团肩负着支持全省农村、农民和农业经济发展的重要使命，同时，自身属于完全独立核算的企业主体，其市场风险与竞争环境与其他企业并无差异。集团目前将整个产业分成三大板块，即流通类企业、房地产企业和投资性企业。不同行业具有差异化的运作特点，也存在着明显的财务管理方面的差异。在每一个行业中间，也有多个企业之间的差异，不过，本案例为重点说明问题而不得不省略许多具体计算过程，即一个行业假定只有一个企业，这样，编制的过程性轮廓可以相对方便地阐述。实际编制时，有些过程是通过计算机软件（本书尽量介绍通过 EXECL 得以实现的方式）、有些过程是手工具体分析过程。本案例意在介绍指数编制的整体流程，并不追求某一个细节的理论推演。

该集团综合财务指数可由如下五个二级分类指数构成：盈利能力指数（P）、回报效力指数（R）、偿债实力指数（S）、营运能力指数（O）以及发展潜力指数（D）。

在每一个分类二级指数中，也都先后由不同的四级分项指标组成。现建立具有递进层次结构的指标体系模型，如图 7－1 所示：

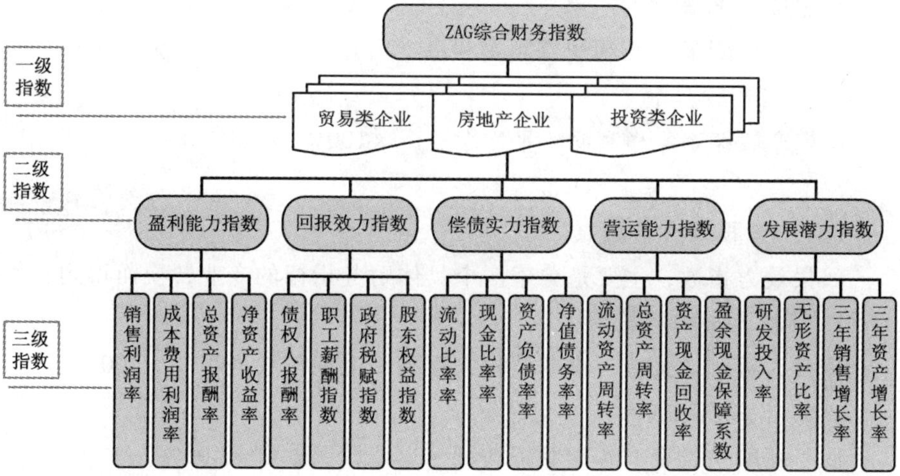

图 7－1

二、构成指标的内涵与外延简析

在综合财务指数框架下，划分了五个既有区别、又有联系的二级分类财务指数；在每一个二级分类指数下，也有相应的三级财务指数。现简要分析其基本构成内容：

作为构成财务指数的基础，相应的财务指标具有规定的内涵与外延，现简单列示如下：

（一）盈利能力指数

盈利能力指数，主要是源于四个具体财务指标的专业转换而得到：

1. 销售利润率

销售利润率 = 净利润 ÷ 主营业务收入净额 ×100%

2. 成本费用利润率

成本费用利润率 = 利润总额/成本费用总额 ×100%

3. 总资产报酬率

总资产报酬率 = （利润总额 + 利息支出）/平均资产总额 ×100%

4. 净资产收益率

净资产收益率 = 净利润 ÷ 平均净资产 ×100%

（二）回报效力指数

回报效力指数，主要是源于四个具体财务指标的专业转换而得到：

1. 债权人报酬增长率

债权人报酬增长率 = 本期债权人报酬 ÷ 上期债权人报酬 ×100%

2. 职工薪酬增长率

职工薪酬增长率 = 本期职工薪酬 ÷ 上期职工薪酬 ×100%

3. 政府税赋增长率

综合税赋增长率 = 本期综合税赋率 ÷ 上期综合税率 ×100%

4. 股东权益增长率（资本保值增值率）

股东权益增长率 = 本期股东权益 ÷ 上期股东权益 ×100%

（三）偿债实力指数

偿债实力指数，主要是源于四个具体财务指标的专业转换而得到：

1. 流动比率

流动比率 = 流动资产 ÷ 流动负债

2. 现金比率

现金比率 = 现金及现金等价物期末余额/年末流动负债

3. 资产负债率

资产负债率 = （负债总额 ÷ 资产总额） ×100%

4. 有形净值债务率

有形净值债务率 = [负债总额 ÷（股东权益 - 无形资产净值）] ×100%

（四）营运能力指数

营运活力指数，主要是源于四个具体财务指标的专业转换而得到：

1. 流动资产周转率

流动资产周转率 = 主营业务收入净额/平均流动资产总额 ×100%

2. 总资产周转率。

总资产周转率 = 主营业务收入净额 ÷ 平均资产总额

3. 资产现金回收率

资产现金回收率 = 经营现金净流量/平均资产总额 ×100%

4. 盈利现金保障比率

盈利现金保障比率 = 经营现金净流量/净利润

（五）发展潜力指数

发展潜力指数，主要是源于四个具体财务指标的转换而得到：

1. 研发投入率

长期研发投入比 = 研发投入/产品销售总收入 ×100%

2. 无形资产比率

无形资产比率 = 无形资产余额/资产总额 ×100%

3. 近三年销售增长率

销售增长率 = 本年销售增长额 ÷ 上年销售额 ×100%

4. 近三年资产增长率

总资产增长率 = 本期末总资产增长额 ÷ 本期初资产总额 ×100%

这些指标，是在现有财务指标体系基础上，适当补充个别相关指标而形成的。

三、ZAG 集团财务指数的编制原理

“ZAG 集团财务指数”要综合反映整个集团公司商业运行态势和景气状况。因此，该指数要以景气理论为基础，采用合成指数的编制思想进行编制。

（一）景气理论

景气是对经济发展状况的一种综合性描述，用以说明经济活动的活跃程度。所谓经济景气，是指总体经济呈上升发展趋势，呈现市场繁荣、经济总量增长速度加快的景气状态。经济不景气是指总体经济呈下滑的发展趋势，绝大部分经济活动处于收缩或半收缩状态，表现出市场疲软、经济增长速度停滞或迟缓等现象。

景气分析是市场经济条件下，分析判断和预测经济运行态势的常用方法。经济上把对经济周期波动的测定称之为景气指数分析（又称为商业循环分析），主要利用月度或季度经济统计序列数据，测定经济波动的高峰、扩张、收缩、谷底，分析经济运行中的各种问题，提出经济运行调控的政策、措施，其反映的是一种状况或宏观经济的行情，具有一目了然的特点。

（二）合成指数编制原理

合成指数又叫综合指数。它的计算方法是先求出每个指标的对称变化率，即变化率不是以本期或上期为基数求得，而是以两者的平均数为基数求得（这样可以消除基数的影响，使上升或下降量均等）。然后，求出各个指标的标准化对称变化率（这样可以消除量纲的影响，使各指标之间更具有可比性），并将它们加权综合为一个序列，即各个指标的平均对称变化率序列。最后，以某年为基年，计算出其余年份各月的相对指数。

（三）指标权数的确定

权数实质上是衡量各指标相对重要性的系数，对同一评价对象，不同

的权数结构会得出不同甚至完全相反的评价结论，指标的权数结构直接会影响到评价结论的可靠性。因此，科学地确定各指标的权数，是提高综合评价质量的前提。

权数所衡量的这种“重要性”从程度上讲具有一定的主观性和典型的模糊性。正因为如此，重要性系数即权重的确定常常采用主观赋权的方法。目前，被广泛采用的方法有专家意见法（Delphi）和层次分析法（AHP）。其中，层次分析法的具体调研与推算过程，参见本书第五章的详细内容。本案例的层次分析法所得到的参数值直接引用上述篇章的结果，不再另外推算。当然，对层次分析法存在的两个主要问题，这里简单说明一下。一是判断矩阵的一致性问题。当同一层次的指标（分指数）较多时，容易使分析者作出矛盾和混乱的判断，导致判断矩阵的一致性难以达到检验系数 $CR < 0.1$ 的要求，而这种一致性较差的矩阵的进一步调整，常常凭借大致的估计来进行，带有一定的盲目性；二是实际操作的复杂性问题。两两比较采用 9 标度值来量化，不仅实际操作比较繁琐，计算比较复杂，而且判断结果与人们的思维在一致性上存在一定的差异，有时会得出一些难以解决的结果。

总之，ZAG 集团财务指数分为 A、B、C 三个层次，构成一个递进的层次结构模型。综合指数的计算需按 C－B－A 的顺序，逐层进行。每个层次的各指标（分指数）都需要通过确定合理的权数来得到上一层指标（分指数）的数值。

对于 C 层（单体企业财务指标组合层）的 20 个指标，请专家对这 5 组分指数中每个因素的相对重要性作出判断，运用层次分析法或模糊层次分析法确定权数。即根据层次分析法确定的权数来确定每一个三级指数在二级指数体系的权重，再根据每一个二级指数在一级指数中的权重来确定在综合财务指数中的位置。这个层面的权重计算相对比较复杂。

同时，对于集团属下的流通类企业、房地产企业和投资类企业三个产业板块的权数确定，通常的可选择思路，一是宏观范畴内按流通类企业、房地产企业和投资类企业各自的资产规模占三类企业资产规模之和的比重作为权数；二是集团范围内可以按照流通类企业、房地产企业和投资类企业各自的销售收入占三者销售收入之和。主要考虑到这些企业板块在企业集团范畴内能够实质性地创造何种效应或产生什么影响力。有时候也可以考虑请专家对流通类企业、房地产企业和投资类企业的相对重要性作出判断。

第三节 ZAG 集团财务指数的编制

一、编制的总体方案

根据前面的分析，总体编制方案归纳为：

第一阶段，对单个企业根据相关数据整理编制；其中，通过对某一个三级指数的专业处理，依次形成原始数据、一级差分、消除量纲、标准化处理、权重合成、指数化转换等计算，形成三级指数。

第二阶段，逐一计算每一个三级指数，并根据其权重合成二级指数，

第三阶段，逐一计算每一个二级指数，并根据其权重合成一级指数，这就是某一特定行业的综合财务指数。

第四阶段，根据集团属于企业的行业情况，在其个别企业综合财务指数的基础上，根据规模化权重计算整个集团的综合财务指数。

二、编制的具体过程

整个指数编制的技术过程相当复杂，本节只能针对其基本原理进行样本性分析与推算。即对三个行业选择其中一个行业，对五组分类指数选择一组分类指数，即确定流通类企业的盈利能力指数进行系统分析，后面的指数计算过程不再具体列出。

（一）盈利能力二级指数（P）的编制

在编制指数之前，首先要对原始指标进行同趋势化处理。通常，指标可分为三种类型："收益型"指标（指标数值越大越优）；"成本型"指标（指标数值越小越优），例如费用水平；固定型指标（指标数值越趋于某一固定值越优）。如果不对这些不同类型的指标进行适当的预处理，得出的综合指数会产生较大的误差，没有实际意义。将"成本型"指标转化为"收益型"指标，通常采用求倒数的方法：

$$X = \frac{1}{x}$$

式中：x 是原始指标，X 是转化后的指标。

在该指数体系的众指标中，只有费用水平是成本型的指标，因此，需要对费用水平指标进行转化。

下面以 ZAG 集团旗下流通类企业的销售利润率指标为例，说明指数的编制过程。

第一步，盈利能力——销售利润率原始数据。

针对 ZAG 集团旗下流通类企业，从 2008 年第一季度到 2010 年第四季度的销售利润率指标，按照分季度数据作曲线图 7－2 如下：

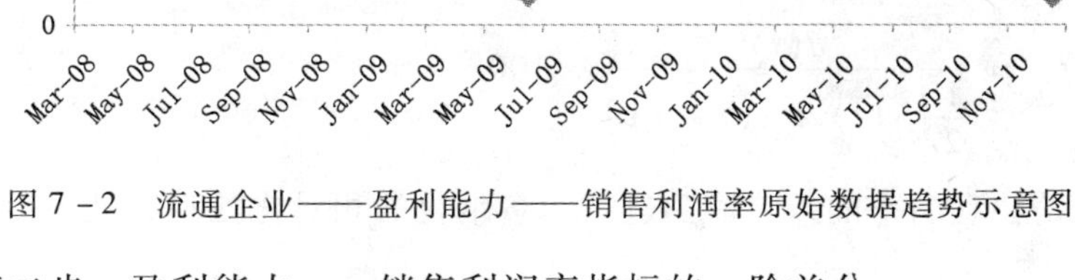

图 7－2　流通企业——盈利能力——销售利润率原始数据趋势示意图

第二步，盈利能力——销售利润率指标的一阶差分。

公式为：

$$d_i(t) = x_i(t) - x_i(t-1)$$

式中：$x_i(t)$ 是第 i 个指标的原始序列，$d_i(t)$ 是第 i 个指标的差分序列。

这里的一阶差分，实际上是各个指标的本期值与前期值的差。这样做的目的是为了将各个指标的本期值与前期值进行比较，可以根据本期差分值的正负来确定最终指数的上升与下降。

对销售利润率数据的原始序列作差分后，将其差分值作图如图 7－3 所示：

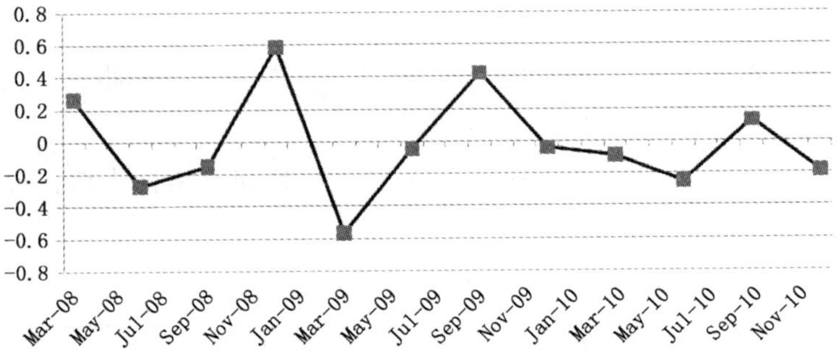

图 7－3　流通企业——盈利能力——销售利润率一级差分示意图

第三步，盈利能力——销售利润率消除量纲的影响。

我们知道，差分后的指标仍然具有量纲。而不同的指标具有不同的量纲，若不消除量纲，各个指标综合后的结果就无实际意义。消除量纲可以采用相对化处理的方法。我们选取本期与前期原始数据的平均值作为相对化处理的基数。公式如下：

$$c(t) = \frac{d(t)}{\frac{1}{2}[x(t) + x(t-1)]} \times 100$$

对销售利润率的差分序列进行无量纲化的相对化处理，处理后的序列如图 7－4 所示。

第四步，盈利能力——销售利润率标准化处理。

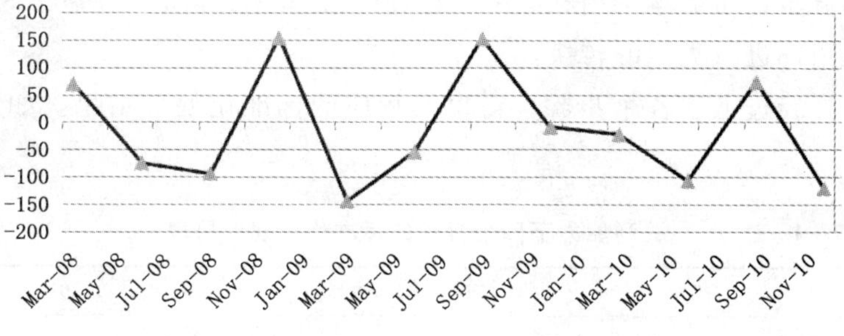

图 7－4　流通企业——盈利能力——销售利润率无量纲化示意图

若不对指标进行标准化处理，数值大的指标的作用会强化，而相对弱化了数值小的指标。标准化处理的方法如下：

$$z(t) = \frac{c(t)}{\sum |c(t)| / n}$$

式中：n 是序列的期数（季数）。

式中的分母实际上是序列的绝对平均数，而不是算术平均数。这是由于序列中各期的值有正有负，算术平均数会比较小，不同指标的算术平均数会非常接近，从而达不到标准化处理的目的。

对销售利润率的序列进行标准化处理，处理后的序列如图 7－5 所示：

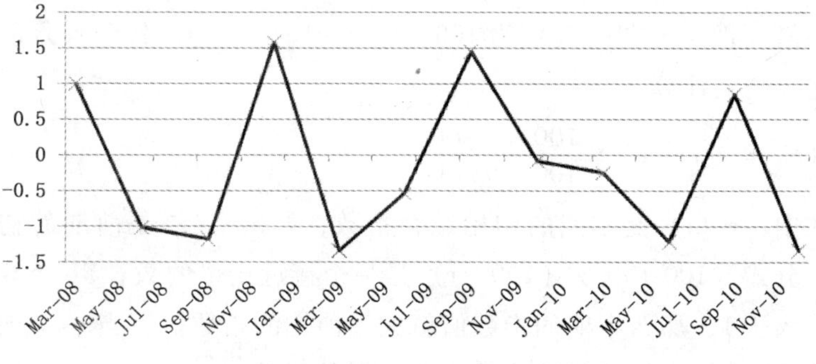

图 7－5　流通企业——盈利能力——销售利润率标准化处理示意图

至此为止，第一个三级指数（销售利润率指数）已经生成了。可以看出，销售利润率指数在该期间存在着相当剧烈的起伏变化。

第五步，对成本费用利润率、总资产报酬率、净资产收益率等其他三个三级指标进行类似的转换。

同样经过上述各个步骤，得出其相应的标准化处理结果。如表 7－1 所示：

表 7－1　　盈利能力下四个指标的标准化处理结果表

时期	2008				2009				2010			
	Mar	Jun	Sep	Dec	Mar	Jun	Sep	Dec	Mar	Jun	Sep	Dec
P1	1	-1.01	-1.17	1.58	-1.34	-0.54	1.44	-0.08	-0.25	-1.20	0.857	-1.34
P2	-1	-0.56	0.34	-0.1	-0.40	0.61	0.33	3.85	-4.13	1.05	-3.06	1.206
P3	-1	-0.01	-0.03	0.30	-0.45	-0.24	0.48	-1.84	1.15	0.03	0.01	0.12
P4	-1	-0.01	-0.03	0.33	-0.48	-0.23	0.48	-1.92	1.17	0.03	0.01	0.12
加权值	-0.06	-0.57	-0.51	0.83	-0.87	-0.24	0.91	-0.12	-0.35	-0.38	-0.08	-0.37

之后，统一进行盈利能力中四个三级指标的权重计算，综合得出盈利能力的标准化数据，即表 7－1 中的加权值一栏。

第六步，盈利能力二级指数的编制。

将上面的序列编制为指数的形式。具体的做法是：先令 2008 年第 1 季度的值（即第 1 期的值）为 100，即 v（1）＝100，其余各月的值按下面的迭代公式计算：

$$v(t) = v(t-1) \times \frac{100 + r(t)}{100 - r(t)}$$

式中：v（t）是本期的初始综合指数，v（t－1）是前期的初始综合指数。分式（100＋r）/（100－r）是一个接近于 1 的数，当 r＞0 时，该式的值大于 1，那么本期的指数值就大于前期的指数值；当 r＜0 时，该分式的值小于 1，本期的指数值就小于前期的指数值。

这样，就得到流通企业——盈利指数 v（t）。序列如图 7－6 所示。

上述盈利能力指数的过程是一个基本过程，类似地，我们可以推算出流通企业的回报效力指数、偿债实力指数、营运能力指数和发展潜力

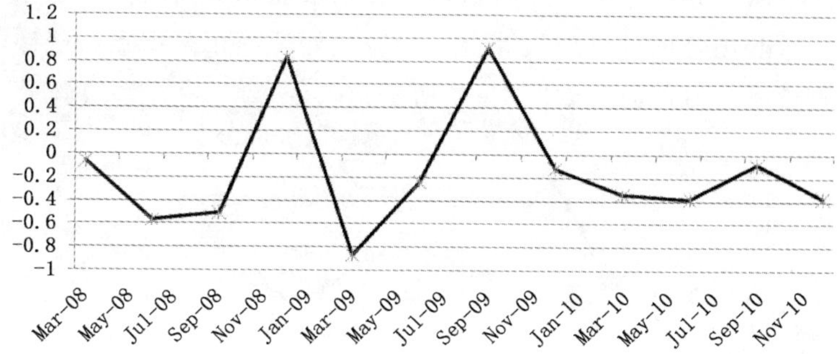

图 7－6　流通企业——盈利能力指数示意图

指数。

（二）回报效力二级指数的编制

对流通企业的回报效力指数，根据其债权人报酬增长率、职工薪酬增长率、政府税赋增长率、股东权益增长率等四个三级指标，分别按照原始数据、一级差分、消除量纲、标准化处理，再加权综合、指数化处理等相关步骤。这样就得到流通企业回报效力指数。如图 7－7 所示：

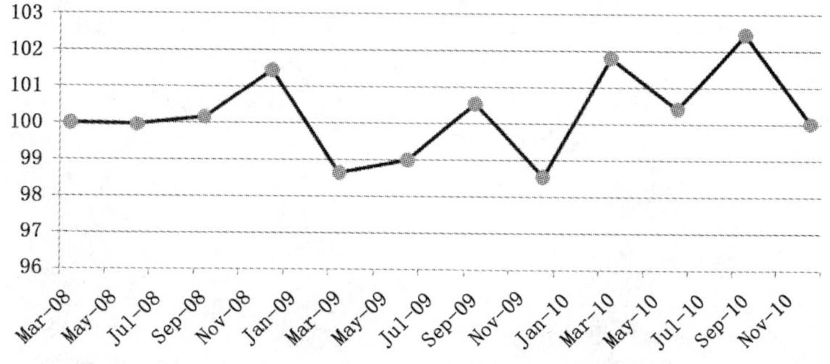

图 7－7　流通企业——回报效力指数示意图

（三）偿债实力二级指数的编制

对流通企业的偿债实力指数，根据其流动比率、现金比率、资产负债率、有形净值债务率等四个三级指标，分别按照原始数据、一级差分、消除量纲、标准化处理，再加权综合、指数化处理等相关步骤。这样就得到流通企业偿债实力指数。如图 7－8 所示：

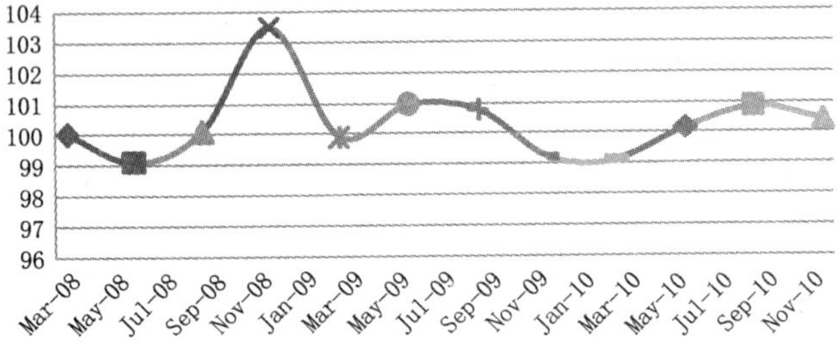

图 7－8　流通企业——偿债实力指数示意图

（四）营运能力二级指数的编制

对流通企业的营运能力指数，根据其流动资产周转率、总资产周转率、资产现金回收率、盈余现金保障系数等四个三级指标，分别按照原始数据、一级差分、消除量纲、标准化处理，再加权综合、指数化处理等相关步骤。这样就得到流通企业营运能力指数。如图 7－9 所示：

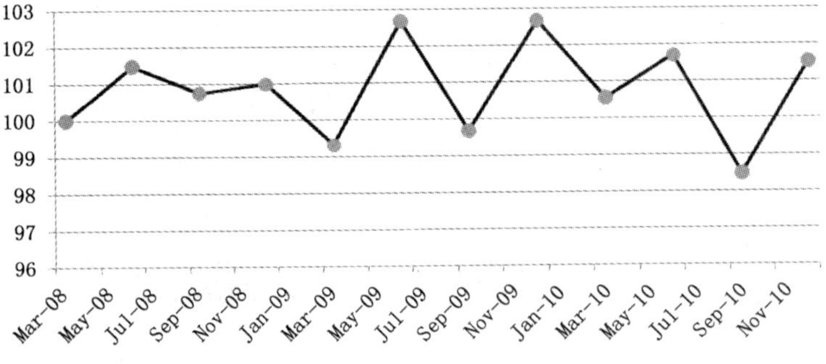

图 7－9　流通企业——营运能力指数示意图

（五）发展潜力二级指数的编制

对流通企业的发展潜力指数，根据其研发投入率、无形资产比率、近三年销售增长率、近三年资产增长率等四个三级指标，分别按照原始数据、一级差分、消除量纲、标准化处理，再加权综合、指数化处理等相关步骤。这样就得到流通企业的发展潜力指数。如图 7 – 10 所示：

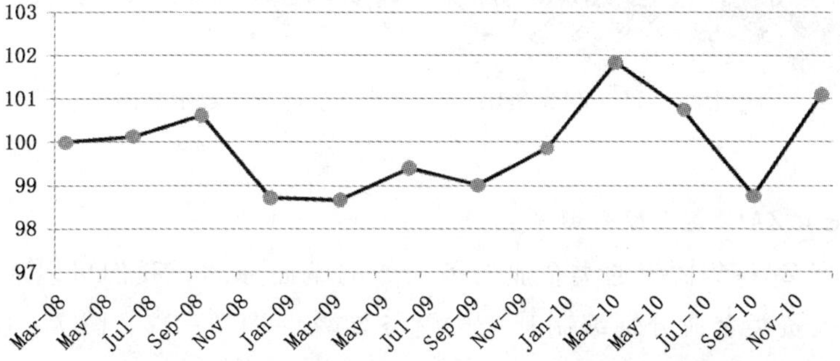

图 7 – 10　流通企业——发展潜力指数示意图

（六）ZAG 集团综合财务指数 I 的编制

以上我们编制了五个二级分类指数，即盈利能力指数（P）、回报效力指数（R）、偿债实力指数（S）、营运能力指数（O）和发展潜力（D）指数。现将这五个二级分项指数按下式得到最后的综合指数：

$$CFI = \sum W_I I_I$$

式中：CFI 是综合财务指数，I_i 是第 i 个分指数，W_i 是第 i 个分指数的权重。其中，权重系数参见第五章第三节的具体阐述。

这里，拟按各分指数等权重计算，综合指数曲线图如下：

将上面得到的指数，除以基期的值（这里取 2000 年 1 月份为基期），再乘以 100 就得到最终的指数，即 ZAG 集团流通企业财务指数，如图 7 – 11所示：

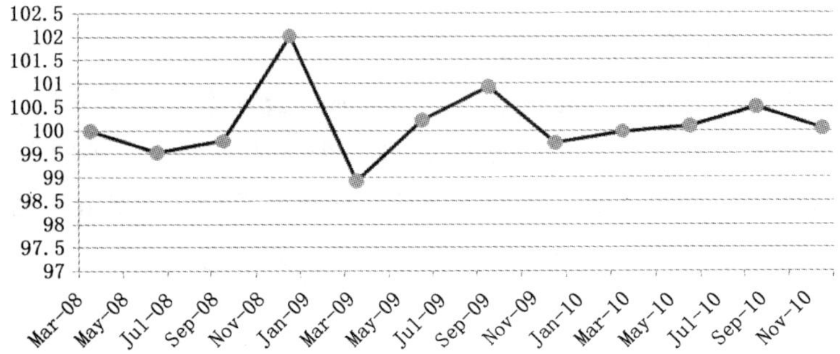

图 7-11 ZAG 集团——流通企业财务指数示意图

（七）ZAG 集团综合财务指数

根据 ZAG 集团流通类企业财务指数的编制原理，我们可以对房地产企业、投资类企业分别编制其分类财务指数（图 7-12、图 7-13），之后，根据三类企业在整个集团中的权重，加权计算列出综合财务指数（图 7-14）。这里的权重系数同样参照第五章关于企业群体组成结构之间的权数执行。

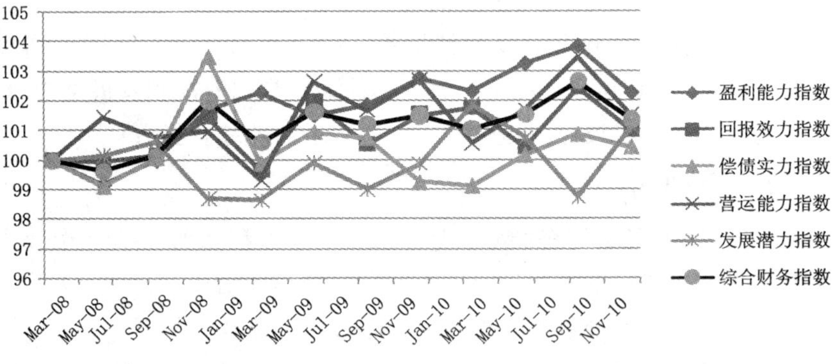

图 7-12 ZAG 集团——房地产企业综合财务指数示意图

现在，根据上述三大板块的数据处理，遵循其规模化权重指标，进行相应的合成处理，从而得到如图 7-14 所示的 ZAG 过去三年的综合财务指数示意图。

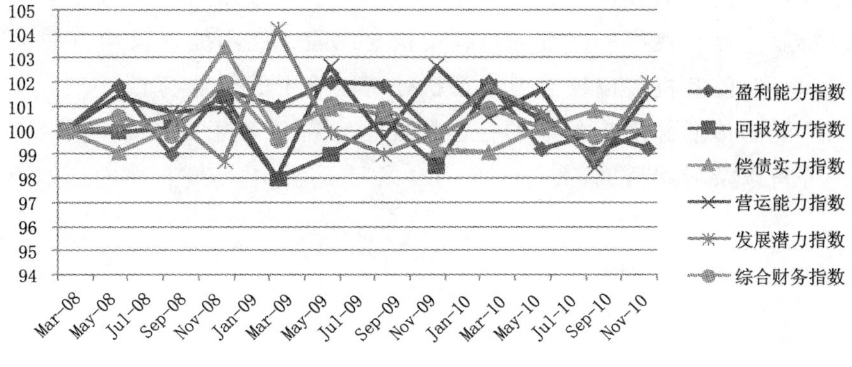

图 7－13 ZAG 集团——投资性企业综合财务指数示意图

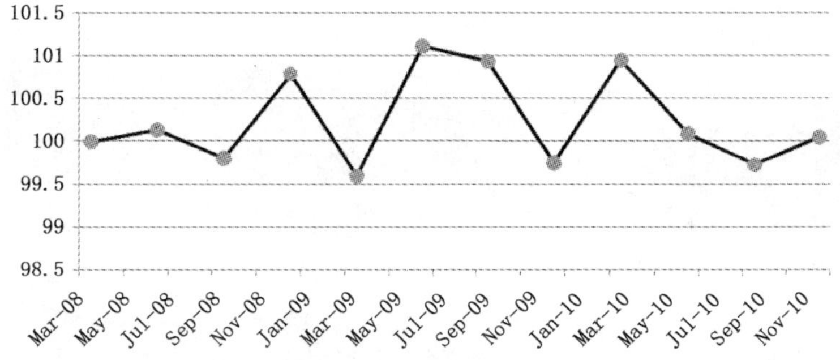

图 7－14 ZAG 集团综合财务指数

从图 7－14 中看出，该集团在 2008、2009、2010 这三年期间，总体上初始态势并不良好，主要是受到全球金融危机之影响，在后期中国政府的政策环境下，开始出现明显的起伏，总体情况短期内得到了一定程度的扭转，整体态势在 2009 年随着环境的向好而显现增长、健康运行的格局，尽管后期也有大幅波动，短期出现过下滑趋势，但是，其跌势得到了有效控制并恢复上涨态势。因此，ZAG 集团财务态势走向呈现下滑—上升的 V 字型走势，取得了一定的发展，也积累一些风险。具体趋势剖析，应该结合总指数与分类指数图进行深刻的挖掘，本章主要是编制方法的系统技术介绍，相应的指数分析从略。而实际工作中，这部分分析是不是有的放矢地透析企业群体运行中的难点问题，对症下药地解决行业生存与发展所面临的内在危机与风险，能不能提供给有关政策制定和行业监管机关以便有效地帮扶处于困难中的行业与企业，会不会得到广泛的传播并产生相应的社会影响力，都依赖于指数的科学发布、深度分析以及应用研究。

主要参考文献

1. （法）让－路易·布尔森（Jean－Louis Boursin）著，戴达民译：《价格指数》，商务印书馆2004年版。

2. （英）彼得·坦普（Peter Temple）著，李月平译：《神奇的指数——走进经济指数》，经济科学出版社2003年版。

3. （美）罗纳德W. 希尔顿（Ronald W. Hilton）著，杜美杰、陈宋生译：《管理财务学：在动态商业环境中创造价值》（原书第7版），机械工业出版社2009年版。

4. （英）唐纳德·沃特斯著，林润生、吴雅辉、陈树良译：《用数字管理公司》，中国市场出版社2010年版。

5. （美）约翰J. 怀尔德（JohnJ. Wild）著，孙坤等译：《公司财务为决策提供的信息》（原书第4版），机械工业出版社2008年版。

6. 李爱伶、岳世忠著：《公司财务分析》，华夏出版社2006年版。

7. 郝海、踪家峰著：《系统分析与评价方法》，经济科学出版社2007年版。

8. 刘亮等著：《工业生产指数理论、编制、实践》，中国统计出版社2000年版。

9. 李维安等著：《公司治理评价与指数研究》，高等教育出版社 2005 年版。

10. 徐国祥主编：《统计指数理论及应用》，中国统计出版社 2004 年版。

11. （英）鲍勃·沃斯著，陈丰、吴应宁译：《公司财务分析》，清华大学出版社 2010 年版。

12. 黄世忠主编：《财务报表分析：理论·框架·方法与案例》，中国财政经济出版社 2007 年版。

后　记

本书由王保平提出总体思路，陈满娜承担前三章的撰写，其余由王保平负责撰写，其中的模型设计与数据处理部分，是由加拿大麦吉尔大学王榛楠帮助实现的。

本书的撰写，前后持续了三年左右。撰写中有困惑、有难度，也有专家的理解、支持。能够最终出版，不能不感谢重庆工商大学刘成杰教授在数量经济学方面提供的专业支援。还要特别感谢财政部财政科学研究所所长贾康研究员百忙之中题写序言。当然，还需要真诚地感谢中国财政经济出版社宋学军博士的专业与扶持精神，使得拙著少了一些差错，多了一些规范。

作者在撰写过程中参阅了许多相关文献资料，在此一并表示感谢。当然，本书如果存在着缺点与错误，其责任自然在于我们。

综合财务指数是一个新课题，如何从既有财会数据中，顺应开放化市场环境下大数据时代的要求，编制一个理论学术价值与市场应用价值的综合财务指数，这是我们共同的使命。财务指数之路，值得一走！

作　者

2013 年 6 月 16 日